U0451383

苏南"河南话"的源流系属及口传文化研究

吴健 著

本书获江苏省社会科学基金一般项目"苏南地区'河南话'的归属、接触演变及其口传文化研究"（批准号：15YYB010）资助

序

自从学习语言学和方言学以来，就听说"方言岛"的概念，但这只是书本上的概念，实际如何，并非随处可以见到。因为这是在某种特定社会条件下出现的方言现象。

但摆在我们眼前的吴健的这本书，正好能满足我们的期望，有机会了解一个典型的方言岛——苏南"河南话"。

看名称就可以引起我们的好奇：苏南主要流行非官话的吴语，河南则地处北方，说的是典型的北方话。二者怎么会融合成一种方言呢？本书给了大家清楚的答案：近代以来，由于战乱等原因，以罗山、光山为主的河南南部一带，及豫、鄂、赣交界地区的百姓，陆续迁居到战后相对安定的苏南西部溧阳等地，在那里定居下来。一定规模的人口是使迁居者的方言保存不变的关键原因。移民们聚居在一起，更多的时候还是内部自己交往，从而在远离故乡的苏南，仍使用着从家乡带来的方言。当然，身居苏南，完全没有当地方言的影响是不可能的。这样，一种新的以原居地方言为主，掺杂若干新居地方言成分的混合方言就产生了。本书作者给我们全面、详尽地画出了这么一幅难得的方言图景。

作者对"河南话"的探索是全面、深入的。他充分利用自己就是发音人的优势，除了对"河南话"语音、词语、语法作全面描写外，对"河南话"原生地，包括河南南部及与湖北、江西接壤地区的各处方言作了全面比较，追究"河南话"的形成历史，廓清了苏南"河南话"形成的源流。

人们通常的印象是官话内部差别小，容易懂。其实，在"河南话"的原生地，方言也并不简单。它跟典型的以郑州为代表的北方官话有相当的不同，却有属西南官话的湖北话的特点，甚至跟赣语也有相同之处。这些特点，都不同程度地被移居者带到了苏南。作者的详尽描写、比较，真使读者大开眼界了。

方言是个万花筒，从这个万花筒中，我们不仅可以窥测到丰富的语言现象，还可以见到丰富的社会生活现象。反过来，为了全面深入了解复杂的方言现象，我们又应关注相关的社会现象，从而有可能更好地解释这些方言现象，并了解其形成原因。这里涉及又一门学科——社会语言学。在这方面，本书做得十分成功，成为难能可贵的榜样。

　　作者还以科学方法为我们提供了丰富、生动的语言材料，使我们对"河南话"有了十分感性的认识。

　　我愿意热情地向大家推荐本书，通过阅读本书，不仅可以了解"河南话"这一珍贵的方言岛，也可以了解更多的方言在社会中形成、演变的生动图景。

　　我热烈期望，年轻的从事方言研究的朋友们能以本书为榜样，敏感地在全国范围内调查到更多类似"方言岛"的种种方言现象，把更多鲜活的方言现象揭示给大家，从而更全面地了解方言现象，推动语言学和方言学的发展。

汪　平

2021 年 10 月于苏州还读书庐

目　录

绪　论 1

第一章　苏南"河南话"的特点 8
　第一节　声韵调特点 9
　第二节　词语特点 14
　第三节　语法和修辞特点 21

第二章　苏南"河南话"的源流系属 29
　第一节　"河南话"与信阳地区方言 29
　第二节　"河南话"与鄂东一带方言 51
　第三节　"河南话"与赣北方言 88
　第四节　"河南话"与相关方言的综合比较 97
　第五节　"河南话"的源流关系 122
　第六节　"河南话"的性质和归属 127

第三章　苏南"河南话"口传文化 142
　第一节　船歌 143
　第二节　狮子"喊彩" 160
　第三节　山歌 170
　第四节　唱道 186
　第五节　唱春 196

第六节　花鼓戏 203
第七节　吟诵 208
第八节　划拳令 209
第九节　童谣 212
第十节　上梁祝词 218
第十一节　谚语 228
第十二节　歇后语 263
第十三节　民间传说 267
第十四节　其他 274

参考文献 282

后　记 288

绪　论

苏南是江苏省南部地区的简称，包括南京、苏州、无锡、常州、镇江五个地级市，总面积为 2.8 万平方公里——约占江苏省总面积的 27.21%。[①] 根据第七次全国人口普查数据，截至 2020 年 11 月 1 日零时，苏南五市常住人口为 3801.36 万人。[②] 苏南的太湖平原区河网密布，有低山丘陵镶嵌其中，长江东西横贯境内，江南运河生态优良，土地肥沃，物产丰富，自古被誉为"鱼米之乡""人间天堂"。苏南是中国近代民族工商业的重要发祥地。进入 21 世纪，苏南经济社会发展迈入更高层次。2013 年 4 月，国家发展改革委发布《苏南现代化建设示范区规划》，苏南成为全国现代化建设示范区。近年来，苏南在长江经济带发展、苏南国家自主创新示范区建设、对接"一带一路"、乡村振兴、大运河文化带建设、长江三角洲区域一体化发展等方面积极参与和作为，取得显著成效。

一般认为，苏南是吴文化的发源地，苏锡常一带是吴文化的核心区域。[③] 吴文化有广义和狭义之分，狭义的吴文化指吴国文化，广义的吴文化指吴地文化。本书所指吴文化，取吴地文化的概念。吴文化历史悠久，底蕴深厚，特色鲜明，内容丰富。

吴地方言的历史，可以追溯到 3000 多年以前的周泰伯奔吴时代。古吴语是"占少数的先进文化和语言跟占多数的后进文化和语言的结合"[④]。随着北方移民连

[①] 数据统计来源于"江苏省情网"：http://www.js-fz.cn/n53/20210125/i193.html。
[②] 根据江苏省统计局、江苏省第七次全国人口普查领导小组办公室《江苏省第七次全国人口普查公报（第二号）——地区人口情况》发布的数据。
[③] 胡发贵认为吴文化发源于宁镇地区，环太湖流域的苏锡常一带是吴文化的核心区。参见 2017 年 9 月 22 日《中国社会科学报》载吴楠《吴文化的历史变迁——访江苏省社会科学院哲学与文化研究所所长胡发贵》。
[④] 引自汪平《吴地的方言》，参见吴恩培（2006：333）。

绵不绝地输入吴地，中原文化和语言对吴语的影响持续而深入。在这方面，苏南的方言很有代表性。

一、苏南"河南话"概述

1. 苏南的方言分布

历史上由于战争、自然灾害等原因，苏南在不同时期迁入了大量人口。近代以来，苏南的移民主要来自河南、湖北、苏北、浙江等地。苏南的方言以吴语和江淮官话为主，还有"河南话""温州话""湖北话"[①]以及少量其他方言，其分布情况[②]大致如下：

苏南的吴语主要属太湖片，少量属宣州片。太湖片吴语分布在苏州市、无锡市、常州市、镇江市丹阳市、南京市溧水区和高淳区（东部）。宣州片吴语分布在南京市高淳区（西部）、溧水区（偏南少部分地区）。江淮官话主要分布在南京市、镇江市、常州市金坛区等地。苏南"河南话"分布在溧阳市南部和西部、金坛区薛埠镇、句容市南部、丹阳市埤城镇、溧水区东南部、宜兴市西南部、吴江区横扇街道等地，与浙北、皖南、赣北"河南话"共同构成同源的江南[③]河南方言岛群。"温州话"主要分布在宜兴市丁蜀、湖㳇、张渚、西渚等镇及宜城街道、环科园，溧阳市戴埠、上兴、社渚等镇，金坛区薛埠镇和句容市一小部分地区。据考察，这些说"温州话"的客民，祖上基本来自温州平阳、瑞安、永嘉等地。他们说的"温州话"事实上是"闽南话"。苏南说"湖北话"的人口不多，他们或聚居一村——如溧水区白马镇朱家边村尹巷自然村的移民多来自湖北[④]（口音跟"河南话"

[①] 本书所指"河南话""温州话""湖北话"，如无特殊说明均指近代以来苏南移民及其后裔说的相关方言，而非改革开放后河南、温州、湖北等地外来务工人员所说的相关方言。

[②] 苏南吴语和江淮官话的分布参考了《中国语言地图集（第2版）：汉语方言卷》（中国社会科学院语言研究所、中国社会科学院民族学与人类学研究所、香港城市大学语言资讯科学研究中心，2012）。相关地名和地理范围根据最新行政区划作了调整。考虑到移民方言的特殊性，此处将"河南话""温州话""湖北话"与吴语、江淮官话并列介绍。

[③] 历史上"江南"的地域范围具有伸缩性。本书根据历史传统，结合自然、行政、经济、文化等因素和相关学者的研究论述，将"江南"的区域范围确定为苏皖南部、浙江、江西北部。

[④] 据尹巷自然村村民白安成介绍，其祖籍是湖北襄阳。

有些差异），或零星散布——如曾祖辈自今湖北省黄梅县大河镇宋冲村王家坳自然村迁入今溧阳市社渚镇周城社区朱村的王振球（1949年出生）。有部分自称祖上来自湖北的人目前说"河南话"，如金坛区薛埠镇上阮村龙家湾自然村的龙德友。改革开放后，进入苏南的外来人口越来越多。他们和老乡交流使用家乡话，跟其他人沟通讲普通话，有的也学着说一些当地方言。

2. "河南话"在苏南的具体分布及人口

"河南话"在苏南五个地级市均有分布，但人口密度和数量有明显差异。相比较而言，溧阳、句容、溧水、宜兴、吴江等县（市、区）说"河南话"的人数较多，金坛、丹徒、丹阳、高淳等县（市、区）说"河南话"的人数较少。目前说"河南话"的人，口音基本相同，但其祖上有的来自罗山，有的来自光山或者其他地方。大体来看，句容、溧阳与广德交界处光山移民多一些，其他地方罗山移民多一些。据句容发音人介绍，当地还有一些商城移民的后裔。

笔者之前曾粗略统计过苏南说"河南话"的人口数量，约有25万（吴健，2020：5）。根据进一步的调查和对相关资料数据进行再整理，这个人数大致接近30万。苏南"河南话"的具体分布及人口情况如表1。

表1 苏南"河南话"的分布区域及使用人口

省份	县（市、区）	主要乡镇（街道）	人口（万）
江苏	句容	天王、郭庄、后白、茅山、边城	6.62
	丹阳	埤城西丰	0.08
	丹徒	上党谌家边	0.1
	溧水	白马、东屏、晶桥杭村	4.85
	高淳	桠溪汪家村	0.01
	溧阳	社渚、上兴、天目湖、戴埠、竹箦、南渡	13
	金坛	薛埠	0.2
	宜兴	张渚、西渚等	3.1
	吴江	横扇菀坪	1.3
		总人口	29.26

注：表中"河南话"人口数均为约数。溧阳、金坛两地的人数系笔者在编写《溧阳市志·方言》（2016）和《金坛市志·语言》（2011）时实地调查获得，句容、丹阳、丹徒、溧水、宜兴的人数参考了郭熙（1995）的调查，吴江的人数根据《吴江菀坪方言是河南话》[1]相关内容折算获得，高淳的人数根据《河南商报》对桠溪镇汪家村30多户"河南人"的报道[2]估算获得。

3. 苏南"河南话"的历史

太平天国战争造成苏浙皖交界地区人口严重损失。清代官员吴煦在《致窦蔗泉》函中描述了当时的惨象："第江浙遭劫过重，元气大伤，虽地方渐次规复，而弥望荆榛，赤地千里，各处屋宇人民，不过十留一二，惨目伤心，不忍闻睹。"（太平天国历史博物馆，1984：139）苏浙皖交界地区的相关史志，对这场战争带来的灾难也有较多记载。

战后清政府实施的招垦政策，在人口密度大、自然灾害频繁的荆豫地区产生巨大反响。一大批豫民背井离乡、历经苦难，陆陆续续迁至江南，谱写了一段"一担箩筐下江南"的厚重历史。豫南移民是苏南移民的主体。根据大量的族谱和史料记载、方言习俗比较，这些豫南移民主要来自罗山和光山等地。从清末民初至今，豫南移民迁至苏南已有一百多年，他们对苏南经济社会的复苏和发展起了重要作用。

清末以前，苏南的方言主要是以苏锡常方言为代表的吴语和以宁镇方言为代表的官话。太平天国战争后，苏南的方言格局发生了显著变化：其一，大量说"江北话"的人口迁入苏南（以金坛区最集中）。其二，豫南客民大量迁入，"河南话"在苏南五市均有分布。其三，少量来自浙南说"温州话"的客民、来自湖北说"湖北话"的客民落户苏南。这极大地丰富了苏南的方言和文化资源。

"河南话"在苏南分布广泛。一百多年来，"河南话"跟苏南土著方言或其他迁入方言之间发生较为深入的接触，双方言现象在多地存在。而今，"河南话"这朵方言奇葩，已植根苏南这片沃土，给苏南方言和文化带来新的特点和色彩。

---

[1] 参见《苏州杂志》2001年第6期。
[2] 参见2009年1月21日《河南商报》登载的《江苏咋会有个"河南村"》（作者：王向前、高晓平）。

二、苏南"河南话"口传文化概况

民间口传文化的常见形式有神话传说、民间故事、山歌小调、童谣、地方戏曲、谜语、谚语、歇后语、吉利口彩、划拳令、祭祀语等，一般使用当地语言或方言说或唱。民间口传文化的传承保护，需要社会各方面的共同努力，否则很容易失传或消亡。有些少数民族语言无对应文字，其口传文化传承保护的难度更大。

我国学者采用科学方法调查和记录民间口传文化始于 20 世纪 30 年代。1928 年，石声汉在瑶山以罗香瑶村瑶歌为对象征集了 200 多首歌词，并以《瑶歌》在《国立中山大学语言历史学研究所周刊》发表（国立中山大学语言历史学研究所，2011：344—433）。石声汉采用的是一种粗略的罗马字，音类音值的标法尚未做到一致化。赵元任根据瑶山先生赵光荣的发音，对 197 首瑶歌重新进行听记和修改，并于 1930 年以《广西瑶歌记音》为题发表。

进入 21 世纪，我国对包括有声语言和口传文化在内的非物质文化遗产的保护更加重视。2005 年 12 月，《国务院关于加强文化遗产保护的通知》发布，决定将每年 6 月第 2 个星期六作为我国的"文化遗产日"，明确了非物质文化遗产"包括口头传统、传统表演艺术、民俗活动和礼仪与节庆、有关自然界和宇宙的民间传统知识和实践、传统手工艺技能等以及与上述传统文化表现形式相关的文化空间"，提出"抢救珍贵非物质文化遗产""建立非物质文化遗产名录体系"等措施。2017 年，中共中央办公厅、国务院办公厅发布《关于实施中华优秀传统文化传承发展工程的意见》，提出"保护传承方言文化""实施戏曲振兴工程"等任务。2019 年，教育部、国家语言文字工作委员会与联合国教科文组织共同举办世界语言资源保护大会，发布该组织首个以"保护语言多样性"为主题的重要永久性文件《岳麓宣言》，推动拯救濒危语言。

在国家政策的引导下，一批专家学者和学术组织对部分方言（或民族语言）口传文化开展了调查研究，在口传文化保护和传承的数字化方法、数据库建设等方面作出了贡献。较有代表性的项目和活动有：(1)《中国语言文化典藏》(20 册)（曹志耘，2017）出版。这是"中国语言资源保护工程"的重要成果，其内容单设"说唱表演"大类，分设"口彩禁忌""俗语谚语""歌谣""曲艺戏剧""故事"等小类，记录保存了官话、晋语、吴语、徽语、闽语、湘语、赣语、客家话、粤语等汉语方言和怀集标话等少数民族语言及口传文化。（2）一批以口传文化为主题的国家社科基金项目获得立项。如："中国有声语言及口传文化保护与传承的数字化方法及其基础理论研究"（孔江平）、"甘青川藏族口传文化汇典"（阿来）、"彝族有声语言及口传文化保护和传承的数字化方法及其基础理论研究"（苏连科）等。（3）举办了"世界濒危语言与口头传统跨学科研究"论坛等。

在苏南，"河南话"是移民方言，其口传文化带有迁出地口传文化的特征，同时融入了迁入地口传文化的成分和特点。对苏南"河南话"口传文化进行调查研究，既能将散见于民间、濒临失传的"河南话"口传文化加以整理记录，也为深入研究豫南口传文化一个多世纪以来在苏南等地的传播和演变奠定基础。

20世纪六七十年代，"河南话"口传文化在苏南十分流行，男女老少一般都能哼上几句或说上两段，传抄船歌、狮子"喊彩"等唱词盛行。笔者小时候也抄写了大量船歌、狮子"喊彩"唱词，记录了一些童谣、谜语，还经常模仿同村的卢正罡老先生用"河南话"吟诵《三字经》。可惜的是，由于保管不善，之前记录的大量资料在房屋翻建、搬家等过程中散佚。

改革开放后，苏南经济快速发展，但"河南话"口传文化却日渐衰落、后继乏人，有的已经或正在走向消亡。20世纪在苏南流行的花鼓戏、说书、皮影戏、吟诵等，如今已很少听到或看到。对现存"河南话"口传文化的抢救性保护刻不容缓。

"河南话"口传文化根据唱或说的形式，大致可分三类：第一，以唱为主。如船歌、狮子"喊彩"、山歌、童谣、唱道、唱春、花鼓戏、吟诵、皮影戏等。第二，以说为主。如上梁祝词、祭祀语、划拳令、谚语、歇后语、民间传说、说书等。第三，介于唱和说的形式。如民间的喊魂等。本书将在第三章对苏南"河南话"口传文化进行专门研究。

三、发音人信息

吴　魁，男，1938年出生，江苏省溧阳市社渚镇金山村张家自然村。
周世娣，女，1940年出生，江苏省溧阳市社渚镇金山村张家自然村。

吴　斌，男，1964 年出生，江苏省溧阳市社渚镇金山村张家自然村。

吴　健，男，1970 年出生，江苏省溧阳市社渚镇金山村张家自然村，常州工学院教师。

姜长生，男，1946 年出生，江苏省溧阳市社渚镇金山村江西口自然村。

余全国，男，1966 年出生，江苏省溧阳市社渚镇金峰村小余家自然村。

向自进，男，1945 年出生，江苏省溧阳市社渚镇新塘村新花自然村。

徐家勇，男，1975 年出生，江苏省溧阳市上兴镇上城村。

蔡法新，男，1944 年出生，江苏省溧阳市燕山东苑。

龙德友，男，1946 年出生，江苏省常州市金坛区薛埠镇上阮村龙家湾自然村。

胡云国，男，1948 年出生，江苏省常州市金坛区薛埠镇上阮村李家山二组。

周祥凤，女，1939 年出生，江苏省常州市武进区湖塘镇北梅新村。

张瑞泉，男，1942 年出生，江苏省镇江市句容市天王镇菜巷村谷城自然村。

李国柱，男，1955 年出生，江苏省苏州市吴江区菀坪中学退休教师。

项先忠，男，1936 年出生，浙江省长兴县泗安镇罗家地村项家湾自然村。

陈海根，男，1968 年出生，浙江省长兴县泗安镇罗家地村涧东自然村。

周裕利，男，1942 年出生，河南省罗山县周党镇周党村詹洼组。

吴天绍，男，1949 年出生，河南省罗山县庙仙乡吴乡村四组。

张明和，男，1954 年出生，河南省光山县仙居乡余庙村余楼组。

张祖全，男，1961 年出生，河南省光山县仙居乡余庙村余楼组。

张文波，男，1989 年出生，河南省光山县仙居乡余庙村余楼组。

吴国焰，男，1958 年出生，河南省光山县北向店乡高山村吴染坊组。

魏桂香，女，1954 年出生，河南省光山县文殊乡柿园村东岳组。

徐向荣，男，1976 年出生，湖北省黄冈市英山县杨柳中学教师。

王　艳，女，1981 年出生，湖北省武汉市武昌区，常州工学院教师。

姚志华，男，1979 年出生，江西省上饶市鄱阳县，江苏理工学院教师。

第一章　苏南"河南话"的特点

苏南各地"河南话"的口音大致相同。老派"河南话"有罗山籍和光山籍之分，[①]两者有一项主要的区别是：罗山籍老派"河南话"遇山臻通摄合口三等字读 y 类韵母，光山籍老派"河南话"读 ʯ 类韵母（可跟 tʂ 组声母相拼）。目前，苏南老派"河南话"以前者为主，后者在数量上较少。因此，以罗山籍老派"河南话"作为苏南"河南话"的代表较为合适。新派"河南话"不论祖籍，口音已趋同，具有罗山籍的特征。这可能跟苏南罗山籍的移民人口占优势有关。

苏南"河南话"的内部差异主要表现为：（1）不同区域[②]"河南话"的差异。其中，丹阳市埤城镇"河南话"有入声，跟其他区域的"河南话"不同；句容"河南话"有 ʯ 类韵母，跟溧阳、吴江等地"河南话"的 y 类韵母（溧阳少数光山籍老派"河南话"有 ʯ 类韵母）有些差异。（2）同一区域"河南话"的差异，主要表现为罗山籍老派和光山籍老派的差异、新派和老派的差异。罗山籍老派和光山籍老派的差异上文已述。新派和老派的差异，主要表现为老派"河南话"的部分特征在新派"河南话"已弱化或消失，详见吴健（2020：71—87）。

本章从声韵调、词语、语法和修辞等方面分析"河南话"的特点。根据苏南"河南话"的实际，本书选取溧阳市社渚镇金山村张家自然村的罗山籍老派"河南话"（发音人吴魁，1938 年出生）作为"河南话"描写和方言比较的参照。[③]

[①] 本书区分老派"河南话"（或称"老派"，包括罗山籍和光山籍）、罗山籍老派"河南话"（或称"罗山籍老派"）、光山籍老派"河南话"（或称"光山籍老派"）。

[②] 这里所说的"区域"大致以县区为别，如句容、溧阳、金坛等。

[③] 根据方言比较的需要，本书以溧阳市社渚镇新塘村新花自然村的光山籍老派"河南话"（发音人向自进，1945 年出生）作为苏南保留光山方言特征较多的光山籍老派"河南话"代表。

第一节 声韵调特点

一、"河南话"声母的特点

（一）"河南话"声母

p 八病　　　　pʰ 派爬　　　　　　m 麦　　f 飞副肥灰　　v 味温王

t 多毒　　　　tʰ 讨甜　　　　　　　　　　　　　　　　l 脑老

ts 资字竹争纸　tsʰ 刺祠抽茶抄床　　　　　　s 丝事山手十　z 用
　　　　　　　车汽～城

tɕ 酒柱主九　　tɕʰ 清全春船轻权　　ȵ 年　　ɕ 想谢顺书响县

k 高共　　　　kʰ 开　　　　　　　　ŋ 熬安　x 好～坏活冯

ø 热月云药

（二）"河南话"声母的描写

"河南话"声母按照音位定为21个（含零声母），分 p、t、ts、tɕ、k、ø 六组。

p 组 p、pʰ、m、f、v。f 是变值音位，老派有些字读舌根音 x。v 也是变值音位，少数人读成零声母。

t 组 t、tʰ、l。l 是变值音位，但主要读边音 l。

ts 组 ts、tsʰ、s、z。ts、tsʰ、s 三个舌尖前音比北京话的 ts、tsʰ、s 部位靠后一些。

tɕ 组 tɕ、tɕʰ、ȵ、ɕ。发音部位为舌面前，比较均衡。

k 组 k、kʰ、ŋ、x。ŋ、x 的发音部位偏后。

ø 组开口洪音只有 ər，此外有高元音 i 和 y。

（三）"河南话"声母的特点

1. 古全浊声母全部清化。全浊声母並、定、从、澄、崇、群逢平声送气，逢仄声不送气。崇母"士仕柿事"读擦音 s（擦音无所谓送气不送气）。

2. 非组与晓组相混。例如：发 = 花 fɑ^{42}、飞 = 灰 fei^{42}、欢 = 帆 fan^{42}。人们需用组词的方式区分"发芽"的"发"和"开花"的"花"。少数老派"河南话"通摄合口三等字声母读 x，例如：风 = 蜂 = 烘 xoŋ^{42}、冯 = 红 xoŋ^{55}。

3. 泥来母洪混细分。中古来母今读 l。中古泥（娘）母跟洪音韵母相拼读 l，例如：挪、拿、奴、奶、挠、南、难、农；跟细音韵母相拼读 n̠，例如：泥、尼、尿、年、娘。例外：曾开三等蒸韵的"匿"读 li^{42}，梗开四等青韵的"宁"读 lin^{55}。

4. 不分尖团。精组、见晓组均读 tɕ、tɕʰ、ɕ。例如：焦 = 骄 tɕiɑɯ^{42}、酒 = 九 tɕiəɯ^{24}，清 = 轻 tɕʰin^{42}、秋 = 丘 tɕʰiəɯ^{42}，西 = 溪 ɕi^{42}、星 = 馨 ɕin^{42}。

5. 邪母平声字多读塞擦音声母。例如：随 tsʰei、寻 tɕʰin、详 tɕʰiaŋ、祥 tɕʰiaŋ。

6. 知庄章组与精组合流，分 ts、tsʰ、s 和 tɕ、tɕʰ、ɕ 两套声母。① 例如：珍 = 争 = 蒸 = 增（ts），肠 = 疮 = 昌 = 仓（tsʰ），森 = 身 = 私（s）；猪 = 阻 = 准 = 挤（tɕ），除 = 雏 = 船 = 钱（tɕʰ），疏 = 书 = 斜（ɕ）。

7. "书虚""篆倦"两对字分别同音。书 = 虚 ɕy^{42}，篆 = 倦 tɕyan^{212}。②

8. 日母今读零声母或 z。例如：如 y^{55}、耳 ər^{24}、染 yan^{24}、热 ye^{42}、饶 zaɯ^{55}、揉 zəɯ^{55}、认 zən^{212}、肉 zəɯ^{212}。例外字：芮姓 sai^{212}、弱 n̠io^{42}。

9. 疑母字跟影、云、以母合并。例如：岸 = 按 ŋan，危 = 围 = 维 vei，元 = 袁 = 缘 yan③。

10. 见系开口二等字多文白异读，白读为 k、kʰ、x，文读为 tɕ、tɕʰ、ɕ。例如：街 kai^{42}/tɕiai^{42}，敲 kʰaɯ^{42}/tɕʰiaɯ^{42}，鞋 xai^{55}/ɕiai^{55}。

11. 影组部分梗、通合口三等字声母读 z，跟日母相混。例如：绒 = 荣 = 容 zoŋ^{55}。

---

① 少数光山籍老派"河南话"保留了 tʂ 组声母，但与北京话相比发音部位靠前，显示向 ts 组过渡的特点。

② 少数光山籍老派"河南话"：书 = 虚 ʂʯ^{42}，篆 = 倦 tʂʯan^{212}。

③ 少数光山籍老派"河南话"读 ɰan。

二、"河南话"韵母的特点

（一）"河南话"韵母

ɿ 师十直尺	i 米戏急七锡去	u 苦骨谷稻~	y 猪出局
ɑ 茶塔辣	iɑ 牙鸭	uɑ 刮	yɑ 哕
o 歌盒活托壳	io 药学		
e 色	ie 写接节北白	ue 国扩	ye 靴热
ai 开	iai 解~放	uai 快	
aɯ 宝	iaɯ 笑跃		
əɯ 豆六	iəɯ 油		
ei 赔飞		uei 鬼	
ər 二日			
an 南山	ian 盐年	uan 官	yan 权
ən 深根灯硬	in 心新病	uən 滚	yn 春永
aŋ 糖双	iaŋ 响讲	uaŋ 光	
oŋ 东	ioŋ 兄		
n̩ 你			

（二）"河南话"韵母的描写

"河南话"韵母38个，包括声化韵 n̩。

ɿ 在知庄章组声母后，比北京话的 ɿ 靠后。①

i 老派读 i，部分字新派读 ie，如：的目~、嫡、狄姓。

u 的圆唇度没有北京话的 u 那么明显，接近 ɯ。

罗山籍老派读 y 时，带有一些 ʮ 的音色。② 以 y 为介音的韵母，y 的语音特征如前。

e、ue 新派读作 ei、uei。

---

① 少数光山籍老派读 ʅ。
② 少数光山籍老派读 ʮ。

ər 的动程不太明显。

oŋ、ioŋ 中的 o，没有北京话的 o 那么圆。

（三）"河南话"韵母的特点

1. 无入声韵。古入声韵在"河南话"读阴声韵。例外字：腌 ian⁴²。

2. 中古深臻、曾梗摄舒声字今读韵尾合并为 -n。例如：鹰＝英＝音＝因 in⁴²，冰＝兵＝宾 pin⁴²，升＝生＝森＝身 sən⁴²。

3. 遇摄字和通摄入声字，"河南话"多读 əɯ 韵母，与流摄字相混。例如：堵＝抖 təɯ²⁴，路＝漏 ləɯ²¹²，祖＝走 tsəɯ²⁴。其他摄个别入声字也读 əɯ 韵母，例如：捋 ləɯ²⁴、卒 tsəɯ⁵⁵。

4. 果摄一歌、果合一戈字韵母均读 o。此外，咸开一合、山开一曷、山合一末、山合三薛的入声见系字和部分通摄入声字也读 o。故"河南话"的 o 韵母字较多。

5. 见系开口二等字白读为声母是 k、kʰ、x、ŋ 的洪音。如假摄：家女佬~ kɑ⁴²、伢儿 ŋæ⁵⁵、骻~腰 xɑ⁴²、丫~头 ŋɑ⁴²、哑~巴 ŋɑ²¹²，蟹摄：戒~酒 kai²¹²、街 kai⁴²、解~开 kai²⁴、鞋 xai⁵⁵、蟹 xai²⁴，效摄：交~运 kaɯ⁴²、铰~链 kaɯ⁴²、校~试 kaɯ²¹²、窖 kaɯ²¹²、觉关门~ kaɯ²¹²、敲~竹杠 kʰaɯ⁴²、咬 ŋaɯ²⁴，咸摄：夹~子 kɑ⁴²、掐 kʰɑ⁴²、陷 xan²¹²、监~牢 kan⁴²、嵌 kʰɑ²¹²、衔 xan⁵⁵、舰兵~ kʰan²⁴，山摄：间中~ kan²⁴、苋 xan²¹²、晏晚~ ŋan²¹²，江摄：豇~豆 kaŋ⁴²、降~低 kaŋ²¹²、虹 kaŋ²¹²、项~链 xaŋ²¹²、巷~子 xaŋ²¹² 等。

6. 部分端系合口字白读韵母为 i。如遇摄三等字：蛆 tɕʰi⁴²、徐姓 ɕi⁵⁵、絮棉花~ ɕi²¹²、取~钱 tɕʰi²⁴、须~子 ɕi⁴²，蟹摄一等字：对门~子 ti²¹²、腿~杆子 tʰi²¹²、蜕~壳 tʰi²¹²、雷打~ li⁵⁵、累受~ li²¹²、罪得 tɕi⁰、碎磨~ ɕi²¹²，止摄三等字：泪 li⁰、髓 ɕi²⁴ 等。

7. 山臻摄合口三等知系字基本读 y 类韵母。① 如山摄：转~身 tɕyan²⁴、传~话 tɕʰyan⁵⁵、砖 tɕyan⁴²、川 tɕʰyan⁴²、穿 tɕʰyan⁴²、船 tɕʰyan⁵⁵、篅 tɕʰyan⁴²、软 yan²⁴，臻摄：椿 tɕʰyn⁴²、肫 tɕyn⁴²、准 tɕyn²⁴、春 tɕʰyn⁴²、唇 tɕʰyn⁵⁵、顺 ɕyn²¹²、闰 yn²¹² 等。

---

① 少数光山籍老派读 ʮ 类韵母。

8. 中古合口字今读开口韵母较多。如端系：刹 to²¹²、奴 ləɯ⁵⁵、祖 tsəɯ²⁴、堆 tei⁴²、脆 tsʰei²¹²、嘴 tsei²⁴、短 tan²⁴、顿 tən²¹²、毒 təɯ⁵⁵，知系：初 tsʰəɯ⁴²、数动词 səɯ²⁴、税 sei²¹²、吹 tsʰei⁴²、闩 san⁴²、竹 tsəɯ⁴²，日母：蕊 lei²⁴、肉 zəɯ²¹²，见系：跨 kʰɑ⁵⁵、灰 fei⁴²、坏 fai²¹²、辉 fei⁴²、欢 fan⁴²、环耳~ fan⁵⁵、婚 fən⁴²、慌 faŋ⁴²、或 fei²¹²、横 fən⁵⁵、用 zoŋ²¹² 等。

三、"河南话"声调的特点

（一）"河南话"声调

表 2　"河南话"单字调

调类代码	调类	调值	例字
1	阴平	[˧˨]42	东开百拍六
2	阳平	[˥]55	龙铜毒
3	上声	[˨˦]24	古苦五
5	去声	[˨˩˨]212	近怪痛卖洞

（二）"河南话"声调的描写

"河南话"有 4 个单字调，不含轻声。

阳平实际读音的长度，比标记的要短。

去声的调值升得略高，接近 213。

（三）"河南话"声调的特点

1. 古入声消失，与舒声调合流。

2. 古平声按清浊分为阴平和阳平。古清声母今读阴平，古浊声母今读阳平。

3. 古全浊入声归阳平，其他入声归阴平。古全浊入声归阳平有一些例外字，如：杳一~纸 tɑ⁴²、捷 tɕie⁴²、集第三~ tɕie⁴²、辑编~ tɕie⁴²、达 tɑ⁴²、杰 tɕie⁴²、疾 tɕi⁴²、秩 tsɿ⁴²、术 tɕye⁴²、佛 fu⁴²、雹 pau²¹²、浊 tso⁴²、泽 tse⁴²、籍 ɕie⁴²、掷 tsən²¹²、射 se²¹²、敌 ti⁴²、狄 ti⁴²、族 tsʰəɯ⁴²、服~从 fu⁴²、复~原 fu⁴²、局 tɕy⁴² 等。古清入声和次浊入声归阴平也有一些例外字，如：泄 ɕie²¹²、哕干~ yɑ²⁴、卒 tsəɯ⁵⁵、物 vu²¹²、

幕 mo²¹²、错 tsʰo²¹²、亿 i²¹²、屋 vu²¹²、玉 y²¹² 等。

4. 古清上声和次浊上声归入上声，古全浊上声变为去声。

5. 古去声全部归去声，不分阴阳。

第二节　词语特点

一百多年来，"河南话"在与苏南土著方言或迁入的其他方言接触过程中，受到相关方言影响并产生了一些接触成分。如溧阳"河南话"里的"弄怂""女佬家""众生"等词语，明显是受了吴语溧阳话的影响。

排除这些由于方言接触进入"河南话"词语系统的词语，我们将"河南话"词语跟官话词语①比较，"河南话"词语既呈现官话的共性特点，又富有个性的色彩。

一、古汉语词丰富

汉语方言在保留古汉语词方面具有共性或普遍性。"河南话"里的古汉语词，以单音节动词为主，也有一些单音节形容词和名词。如：

齙 pau²¹²：牙齿突出。《集韵》：齙，齿露；蒲交切。《玉篇》卷第五齿部：齙，露齿；步交切。

孵 pu²¹²：禽类孵蛋。《说文解字》爪部：孚，卵孚也；芳无切。《广韵》：孵，卵化；芳无切。

滗 pie⁴²：沥去液体。《广韵》质韵：滗，去滓；鄙密切。

剕 pʰi⁴²：把肉削成薄片。《玉篇》刀部：剕，削也；匹迷切。

埲 pʰoŋ²¹²：起尘。《广韵》董韵：埲，塕埲，尘起；蒲蠓切。

浡 pʰu⁵⁵：因沸而溢出。《说文解字》𠬢部：浡，吹声沸也；从𠬢孛声，蒲没切。

---

① 官话词语参照北京大学中国语言文学系语言学教研室（1995），陈章太、李行健（1996），曹志耘（2008b）。

《说文解字注》：炊釜灊溢也；蒲没切。"今江苏俗谓火盛水沸溢出为铺出，灊之转语也。"①

沵 mi⁴²：抿嘴小口喝。《说文解字》水部：沵，饮也；从水弭声，緜婢切。

疲 fan⁴²：胃不舒服，欲呕。《广韵》愿韵：疲，吐疲；芳万切。《集韵》：疲，心恶病；方愿切。

擄 ləɯ²⁴：拢在一起。《广韵》模韵：擄，敛；落胡切。

奓 tsɑ⁴²：张开。《集韵》：奓，张也；陟加切。

㔶 tsəɯ⁴²：堵塞。《广韵》屋韵：㔶，塞也；侧六切。

㓢 tsʰe⁴²：裂。《广韵》陌韵：㓢，裂也，亦作坼；丑格切。

㧐 soŋ²⁴：推。《集韵》：㧐，执也，推也；筍勇切。

燋 tɕʰiəɯ⁴²：烟熏。《集韵》：燋，火貌；将由切。

焮 ɕin²¹²：发炎引起其他部位肿胀、疼痛。《广韵》焮韵：焮，火气；香靳切。

囥 kʰaŋ²¹²：藏。《集韵》：囥，藏也；口浪切。

跍 kʰu⁵⁵：蹲。《广韵》模韵：跍，蹲貌；苦胡切。

熯 xan²¹²：用文火烤。《广韵》翰韵：熯，火干；呼旱切。

勚 i²¹²：器物磨损。《说文解字》力部：勚，劳也；从力贳声，余制切。《说文解字注》："凡物久用而劳敝曰勚""今人谓物消磨曰勚是也。"（许慎，2006：700）

挖 vɑ²⁴：用瓢等器物取物。《集韵》：挖，手捉物；乌瓜切。

踒 vai²⁴：手脚扭伤。《说文解字》足部：踒，足跌也；从足委声，乌过切。

瞜 xəɯ⁵⁵：贪心。《广韵》侯韵：瞜䁖，贪财之貌；胡遘切。

黐 tsʰʅ⁵⁵：黏。《广韵》支韵：黐，黏也；丑知切。

恙 iaŋ⁴²：无精打采状。《说文解字》心部：恙，忧也；从心羊声，余亮切。《尔雅·释诂》：恙，忧也。《尔雅校笺》："今人云无恙谓无忧也。"（周祖谟，2004：13）

䣩 liəɯ⁵⁵：形容脸色苍白。《集韵》：䣩，䣩䣩，面白也；朗鸟切。

衁 faŋ²¹²：禽兽之凝血。《广韵》唐韵：衁，血也；呼光切。

这些古汉语词不专属于"河南话"，在其他相关方言也有遗存。

---

① 引自许慎（2006：113）。

二、单音节称谓语

用单音节词指称基本的现象、事物、行为、形状、数量等，是汉语的一个特点。"河南话"单音节称谓语较多，富有特点。下面用普通话、徐州话、武进话、溧阳话跟其比较，如表3。

表3 "河南话"与普通话、徐州话、武进话、溧阳话称谓语比较

普通话	祖父	祖母	父亲	母亲	哥哥	嫂子
河南话	爷	奶	□[tæ⁵⁵]	妈	哥	嫂
徐州话	祖父，爷爷①	祖母，奶奶	父亲，爸爸，大大	母亲，妈妈，娘	哥（哥）	嫂子
武进话	阿弟	亲娘	老则	娘	阿哥	阿嫂
溧阳话	爷爷	亲娘	达达	娘	哥哥，阿哥	阿嫂
普通话	姐姐	弟弟	妹妹	儿子	女儿	孙子
河南话	姐	□[ɕio⁴²]	妹儿	儿	女	孙儿
徐州话	姐（姐）	弟弟，兄弟	妹妹	儿子，小子	闺女	孙子
武进话	阿姐	弟则	妹则	儿则	女女	孙则
溧阳话	姐姐	弟则	妹则	儿则	女女，丫头	孙则

说明：武进话的发音人为周祥凤，溧阳话的发音人为蔡法新，徐州话资料来自陈章太、李行健（1996）。

三、同素逆序词逆序后语义基本不变

汉语有不少同素逆序双音节复合词。这类词逆序后结构和语义有三种情况：

1. 结构和语义基本不变。例如：

　　　　代替——替代　　经历——历经　　爱怜——怜爱

2. 结构不变，语义改变。例如：

　　　　清明——明清　　子孙——孙子　　国家——家国

3. 结构和语义均发生变化。例如：

　　　　书写——写书　　枣红——红枣　　白眼——眼白

---

① 一点多说的用"，"隔开。下同。原文献中用"/"表示的本书统一用"，"表示。

"河南话"同素逆序词逆序后,结构和语义出现两种情况:

1. 结构和语义基本不变。例如:

共总——总共　　出进——进出　　将才——才将

2. 结构变化,语义不变。例如:

鸡公——公鸡　　月大——大月　　膏药——药膏

因此,"河南话"同素逆序词逆序后,不管结构是否变化,语义基本不变。

四、短语多描摹或比喻色彩

"河南话"里描摹或比喻色彩的短语较多,增加了语言表达的丰富性、生动性。大致有以下几种情况:

1. 用描摹性表达反映事物或现象特征,如表 4。

表 4　用描摹性表达反映事物或现象特征的短语举例

河南话	月亮长毛	溜溜子风	龙吊水	雾帐子	稻谷桩子	亮毛虫儿
普通话	月晕	微风	水龙卷	雾	稻茬儿	萤火虫
河南话	泥拱子	奶毛头子	□ [tsʰo²¹²] 漂漂	打愣愣	夹霜阴	翻眼露筋
普通话	泥鳅	初生儿	打水漂儿	走路不稳	干冷阴天	面目狰狞

2. 用描摹性表达表示时间,如表 5。

表 5　用描摹性表达表示时间的短语举例

河南话	天麻麻亮	太阳人把高	太阳当顶心	太阳落土	打麻子影儿	断黑
普通话	天快亮时	太阳初升时	正午	黄昏	天快黑时	天黑时分

3. 用声音或数字表示对象,如表 6。

表 6　用声音或数字表示对象的短语举例

河南话	七童七	打哇哇	叮铃宫隆	抓七子	五爪龙	六指丫儿
普通话	剪子、石头、布游戏	拍嘴巴发出"哇哇"声	搬物等弄出声响	抓子儿	脏手	六指头

4. 用比喻指称对象，如表7。

表7　用比喻指称对象的短语举例

河南话	阎王路	半瓢水	鸭屎臭	甲鱼头	老实鳖	木头伢儿
普通话	泥泞路	本领不过关	说话不中听	刁钻吝啬之人	老实人	笨人

5. 用功用指称对象，如表8。

表8　用功用指称对象的短语举例

河南话	磉米窑子	吃饭台子	洗脸架子	洗脸手巾	捞灰耙子	揩脚布	鐾刀布
普通话	石臼	餐桌	脸盆架	毛巾	掏灰工具	洗脚布	磨刀布

6. 描摹人或物的色彩，如表9。

表9　描摹人或物的色彩的短语举例

河南话	一嘎白	白礁礁	黄靶靶	红瞠瞠	黑七抹达	乌不绿透
普通话	（脸色）惨白	（脸色）偏白	（脸色）黄	（皮肉上的）血红色	黢黑	深的杂色

五、"子"尾词

"河南话"带"子"尾的词很多，主要是名词加"子"尾，有以下几种形式：

单音节名词＋子：狗子、褂子、袄子、场子、条子。

双音节名词＋子：锅烟子、秧耙子、围腰子、汗衫子、炮筒子。

多音节名词＋子：头毛夹子、洋龙管子、豆腐浆子、小奶毛头子。

名词＋"子"尾重叠：雪子子、盐子子、石头子子。

六、儿化词

"河南话"跟北京话相比，儿化词要少许多。跟北京话儿化韵相比，"河南话"儿化韵卷舌程度明显弱化。主要有两种情况：

1. 儿化词的儿化韵可以剥离使用。例如：小马儿[mæ²⁴]——小马、哪个坡儿

[pʰor⁴²]——哪个坡、洋碗儿[vair²⁴]——洋碗、两样儿[iæ²¹²]——两样、树棵林儿[lier⁵⁵]——树棵林、对门儿[mer⁵⁵]——对门。通常情况下，老派"河南话"儿化词儿化韵不剥离，新派"河南话"儿化词儿化韵剥离。

2. 儿化词中的儿化韵无法剥离。例如：蒂把儿[pæ²⁴]、放牛伢儿[ŋæ⁵⁵]、小羊娃儿[væ⁵⁵]、湾儿[vair⁴²]、小店儿[tiai²¹²]、边儿沿[piai⁴²iai⁵]、转圈儿[tɕʰyai²⁴]、孙儿[ser⁴²]、哪个场儿[tsʰæ²⁴]、亮毛虫儿[tsʰor⁵⁵]。这些基本属于老资格儿化词，其儿化韵融合程度高，相当于一个新的韵母被固定下来。无论"老派"还是"新派"，使用这些儿化词时儿化韵基本不剥离。

七、特色词语①

本节根据北京大学中国语言文学系语言学教研室（1995）、曹志耘（2008b）所列方言词目，列举"河南话"部分特色词语，如表10。比现在的老派更早的说法，在词语右下角用"更老"标注（以下同）。

表10 "河南话"特色词语举例

普通话	冰雹	闪电	化冰	淋雨	上面	地方
河南话	冷子	扯霍	化凌	岔雨	高头	场子，场儿，坡儿
普通话	村儿	哪会儿	现在	种猪	鸟儿	喜鹊
河南话	塆儿	几昝,么时夫更老	正昝,列②昝	猪郎	雀子	鸦雀
普通话	蝌蚪	蝉	萤火虫	窗户	背心夹的，棉的	围裙
河南话	蚵蟆蚪子	唧呤子	亮毛虫儿	窗笼子	背褡子	围腰子
普通话	围嘴儿	手绢	口袋衣服口袋	台阶	厕所简易的	轮子
河南话	麻兜子	手捏子	荷泡儿	搭步	茅厕更老,茅窖	滚辘子

---

① 方言"特色词语"有广义和狭义之分。狭义的"特色词语"跟"特征词"同义，广义的"特色词语"指跟普通话不同的词语（狭义上的"方言词"）。本书所指"特色词语"取广义。

② 本书的"河南话"区分"列"和"列"。"列"表示"河南话"的近指代词，相当于普通话的"这"；"列"表示衬字。

续表

普通话	老太婆	小孩儿	外祖母	爸爸呼称	伯父	叔父
河南话	老妈子	小伢儿	姥娘	□[tæ⁵⁵]	老爹	小老
普通话	丈夫叙称	妻子叙称	娶	女儿叙称	唾沫	脖子
河南话	男人	女人	接	女子	馋	颈婆子
普通话	左手	右手	拳头	乳房	鸡巴	生病
河南话	反手	正手	锤头子	妈儿，妈儿妈儿	杂子	害病，不快活
普通话	闲谈	接吻	吵架	骂	拔~萝卜	抓~小偷
河南话	抇白更老	通嘴	吵嘴	噘	扯	逮
普通话	看~电影	蹲	埋	夹~菜	欠	拧
河南话	瞧	跍	窨	拈	该，欠	搉
普通话	扔丢弃	摔	换	想想念	害羞	睡觉
河南话	拌，撂	跶	斠	忲	怕嫌人，怕丑	睡瞌睡
普通话	节省	整齐	容易	密	漂亮	自己
河南话	俭省，□[kʰie²¹²]	齐偺	容紧	□[mən²⁴]	牌裳	各人，各自
普通话	这里	什么	怎么	怎样	特地，故意	被
河南话	烈哈儿	么事	么样	么样	特拜，特予	把

八、惯用语

"河南话"有许多三音节惯用语，丰富了表达色彩和效果。这些惯用语主要通过比喻等方法获得修辞转义[①]，例如：

甲鱼头：刁钻吝啬之人。

红霸头：逞能霸道之人。

蚌蚌精：妖媚之人。

---

① 通过比喻获得修辞转义的惯用语，本书释义时省略"喻指"的表述。例如："喻指刁钻吝啬之人"→"刁钻吝啬之人"。

鸡作包：促狭之人。

礼驼子：礼性重的人。

轻骨头：轻佻之人。

半吊子：不明事理或言行不得体者。又称"十三点"。

温吞水：性情不温不火者。

死肉鳖：懦弱无用之人。

老不慌：性子慢的人。

离满心：粗心的人。

倒头光：有钱就花光的人。

妈妈嘴：不长须的成年男子。

屎经手：挑剔之人。

咬卵将：固执己见之人。

老天牌：家族里辈分尊、年纪大的人。

娘娘庙：体形纤弱的人。

鬼王头：在孩子中有影响力的人（贬义）。

半瓢水：技术不过关的人。

人来疯：见到客人来异常兴奋的孩子。

疯八叉：戏耍而不知节制的孩子。

第三节　语法和修辞特点

"河南话"与普通话相比，在语法和修辞上有许多相同，但也存在明显差别。本节重点对"河南话"较有特色的语法现象和修辞特点进行归纳和分析。

一、语法特点

（一）词类

1. 人称代词和疑问代词

（1）人称代词

自指人称代词：各人、各自、自个。

他指人称代词：人家、旁人。

统指人称代词：大伙大家。

（2）疑问代词

"河南话"疑问代词多用"哪、几、么、好、多"等打头，主要有：

指人：谁个、哪个、么人。

指物：么事、么东西、么家伙。

代数量：几、几个、多少。

代地点：哪哈儿、哪口 [ŋan⁵⁵] 头、哪个坡儿、哪个场儿、么场儿。

代时间：几昝、多昝、么昝、么时夫。

代方式：么样儿（搞）。

代形状：么样儿（咧）。

代距离：多远、好远。

代原因：为么事、么回事、口 [tsai²⁴]①。

2. 量词

"河南话"量词后可加"子"，也可重叠。量词后加"子"，一般修饰名词，例如：一帮子人、一条子烟、两包子花生。量词可以直接重叠，例如：个个、回回、牌牌②。

3. 副词

"河南话"副词丰富且有特色，主要有：

---

① 相当于普通话的"怎么"。例句：你口 [tsai²⁴] 列烦人蛮？（你怎么这么烦人呢？）
② "牌牌"为量词重叠，用于打牌，相当于"每一牌"。

（1）程度副词：蛮、怪、稀、扎自。

（2）否定副词：莫、不。

（3）频率副词：本生、一了、就、搞搞、将才、才将、就伙、跟首、连往。

（4）范围副词：哈、一早、共总、总共、再少至少。

（5）情态副词：猛亏、扯起、特拜、特予、攒劲、叵咧、亏趋①、得亏。

（6）语气副词：现现、作兴、肯马儿、总归、反正、里外里、左以、倒反。

（7）后置副词：不过、不中、悬。

4. 常用动态助词

（1）在 [tai²¹²]。"在"主要表示行为或动作的进行，例如："在吃饭""在做活"；也可表示行为或动作的持续，例如："他还在做不啦？"（他还在做吗？）

（2）倒。"倒"是"河南话"的持续体标记。"倒"既可用在自主动词后，例如："他头抻倒。"（他把头伸着。）也可用在连动句中，例如："他仰倒头走。"（他仰着头走。）还可用在非自主动词后，例如："鹅毛一直在水里漂倒。"（鹅毛一直在水上浮着。）

"河南话"跟"倒"相关的结构有"V+倒""V+咧倒""老+V+倒+些"等。

（3）它。"它"跟普通话"掉"、上海话"脱"的用法接近，用在单音节动词后，使动作结果呈现消减或消失，例如："旧衣裳一早甩它。"（旧衣服全部甩掉。）

"河南话"跟"它"相关的结构有"V+它""V+了+它""把+O+V+它"等。

5. 句尾语气助词"着"

"河南话"句尾"着"主要表达祈使、假定、疑问等语气。表达祈使语气时，是先行貌标记，例如："再住两天着。"（再住两天再说。）表达假定语气时，隐含"要是……的话，就……"的含义，例如："他要是不去着。"（他要是不去的话，就……。）表达疑问语气时，用在疑问句尾，例如："你到哪哈去着？"（你上哪儿去呢？）

6. 常用介词

"河南话"常用介词有：在 [tai²¹²]、把、弄、□[kɑ²¹²]、问。"弄"和"□[kɑ²¹²]"

---

① "亏趋" [kʰuei⁴² tɕy⁰] 是"多亏"的意思。

相当于普通话的"用","弄"比"□[kɑ²¹²]"文雅。"问"用作介词,跟普通话的"向"相当。

7. 连词

"河南话"有两个常用连词"跟、余六一边……"。"跟"有两种用法,分别跟"和""对"相当。

(二)语缀

1. 前缀

"河南话"前缀有"阿、老、瘟、肮、蛮、尽、几、老么、亘咧、扎自"等。除了"阿",其他均为副词性前缀。

2. 中缀

"河南话"中缀有"不、打、连·几、里·气、头·脑、拉、巴、哩巴"等。

3. 后缀

"河南话"后缀有"子、头、佬、伢儿、巴子、牙子、头子、伙里、拉煞、巴煞、倒些、死了、不过、不中、不得了、咧悬、起来"等。

(三)重叠

1. 名词重叠

主要有AA(蛛蛛)、AABB(矛矛盾盾)、ABB(门拐儿拐儿)、AAB(蚌蚌油)、AA子(嘴嘴子)、A子子(雪子子)等形式。

2. 动词重叠

主要有VV(说说)、ABAB(合计合计)、AABB(噘噘骂骂)等形式。其中,"VV"式重叠有两类:一类相当于普通话具试行义的"V一V",例如:"你喊他说说。"(你让他说一说。)一类相当于"V是V",第一个"V"语音延长,第二个"V"不轻读。例如:"我想想,就是没得钱。"(我想是想,就是没有钱[买]。)

"河南话"单音节动词可以多级重叠,例如:"她说说说说说哭了。"(她说着说着说哭了。)

3. 形容词重叠

有单音节形容词重叠(如"红红咧")和双音节形容词重叠(如"瘦长瘦长")

两类。

4. 数量词重叠

"河南话"量词和数量词均可重叠。量词重叠后带有"每一"的含义，例如：回回、根根、碗碗。数量词重叠表示数量多或次数多，例如：一堆一堆、两个两个。

（四）句型

1. 被动句

"河南话"被动句有带"把"和省略"把"两种形式，前者较为常见。

（1）带"把"的被动句。"把"前为受事，用"把"引进施事，VP 为具有处置义的非光杆动词。例如："碗把他打破了。"（碗被他打破了。）//"鱼把猫子吃了。"（鱼被猫吃了。）

（2）省略"把"的被动句。可只出现受事和结果，受事主语有定且可移至谓语动词后转为受事宾语，例如："碗打破了。"（碗被打破了。）施事和受事也可同时出现，例如："鱼猫子吃了。"（鱼被猫吃了。）省略"把"的被动句，理解句意时需要借助意合方式。

"河南话"的"把"表处置义时，跟普通话相同。

2. "给"字句

"河南话"用"把"和"拿"表给予义。"把"作动词，可带单宾语，也可带双宾语。双宾语句中，指人宾语和指物宾语的位置可以互换，互换后语义不变。例如："把他一本书"和"把一本书他"同义。双宾语句可采用双"把"结构，前面的"把"是介词，后面的"把"是动词，例如："把铅笔把他。"（把铅笔给他。）

老派"河南话"有时用"拿"表示"给予"，例如："你拿我。"（你给我。）

3. 紧缩句

"河南话"紧缩句中，有些成分被省略或压缩，例如："钱钱没得，房子房子没得。"（要钱没得钱，要房子没得房子。）口语中，第一个"钱"和第一个"房子"的尾字音要延长约一个音节的时长。

4. 是非问句

"河南话"是非问句一般在陈述句末尾加上疑问语气词"啊""嗒""不啦

[plæ]""没喃 [mlan]""吧"。语气词在是非问句中作用明显，直接影响提问的角度和语气。

（五）特殊短语

1. 你叫他莫

"你叫他莫"在"河南话"里有两种意思：第一，相当于"你让他别……"。例如："你叫他莫去。"（你让他别去。）第二，与语气词"蛮"连用，相当于"任由他去"，有增强语气的效果。例如："你叫他莫（说）蛮。"（你任由他［说］就是了。）

2. 倒走不走

"倒走不走"的意思是：走走停停，形容前行的意志不坚定。例如："他倒走不走咧。"（他走走停停，欲行又止。）

（六）常用构式

1. 里外里

"里外里"的意思是：反正，豁出去了。例如："我里外里跟他搞下子。"（我豁出去了要跟他较量一番。）

2. 照不是

"照不是"的意思是：要不就，或者。例如："照不是你先回。"（要不你先回去。）// "你去照不是他去，反正要去一个。"（你去或者他去，反正要去一个。）

二、修辞特点

方言修辞包括方言语音、词汇、语法等方面的修辞运用和特点，能够增加方言的个性特点和文化色彩。"河南话"常用的修辞手段或方法有以下几种：

（一）双声叠韵

汉语的双声叠韵既是一种构词方法，也是一种修辞手段。"河南话" n/l 相混、f/x 相混、平翘舌不分、前后鼻韵不分，因此出现大量双声叠韵词，促进了听感上的和谐。

双声词：乡下、真朝_{今天}、寒火、补疤、棒冰、丢堆、抓周、上山、走种、担待、坍台。

叠韵词：薅草、癞痧、残坏[①]、俙伙、认生、收蔸、估谱、把话、赌咒、本生、共总。

双声叠韵词：起去、画法、真正。

（二）谐音双关

"河南话"谐音双关主要用于歇后语，通过谐音字改变语义，达到双关表达效果。例如：

黄牛角，水牛角——各（角）顾各（角）。

驴子掉阳沟里——乱谈（弹）。

松树林儿里栽竹子——亲（青）上加亲（青）。

黄泥巴掉裤裆里——不是死（屎）亦是死（屎）。

（三）委婉

为了避讳或避免粗俗，"河南话"有意回避一些说法或采用委婉的表达。例如：

猪赚头：猪舌头。为避讳"舌"（折）音，换成民间讨喜的"赚"字。

叫寒：山羊等因发情叫唤。

叫春：猫因发情叫唤。

走草：狗等雌雄交配。

赶燕：禽类在陆地交配。

踩水：禽类在水里交配。

下身：女阴的婉称。

不快活：生病的讳称。

出恭：大便的文雅说法。

解手：小便的文雅说法。

有了：怀孕的委婉说法。

过世、过辈：对长辈去世的婉称。

[①] "河南话"的"残坏"（残疾）读音为 $tsʰai^5\ fai^{42}$。

归位：对长辈去世的敬称。

老了人：对老人去世的婉称。

丢了：夭折的委婉说法。

（四）比喻

"河南话"的比喻用法多用于惯用语，喻体主要跟人有关。参看本章"第二节词语特点"。

（五）借代

"河南话"借代的本体不出现，借体和本体之间通过民间说法、形态描摹、成语等产生相关性。例如：

来富：狗的代称。民间有"狗来富"的说法。

二百五：傻瓜。

狗钻笼：只露出双眼的蒙面帽。

五爪龙：多指脏的手。

子丑寅卯：来龙去脉。

（六）仿词

"河南话"的仿词主要是义仿。在不破坏结构、不增减构成元素的情况下，通过置换现成语词中部分语义相对或相关的语素，仿造成临时性语言运用单位。例如：

人要忠心，火要空心。

财主说穷话，光棍说熊话。

秤不离砣，公不离婆。

茶要人烧，水要人挑。

好狗不咬鸡，好汉不打妻。

（七）摹状

摹状也叫摹拟，主要描摹人或物的声音、情状、色彩等。参看本章"第二节词语特点"。

第二章　苏南"河南话"的源流系属

第一节　"河南话"与信阳地区方言

信阳地区[①]方言内部存在一定的差异。叶祖贵（2014：8）对信阳地区方言语音进行比较后认为"信阳地区方言内部既有很强的一致性，又有较大的差异性"。"河南话"主要来自罗山话和光山话。这是笔者通过实地调查、方言比较，并依赖母语方言（"河南话"）的敏感得出的判断。为进一步证明这一判断，下面分别对"河南话"与信阳地区方言，"河南话"与罗山、光山方言进行比较。

一、"河南话"与信阳地区方言语音比较

本书"第一章"已介绍了"河南话"的语音特点。为了考察"河南话"的源流系属，笔者提取了罗山籍老派"河南话"语音8个主要特征，供方言比较参照。

（1）泥来母洪混细分。

（2）ts、tʂ 相混。[②]

（3）f、x 相混。

（4）曾梗摄与深臻摄相混为 n 韵尾。

（5）宕江摄知系阳声韵字的读音：张章 = 装撞 tsaŋ。[③]

[①] 根据目前的行政区划，信阳市包括两区八县：浉河区、平桥区、罗山县、潢川县、息县、淮滨县、光山县、商城县、新县、固始县。

[②] 少数光山籍老派"河南话"区分 ts、tʂ。

[③] 少数光山籍老派"河南话"：张章 tʂaŋ ≠ 装撞 tsaŋ。

（6）"书虚""篆倦"两对字分别同音：书 = 虚 ɕy，篆 = 倦 tɕyan。①

（7）无入声。古全浊入声归阳平，其他入声归阴平。

（8）去声不分阴阳。

"河南话"与信阳地区方言语音的比较，参考了叶祖贵（2014）关于信阳地区 15 个点的语音材料、王东（2010）关于罗山县朱堂乡的语音材料。罗山县周党镇、庙仙乡和光山县仙居乡、十里镇的方言材料，为笔者实地调查获得。"河南话"选取溧阳市社渚镇金山村（发音人为罗山籍老派）、溧阳市社渚镇新塘村（发音人为光山籍老派）、句容市天王镇菜巷村（发音人为光山籍老派）3 个点作比较。为了简便，特采用简称代称"河南话"和信阳地区各方言。代称用字一般取县（区）的首字。若同一个县（区）有 2 个以上方言点，则首字后面用小字标出乡镇名首字。"河南话"、信阳地区各方言（点）与简称的对应关系如表 11。

表 11 "河南话"与信阳地区方言（点）简称

方言（点）	简称	方言（点）	简称
溧阳罗山籍老派"河南话"	溧罗	溧阳光山籍老派"河南话"	溧光
句容光山籍老派"河南话"	句	信阳市老城区	信
浉河区谭家河镇	浉	平桥区城阳城	平
罗山县楠杆镇	罗楠	罗山县朱堂乡	罗朱
罗山县周党乡	罗周	罗山县庙仙乡	罗庙
光山县北向店乡	光北	光山县白雀园镇	光白
光山县仙居乡	光仙	光山县十里镇	光十
新县沙窝镇	新沙	新县卡房乡	新卡
潢川县白店乡	潢	固始县郭陆滩镇	固
商城县城关	商城	商城县吴河乡	商吴
息县孙庙乡	息孙	息县小茴店镇	息小
淮滨县张庄乡	淮		

---

① 少数光山籍老派"河南话"：书 = 虚 ʂʮ，篆 = 倦 tʂʮan。

（一）声母特征比较[①]

1. 泥来母分混[②]

表 12　"河南话"与信阳地区方言泥来母分混比较

特征	地点	溧罗	溧光	句	信	浉	平	罗楠	罗朱	罗周	罗庙	光北	光白
泥来母分混	洪混细分	○	○		○	○	○	○	○	○	○	○	○
	洪细全混			○									
	不混												

特征	地点	光仙	光十	新沙	新卡	潢	固	商城	商吴	息孙	息小	淮
泥来母分混	洪混细分	○	○	○	○							
	洪细全混					○	○				○	
	不混									○	○	

2. ʦ、tʂ 分混

表 13　"河南话"与信阳地区方言 ʦ、tʂ 分混比较

特征	地点	溧罗	溧光	句	信	浉	平	罗楠	罗朱	罗周	罗庙	光北	光白
ʦ、tʂ 分混	不分	○		○	○		○	○	○		○		○
	区分		○			○						○	

特征	地点	光仙	光十	新沙	新卡	潢	固	商城	商吴	息孙	息小	淮
ʦ、tʂ 分混	不分	○	○			○	○	○	○		○	
	区分			○	○					○		

[①] 表格中用"○"表示具有某种语言特征。下同。
[②] "河南话"与信阳地区方言的泥来母相混，属于以韵母洪细为条件的相混类型。

3. f、x 分混

表 14 "河南话"与信阳地区方言 f、x 分混比较

特征 \ 地点		溧罗	溧光	句	信	狮	平	罗楠	罗朱	罗周	罗庙	光北	光白
f、x 分混	相混	○	○	○	○	○	○	○	○	○	○	○	○
	区分												

特征 \ 地点		光仙	光十	新沙	新卡	潢	固	商城	商吴	息孙	息小	淮
f、x 分混	相混	○	○	○	○					○	○	
	区分					○	○	○				

（二）韵母特征比较

1. 深臻摄与曾梗摄分混

表 15 "河南话"与信阳地区方言深臻摄与曾梗摄分混比较

特征 \ 地点		溧罗	溧光	句	信	狮	平	罗楠	罗朱	罗周	罗庙	光北	光白
深臻摄与曾梗摄分混	混为 n 韵尾	○	○	○	○	○	○	○	○	○	○	○	○
	混为 ŋ 韵尾												
	不混												

特征 \ 地点		光仙	光十	新沙	新卡	潢	固	商城	商吴	息孙	息小	淮
深臻摄与曾梗摄分混	混为 n 韵尾	○	○	○	○	○	○	○	○			
	混为 ŋ 韵尾											○
	不混									○	○	

2. 宕江摄知系阳声韵字读音

表 16 "河南话"与信阳地区方言宕江摄知系阳声韵字读音比较

特征＼地点	溧罗	溧光	句	信	浉	平	罗楠	罗朱	罗周	罗庙	光北	光白
张章 = 装撞 tsaŋ	○		○	○		○	○	○	○	○		○
张章 tʂaŋ ≠ 装撞 tsaŋ		○			○						○	
张章 tʂaŋ ≠ 装撞 tsuan												
张章 tʂaŋ ≠ 装撞 tsuaŋ												
张章 tsaŋ ≠ 装撞 tɕyaŋ												

特征＼地点	光仙	光十	新沙	新卡	潢	固	商城	商吴	息孙	息小	淮
张章 = 装撞 tsaŋ	○	○									
张章 tʂaŋ ≠ 装撞 tsaŋ			○	○							
张章 tʂaŋ ≠ 装撞 tsuan					○	○	○			○	○
张章 tʂaŋ ≠ 装撞 tsuaŋ								○			
张章 tsaŋ ≠ 装撞 tɕyaŋ						○					

3. "书虚""篆倦"的读音

表 17 "河南话"与信阳地区方言"书虚""篆倦"读音比较

特征＼地点	溧罗	溧光	句	信	浉	平	罗楠	罗朱	罗周	罗庙	光北	光白
书 = 虚 ɕy，篆 = 倦 tɕyan	○		○	○	○	○	○	○	○	○		
书 = 虚 ʂɿ，篆 = 倦 tsɿan		○									○	○
书 su ≠ 虚 ɕy，篆 tsuan ≠ 倦 tɕyan			○									

特征＼地点	光仙	光十	新沙	新卡	潢	固	商城	商吴	息孙	息小	淮
书 = 虚 ɕy，篆 = 倦 tɕyan											
书 = 虚 ʂɿ，篆 = 倦 tsɿan	○	○	○	○							
书 su ≠ 虚 ɕy，篆 tsuan ≠ 倦 tɕyan					○	○	○	○	○	○	○

（三）声调比较

信阳地区方言无入声（少数地方除外），只有阴平、阳平、上声、去声四个声调；古入声基本上归入阴平与阳平（叶祖贵，2014：107）。"河南话"古全浊入声归阳平，其他入声归阴平，跟信阳地区方言声调特点相同。鉴于此，本节只比较"河南话"与信阳地区方言声调的调型和调值差异，如表18。

表18 "河南话"与信阳地区方言声调比较

调类\调值\地点	溧罗	溧光	句	信	浉	平	罗楠	罗朱	罗周	罗庙	光北	光白
阴平	42	42	42	213	21	213	43	31	42	42	54	55
阳平	55	55	55	33	33	34	45	53	55	55	45	35
上声	24	24	24	35	35	35	35	13	24	24	324	324
去声	212	212	212	53	422	53	411	213	212	212	311	31
入声												

调类\调值\地点	光仙	光十	新沙	新卡	潢	固	商城	商吴	息孙	息小	淮
阴平	42	53	44	31	213	213	213	213	213	213	213
阳平	55	24	35	45	34	33	33	34	34	34	34
上声	24	212	314	35	24	34	34	24	24	24	24
去声	212	31	53	312（阴） 422（阳）	53	53	53	53	53	53	53
入声				313							

根据上述声韵调比较，我们对"河南话"和信阳地区方言语音的一致性进行综合考察，用"＋"表示一致性特征，用"－"表示不一致的特征，特殊情况用相关符号表示并说明。① 罗山籍老派"河南话"和光山籍老派"河南话"相同的语音特征作合并处理，不同的语音特征分列并标注，比较结果如表19。

---

① 下文各表中的"＋、－"用法同。

表 19 "河南话"与信阳地区方言语音一致性情况比较

"河南话"语音特征		信	浉	平	罗楠	罗朱	罗周	罗庙	光北	光白	光仙
泥来母	洪混细分（溧罗、溧光）	＋	＋	＋	＋	＋	＋	＋	＋	＋	＋
	洪细全混（句）	－									
ts、tʂ 分混	不分（溧罗、句）	＋		＋	＋	＋	＋	＋		＋	＋
	区分（溧光）	－	＋						＋		
f、x 相混		＋	＋	＋	＋	＋	＋	＋	＋	＋	＋
深臻摄与曾梗摄混为 n 韵尾		＋	＋	＋	＋	＋	＋	＋	＋	＋	＋
宕江摄知系阳声韵字	张章＝装撞 tsaŋ（溧罗、句）	＋	－	＋	＋	＋	＋	＋	－	＋	＋
	张章 tʂaŋ ≠ 装撞 tsaŋ（溧光）	－	＋	－	－	－	－	－	＋	－	－
书-虚，篆-倦	书＝虚 ɕy，篆＝倦 tɕyan（溧罗）	＋	＋	＋	＋	＋	＋	＋		＋	
	书＝虚 ʂʯ，篆＝倦 tʂʯan（溧光）	－							＋	＋	＋
	书 su ≠ 虚 ɕy，篆 tsuan ≠ 倦 tɕyan（句）	－									
调类和调型	无入声	＋	＋	＋	＋	＋	＋	＋	＋	＋	＋
	古全浊入声归阳平，其他入声归阴平	＋	＋	＋	＋	＋	＋	＋	＋	⊖[1]	＋
	阴平（降调）	－	＋	－	－	－	－	－	－	－	＋
	阳平（平调）	＋	＋	＋	＋	＋	＋	＋	＋	＋	＋
	上声（升调）	＋	＋	＋	＋	＋	＋	＋	＋	＋	＋
	去声（曲折调）	－	⊙[2]	－	⊙	＋	＋	＋	⊙	－	＋

---

[1] "⊖"表示全浊入声一半归阳平、一半归阴平，其他入声归阴平。
[2] "⊙"表示调型接近。后同。

续表

"河南话"语音特征		地点	光十	新沙	新卡	潢	固	商城	商吴	息孙	息小	淮
泥来母	洪混细分（溧罗、溧光）		+	+	+	−	−	−	−	−	−	−
	洪细全混（句）		−	−	−	+	+	+	+	−	−	+
ʦ、ʈʂ 分混	不分（溧罗、句）		+	−	−	+	+	+	+	−	+	+
	区分（溧光）		−	+	+	−	−	−	−	+	−	−
f、x 相混			+	+	+	+	−	−	−	+	+	+
深臻摄与曾梗摄混为 n 韵尾			+	+	+	+	+	+	+	+	+	+
宕江摄知系阳声韵字	张章 = 装撞 tsaŋ（溧罗、句）		+	−	−	−	−	−	−	−	−	−
	张章 tʂaŋ ≠ 装撞 tsaŋ（溧光）		−	+	+	−	−	−	−	−	−	−
书−虚，篆−倦	书 = 虚 ɕy，篆 = 倦 tɕyan（溧罗）		−	−	−	−	−	−	−	−	−	−
	书 = 虚 ʂʅ，篆 = 倦 tʂɥan（溧光）		+	+	+	−	−	−	−	−	−	−
	书 su ≠ 虚 ɕy，篆 tsuan ≠ 倦 tɕyan（句）		−	−	−	+	+	+	+	+	+	+
调类和调型	无入声		+	+	−	+	−	+	+	+	+	+
	古全浊入声归阳平，其他入声归阴平		+	∓①	−	+	±②	±	⊕③	+	+	+
	阴平（降调）		+	−	+	−	−	−	−	−	−	−
	阳平（平调）		−	−	−	−	−	+	+	−	−	−
	上声（升调）		−	−	+	+	+	+	+	+	+	+
	去声（曲折调）		−	−	−④	−	−	−	−	−	−	−

---

① "∓"表示古入声字基本归阴平。
② "±"表示古全浊入声归阳平，其他入声一半归阳平、一半归阴平。
③ "⊕"表示古入声字基本归阳平。
④ "新卡"的去声分阴去和阳去。阴去的调型为曲折调，阳去的调型为降调。

通过比较，"河南话"和信阳地区方言的语音关系大致为：

1. "河南话"跟信阳地区部分方言的语音特征基本相同。比较下来，"河南话"跟罗山、光山、新县和信阳市区的语音更接近。

2. 罗山籍老派"河南话"跟罗山县周党乡（罗周）、庙仙乡（罗庙）的语音特征相同，跟罗山县朱堂乡（罗朱）、罗山县楠杆镇（罗楠）、光山县仙居乡（光仙）等的语音接近。

3. 光山籍老派"河南话"跟信阳地区相关方言有一定的对应关系。溧阳光山籍老派"河南话"语音特征跟光山县北向店乡（光北）基本相同，跟浉河区（浉）的语音接近，跟新县沙窝镇（新沙）、卡房乡（新卡）的声母和韵母相近但声调有差异。句容光山籍老派"河南话"的部分语音特征跟潢川、固始、商城、淮滨等地相同，这可能跟句容市天王镇有商城等地的移民有关。

4. 新县卡房乡（新卡）有入声，其他各点方言只有阴平、阳平、上声、去声四个调类。无入声的信阳地区方言古入声主要归入阴平和阳平，具体归入情况各地略有区别（参见表19）。若忽略不同调查者记音存在的细微出入，老派"河南话"跟罗山4个点、光山仙居（光仙）、浉河（浉）的声调（调类、调型和调值）基本相同。

二、"河南话"与罗山、光山方言语音比较

从上面的语音特征比较来看，老派"河南话"与罗山、光山方言语音非常接近。在实地调查中，笔者凭借对"河南话"母语的敏感，结合方言学知识，认为如今的"河南话"更接近罗山话，少数光山籍老派"河南话"接近光山话。为了使语音比较更加深入，现对"河南话"与罗山、光山方言的声母和韵母进行深入比较。方言比较使用的调查字表，来自《中国语言资源有声数据库调查手册·汉语方言》。"河南话"选取溧阳市社渚镇金山村（罗山籍老派，简称"溧罗"）、溧阳市社渚镇新塘村（光山籍老派，简称"溧光"）、吴江、句容四处作代表，罗山方言

选取周党、庙仙两处作代表，光山方言选取仙居、北向店两处作代表[①]。各个调查点的发音人情况如表20。

表20 "河南话"与罗山、光山方言发音人信息

调查地点/方言	苏南				罗山		光山	
	溧罗	吴江	溧光	句容	周党	庙仙	仙居	北向店
发音人姓名	吴魁	李国柱	向自进	张瑞泉	周裕利	吴天绍	张祖全	吴国焰
性别	男	男	男	男	男	男	男	男
出生年份	1938	1955	1945	1942	1942	1949	1961	1958
祖籍地	罗山	罗山	光山	光山				

（一）声母比较

本书用6张表比较老派"河南话"与罗山、光山方言的声母，具体如下：

表21 "河南话"与罗山、光山方言声母比较表一

方言	古声母	帮		滂		并		明		非		敷		奉		微	
	汉字	八	兵	派	片	爬	病	麦	明	飞	风	副	蜂	肥	饭	味	问
祖籍罗山	溧罗	p	p	pʰ	pʰ	pʰ	p	m	m	f	f/x	f	f	f	f	v	v
	吴江	p	p	pʰ	pʰ	pʰ	p	m	m	f	f	f	f	f	f	v	v
祖籍光山	溧光	p	p	pʰ	pʰ	pʰ	p	m	m	f	f/x	f	f	f	f	v	v
	句容	p	p	pʰ	pʰ	pʰ	p	m	m	f	f	f	f	f	f	v	v
罗山	周党	p	p	pʰ	pʰ	pʰ		m	m	f	x	f	x	f	f	v	v
	庙仙	p	p	pʰ	pʰ	pʰ		m	m	f	f	f	f	f	f	v	v
光山	仙居	p	p	pʰ	pʰ	pʰ		m	m	f	f	f	f	f	f	∅	∅
	北向店	p	p	pʰ	pʰ	pʰ		m	m	f	f	f	f	f	f	v	v

---

① 光山方言内部存在差异，东南部的白雀园、中部的仙居和文殊、北部的十里等有明显不同。根据笔者实地调查和辨别，光山中部的口音跟光山籍老派"河南话"最接近，故本书选取仙居、北向店作为光山方言的代表进行研究和比较。本书所讲"光山方言"，如无特别说明，均指光山中部以仙居、北向店为代表的光山话。

表22 "河南话"与罗山、光山方言声母比较表二

古声母 方言	汉字	端		透		定		泥				来			
		多	东	讨	天	甜	毒	脑	南	年	泥	老	蓝	连	路
祖籍罗山	溧罗	t	t	tʰ	tʰ	tʰ	t	l	l	nʑ	nʑ	l	l	l	l
	吴江	t	t	tʰ	tʰ	tʰ	t	n	l	l	l	l	l	l	l
祖籍光山	溧光	t	t	tʰ	tʰ	tʰ	t	l	l	l	l	l	l	l	l
	句容	t	t	tʰ	tʰ	tʰ	t	l	l	l	l	l	l	n	l
罗山	周党	t	t	tʰ	tʰ	tʰ	t	n	n	nʑ	nʑ	n	n	n	n
	庙仙	t	t	tʰ	tʰ	tʰ	t	n	n	nʑ	nʑ	l	l	l	l
光山	仙居	t	t	tʰ	tʰ	tʰ	t	n	n	nʑ	nʑ	l	n	l	n
	北向店	t	t	tʰ	tʰ	tʰ	t	n	n	nʑ	nʑ	l	n	l	n

表23 "河南话"与罗山、光山方言声母比较表三

古声母 方言	汉字	精				清				从				心				邪	
		资	早	租	酒	刺	草	寸	清	字	贼	坐	全	丝	三	酸	想	祠	谢
祖籍罗山	溧罗	ts	ts	ts	tɕ	tsʰ	tsʰ	tsʰ	tɕʰ	ts	ts	ts	tɕʰ	s	s	s	ɕ	tsʰ	ɕ
	吴江	ts	ts	ts	tɕ	tsʰ	tsʰ	tsʰ	tɕʰ	ts	ts	ts	tɕʰ	s	s	s	ɕ	tsʰ	ɕ
祖籍光山	溧光	ts	ts	ts	tɕ	tsʰ	tsʰ	tsʰ	tɕʰ	ts	ts	ts	tɕʰ	s	s	s	ɕ	tsʰ	ɕ
	句容	ts	ts	ts	tɕ	tsʰ	tsʰ	tsʰ	tɕʰ	ts	ts	ts	tɕʰ	s	s	s	ɕ	tsʰ	ɕ
罗山	周党	ts	ts	ts	tɕ	tsʰ	tsʰ	tsʰ	tɕʰ	ts	ts	ts	tɕʰ	s	s	s	ɕ	tsʰ	ɕ
	庙仙	ts	ts	ts	tɕ	tsʰ	tsʰ	tsʰ	tɕʰ	ts	ts	ts	tɕʰ	s	s	s	ɕ	tsʰ	ɕ
光山	仙居	ts	ts	ts	tɕ	tsʰ	tsʰ	tsʰ	tɕʰ	ts	ts	ts	tɕʰ	s	s	s	ɕ	tsʰ	ɕ
	北向店	ts	ts	ts	tɕ	tsʰ	tsʰ	tsʰ	tɕʰ	ts	ts	ts	tɕʰ	s	s	s	ɕ	tsʰ	ɕ

表 24　"河南话"与罗山、光山方言声母比较表四

方言		古声母	知		彻		澄		庄		初		崇		生	
		汉字	张量	竹	抽	拆	茶	柱	争	装	抄	初	事	床	山	双
祖籍罗山		溧罗	ts	ts	tsʰ	tsʰ	tɕ	ts	ts	tsʰ	tsʰ	tsʰ	s	tsʰ	s	s
		吴江	ts	ts	tsʰ	tsʰ	tɕ	ts	ts	tsʰ	tsʰ	tsʰ	s	tsʰ	s	s
祖籍光山		溧光	tʂ	tʂ	tʂʰ	tʂʰ	tʂʰ	tʂ	tʂ	tʂʰ	tʂʰ	tʂʰ	ʂ	tʂʰ	ʂ	ʂ
		句容	ts	ts	tsʰ	tsʰ	tsʰ	ts	ts	tsʰ	tsʰ	tsʰ	s	tsʰ	s	s
罗山		周党	ts	ts	tsʰ	tsʰ	tsʰ	ts	ts	tsʰ	tsʰ	tsʰ	s	tsʰ	s	s
		庙仙	ts	ts	tsʰ	tsʰ	tsʰ	ts	ts	tsʰ	tsʰ	tsʰ	s	tsʰ	s	s
光山		仙居	tʂ	tʂ	tʂʰ	tʂʰ	tʂʰ	tʂ	tʂ	tʂʰ	tʂʰ	tʂʰ	ʂ	tʂʰ	ʂ	ʂ
		北向店	tʂ	tʂ	tʂʰ	tʂʰ	tʂʰ	tʂ	tʂ	tʂʰ	tʂʰ	tʂʰ	ʂ	tʂʰ	ʂ	ʂ

表 25　"河南话"与罗山、光山方言声母比较表五

方言		古声母	章		昌		船		书		禅		日	
		汉字	纸	主	车汽车	春	船	顺	手	书	十	城	热	软
祖籍罗山		溧罗	ts	tɕ	tsʰ	tɕʰ	tɕʰ	ɕ	s	ɕ	s	tsʰ	∅	∅
		吴江	ts	tɕ	tsʰ	tɕʰ	tɕʰ	ɕ	s	ɕ	s	tsʰ	z	∅
祖籍光山		溧光	tʂ	tʂ	tʂʰ	tʂʰ	tʂʰ	ʂ	ʂ	ʂ	ʂ	tʂʰ	∅	∅
		句容	ts	tɕ	tsʰ	tɕʰ	tɕʰ	ɕ	s	ɕ	s	tsʰ	z	z
罗山		周党	ts	tɕ	tsʰ	tɕʰ	tɕʰ	ɕ	s	ɕ	s	tsʰ	∅	∅
		庙仙	ts	tɕ	tsʰ	tɕʰ	tɕʰ	ɕ	s	ɕ	s	tsʰ	z	ȵ
光山		仙居	tʂ	tʂ	tʂʰ	tʂʰ	tʂʰ	ʂ	ʂ	ʂ	ʂ	tʂʰ	∅	∅
		北向店	tʂ	tʂ	tʂʰ	tʂʰ	tʂʰ	ʂ	ʂ	ʂ	ʂ	tʂʰ	∅	∅

表 26 "河南话"与罗山、光山方言声母比较表六

方言		见		溪		群		疑		晓			匣		影		云		以	
	古声母 汉字	高	九	开	轻	共	权	熬	月	好	灰	响	活	县	安	温	王	云	用	药
祖籍 罗山	溧罗	k	tɕ	kʰ	tɕʰ	k	tɕʰ	ŋ	∅	x	f	ɕ	x	ɕ	ŋ	v	v	∅	z	∅
	吴江	k	tɕ	kʰ	tɕʰ	k	tɕʰ	ŋ	∅	x	f	ɕ	x	ɕ	ŋ	v	v	∅	z	∅
祖籍 光山	溧光	k	tɕ	kʰ	tɕʰ	k	tʂʰ	ŋ	∅	x	f	ɕ	x	ɕ	ŋ	v	v	∅	ʐ	∅
	句容	k	tɕ	kʰ	tɕʰ	k	tʂʰ	ŋ	∅	x	f	ɕ	x	ɕ	ŋ	v	v	∅	z	∅
罗山	周党	k	tɕ	kʰ	tɕʰ	k	tɕʰ	ŋ	∅	x	f	ɕ	x	ɕ	ŋ	v	v	∅	z	∅
	庙仙	k	tɕ	kʰ	tɕʰ	k	tɕʰ	ŋ	∅	x	f	ɕ	x	ɕ	ŋ	v	v	∅	z	∅
光山	仙居	k	tɕ	kʰ	tɕʰ	k	tʂʰ	ŋ	∅	x	f	ɕ	x	ɕ	ŋ	∅	∅	v	ʐ	∅
	北向店	k	tɕ	kʰ	tɕʰ	k	tʂʰ	ŋ	∅	x	f	ɕ	x	ɕ	ŋ	v	v	∅	ʐ	∅

根据上面 6 张表，我们对罗山籍老派"河南话"和罗山方言、光山籍老派"河南话"和光山方言的声母分别进行比较。

1. 罗山籍老派"河南话"跟罗山方言声母比较

经过比较，罗山籍老派"河南话"和罗山方言声母基本一致，有几点略有不同：

（1）老派罗山方言"风、蜂"普遍读 x，罗山籍老派"河南话"只有少数老年人读 x。

（2）罗山方言泥来母混作 n 或 l，罗山籍老派"河南话"多混作 l。

（3）"热"在罗山方言有两种读法：偏南边的周党读零声母，偏北边的庙仙读 z。罗山籍老派"河南话"基本读零声母，吴江发音人读 z 的情况属于少数。

2. 光山籍老派"河南话"跟光山方言声母比较

经过比较，光山籍老派"河南话"跟光山方言的声母有一些差异，主要表现在：

（1）光山话知系各母的字，一部分读 ts 组、一部分读 tʂ 组。光山籍老派"河

南话"多读 ts 组，只有少数老年人①读 tʂ 组。

（2）"热"在光山方言基本读零声母；光山籍老派"河南话"有的读 z，有的读零声母。

（3）"权"在光山方言读 tʂʰ；光山籍老派"河南话"有的读 tsʰ，少数读 tʂʰ。

（4）"用"在光山方言读 zʅ；光山籍老派"河南话"读 z，少数读 zʅ。

少数光山籍老派"河南话"语音跟光山方言基本相同。由此推测，光山籍老派"河南话"最初被带入苏南时，其 tʂ 组声母特征应该比较明显。张启焕、陈天福、程仪（1982）《河南方音概况》（以下简称《概况》）记录的 1957—1959 年光山方言知系各母字，一部分读 ts 组、一部分读 tʂ 组。经过一个多世纪的接触和发展，目前的光山籍老派"河南话"tʂ 组声母已经弱化，逐渐向 ts 组靠拢。

（二）韵母比较

本书用 7 张表格比较罗山籍老派"河南话"与罗山方言、光山籍老派"河南话"与光山方言的韵母，具体如下：

表 27 "河南话"与罗山、光山方言韵母比较表一

方言	古摄汉字	果				假			遇				蟹					
		歌	坐	过	靴	茶	牙	写	瓦	苦	五	猪	雨	开	排	鞋	米	赔	对	快
祖籍罗山	溧罗	o	o	o	ye	a	ia	ie	a	u	u	y	y	ai	ai	iai/ai	i	ei	ei	uai
	吴江	o	o	o	ye	a	ia	ie	a	u	u	y	y	ai	ai	iai/ai	i	ei	ei	uai
祖籍光山	溧光	o	o	o	ɥe	a	ia	ie	a	u	u	ʅ	ʅ	ai	ai	iai/ai	i	ei	ei	uai
	句容	o	o	o	ɥe	a	ia	ie	a	u	u	ʅ	ʅ	ai	ai	iai/ai	i	ei	ei	uai
罗山	周党	o	o	o	ye	a	ia	ie	a	u	u	y	y	ai	ai	iai/ai	i	ei	ei	uai
	庙仙	o	o	o	ye	a	ia	ie	a	u	u	y	y	ai	ai	iai/ai	i	ei	ei	uai
光山	仙居	o	o	o	ɥe	a	ia	ɕi	a	u	u	ʅ	ʅ	ai	ai	iei/ai	i	ei	ei	uai
	北向店	o	o	o	ɥe	a	ia	ie	a	u	u	ʅ	ʅ	ai	ai	iai/ai	i	ei	ei	uai

---

① 溧阳市社渚镇新塘村新花自然村老支书向自进（1945 年出生）祖籍光山，其"河南话"保留了 tʂ 组声母。笔者在调查中发现，与社渚镇相邻的安徽省广德市新杭镇一带，光山籍河南移民较多，部分老年人保留了 tʂ 组声母，如新杭镇彭村村白马垱自然村的胡应贵（1945 年出生）。

表 28 "河南话"与罗山、光山方言韵母比较表二

方言	古摄 汉字	止						效				流		
		师	丝	试	戏	二	飞	鬼	宝	饱	笑	桥	豆	走	油
祖籍罗山	溧罗	ɿ	ɿ	ɿ	i	ər	ei	uei	aɯ	aɯ	iaɯ	iaɯ	əɯ	əɯ	iəɯ
	吴江	ɿ	ɿ	ɿ	i	ər	ei	uei	aɯ	aɯ	iaɯ	iaɯ	əɯ	əɯ	iəɯ
祖籍光山	溧光	ɿ	ɿ	ɿ	i	ər	ei	uei	aɯ	aɯ	iaɯ	iaɯ	əɯ	əɯ	iəɯ
	句容	ɿ	ɿ	ɿ	i	ər	ei	uei	aɯ	aɯ	iaɯ	iaɯ	əɯ	əɯ	iəɯ
罗山	周党	ɿ	ɿ	ɿ	i	ər	ei	uei	aɯ	aɯ	iaɯ	iaɯ	əɯ	əɯ	iəɯ
	庙仙	ɿ	ɿ	ɿ	i	ər	ei	uei	aɯ	aɯ	iaɯ	iaɯ	əɯ	əɯ	iəɯ
光山	仙居	ɿ	ɿ	ɿ	i	ər	ei	uei	aɯ	aɯ	iaɯ	iaɯ	əɯ	əɯ	iəɯ
	北向店	ɿ	ɿ	ɿ	i	ər	ei	uei	aɯ	aɯ	iaɯ	iaɯ	əɯ	əɯ	iəɯ

表 29 "河南话"与罗山、光山方言韵母比较表三

方言	古摄 汉字	咸阳		深阳		山阳					臻阳				
		南	盐	心	深	山	年	半	短	官	权	根	新	寸	滚	春	云
祖籍罗山	溧罗	an	ian	in	ən	an	ian	an	an	uan	yan	ən	in	ən	uən	yn	yn
	吴江	an	ian	in	ən	an	ian	an	an	uan	yan	ən	in	ən	uən	yn	yn
祖籍光山	溧光	an	ian	in	ən	an	ian	an	an	uan	ɤan	ən	in	ən	uən	ɤn	ɤn
	句容	an	ian	in	ən	an	ian	an	an	uan	yan	ən	in	ən	uən	yn	yn
罗山	周党	an	ian	in	ən	an	ian	an	an	uan	yan	ən	in	ən	uən	yn	yn
	庙仙	an	ian	in	ən	an	ian	an	an	uan	yan	ən	in	ən	uən	yn	yn
光山	仙居	an	ian	in	ən	an	ian	an	an	uan	ɤan	ən	in	ən	uən	ɤn	ɤn
	北向店	an	ian	in	ən	an	ian	an	an	uan	ɤan	ən	in	ən	uən	ɤn	ɤn

表 30 "河南话"与罗山、光山方言韵母比较表四

方言	古摄\汉字	宕阳				江阳		曾阳		梗阳				通阳	
		糖	响	床	王	双	讲	灯	升	硬	争	病	星	横	兄	东	用
祖籍罗山	溧罗	aŋ	iaŋ	aŋ	aŋ	aŋ	iaŋ	ən	ən	ən	ən	in	in	ən	ioŋ	oŋ	oŋ
	吴江	aŋ	iaŋ	aŋ	aŋ	aŋ	iaŋ	ən	ən	ən	ən	in	in	ən	ioŋ	oŋ	oŋ
祖籍光山	溧光	aŋ	iaŋ	aŋ	aŋ	aŋ	iaŋ	ən	ən	ən	ən	in	in	ən	ioŋ	oŋ	oŋ
	句容	aŋ	iaŋ	aŋ	aŋ	aŋ	iaŋ	ən	ən	ən	ən	in	in	ən	ioŋ	oŋ	oŋ
罗山	周党	aŋ	iaŋ	aŋ	aŋ	aŋ	iaŋ	ən	ən	ən	ən	in	in	ən	iŋ	ŋ	ŋ
	庙仙	aŋ	iaŋ	aŋ	aŋ	aŋ	iaŋ	ən	ən	ən	ən	in	in	ən	iŋ	ŋ	ŋ
光山	仙居	aŋ	iaŋ	aŋ	uaŋ	aŋ	iaŋ	ən	ən	ən	ən	in	in	ən	iŋ	ŋ	ŋ
	北向店	aŋ	iaŋ	aŋ	uaŋ	aŋ	iaŋ	ən	ən	ən	ən	in	in	ən	iŋ	ŋ	ŋ

表 31 "河南话"与罗山、光山方言韵母比较表五

方言	古摄\汉字	咸入						深入		山入						
		盒	塔	鸭	接	贴	法	十	急	辣	八	热	节	活	刮	月
祖籍罗山	溧罗	o	a	ia	ie	ie	a	ʅ	i	a	a	ye	ie	o	ua	ye
	吴江	o	a	ia	ie	ie	a	ʅ	i	a	a	e	ie	o	ua	ye
祖籍光山	溧光	o	a	ia	ie	ie	a	ʅ	i	a	a	ɥe	ie	o	ua	ɥe
	句容	o	a	ia	ie	ie	a	ʅ	i	a	a	ɥe/e	ie	o	ua	ye
罗山	周党	o	a	ia	ie	ie	a	ʅ	i	a	a	ye	ie	o	ua	ye
	庙仙	o	a	ia	ie	ie	a	ʅ	i	a	a	e	ie	o	ua	ye
光山	仙居	o	ɔ	iɔ	ie	ie	ɔ	ʅ	i	ɔ	ɔ	ɥe	ie	o	uɔ	ɥe
	北向店	o	a	ia	ie	ie	a	ʅ	i	a	a	ɥe	ie	o	ua	ɥe

表 32 "河南话"与罗山、光山方言韵母比较表六

方言	古摄汉字	臻入					宕入			江入		曾入			
		七	一	骨	出	橘	托	药	郭	壳	学	北	直	色	国
祖籍罗山	溧罗	i	i	u	y	y	o	io	o	o	io	ie	ʅ	e	ue
	吴江	i	i	u	y	y	o	io	o	o	io	ie	ʅ	e	ue
祖籍光山	溧光	i	i	u	ʮ	ʮ	o	io	o	o	io	ie	ʅ	e	ue
	句容	i	i	u	y	y	o	io	o	o	io	ie	ʅ	e	ue
罗山	周党	i	i	u	y	y	o	io	o	o	io	e	ʅ	e	ue
	庙仙	i	i	u	y	y	o	io	o	o	io	e	ʅ	e	ue
光山	仙居	i	i	u	ʮ	ʮ	o	io	o	o	io	e	ʅ	e	ue
	北向店	i	i	u	ʮ	ʮ	o	io	o	o	io	e	ʅ	e	ue

表 33 "河南话"与罗山、光山方言韵母比较表七

方言	古摄汉字	梗入			通入			
		白	尺	锡	谷稻谷	六	绿	局
祖籍罗山	溧罗	ie	ʅ	i	u	əɯ	əɯ	y
	吴江	ie	ʅ	i	u	əɯ	əɯ	y
祖籍光山	溧光	ie	ʅ	i	u	əɯ	əɯ	ʮ
	句容	ie	ʅ	i	u	iəɯ	u	y
罗山	周党	e	ʅ	i	u	əɯ	əɯ	y
	庙仙	e	ʅ	i	u	əɯ	əɯ	y
光山	仙居	e	ʅ	i	u	əɯ	əɯ	ʮ
	北向店	e	ʅ	i	u	əɯ	əɯ	ʮ

根据上面一组表格，我们对罗山籍老派"河南话"与罗山方言、光山籍老派"河南话"与光山方言的韵母分别进行比较。

1. 罗山籍老派"河南话"与罗山方言韵母比较

除了表中未列出的儿化韵，罗山籍老派"河南话"与罗山方言的韵母基本无变化。罗山方言儿化韵卷舌特征明显，罗山籍老派"河南话"儿化韵卷舌特征不太明显。罗山籍老派"河南话"儿化韵以融合型为主，例如：（小）马儿[mæ]、（短）裤儿[kʰuæ]、（麻）杆儿[kair]、（小）店儿[tiai]。这种融合型儿化韵相当于一个新的韵母，其卷舌特征明显弱化。

2. 光山籍老派"河南话"与光山方言韵母比较

光山籍老派"河南话"的韵母与光山方言相比，有两个特点：第一，光山籍老派"河南话"基本保留了光山方言的韵母特征。溧阳光山籍老派"河南话"跟光山县北向店乡的方言韵母基本一致。第二，光山方言 ɿ 类韵母（ɿ 为介音或主元音的韵母）的 ɿ 在苏南已发生变化。"河南话"跟光山方言 ɿ 对应的韵母有三个：ɿ（溧阳光山籍老派）、ʮ（句容光山籍老派）、y（大部分老派和所有新派）。从对信阳地区方言调查的结果看，信阳地区无 ʮ 类韵母。张启焕、陈天福、程仪（1993）记录的河南方言第五方言片（信阳片）也没有 ʮ 类韵母，光山方言只有 ɿ 类韵母。因此，句容光山籍老派"河南话"出现 ʮ 类韵母，应该是光山方言 ɿ 类韵母的 ɿ 前化所致。

此外，光山方言儿化韵卷舌特征十分明显，苏南只有少数光山籍老派"河南话"儿化韵卷舌特征明显（如溧阳市社渚镇新塘村的光山籍老派），大部分光山籍"河南话"儿化韵卷舌特征已弱化。

需要说明的是，苏南像溧阳光山籍老派发音人向自进这样较纯粹地保留光山口音的老人已非常少。中年以下的河南移民后裔，口音基本相同且偏于罗山籍"河南话"。

三、"河南话"语音一百多年来的主要变化

上面对"河南话"与信阳地区方言进行了共时比较。考察"河南话"迁入苏南以来的变化，最好参考 20 世纪初甚至更早的信阳地区方言资料。1935 年以河南通志馆的名义发表在《河南教育月刊》第 7 期上的《河南方言调查》，对信阳方言"做了一些浅显的描述"（陈兴焱，2017：35）。真正对信阳地区方言进行深入调查

和描写，是从《概况》开始。《概况》是1957—1959年河南方言普查的成果，《河南方言研究》以其为基础。1957—1959年这个时间点，比清末民初河南移民下江南的时间晚了近半个世纪，大致跟第二代河南移民的中年时期对应。苏南第三代河南移民彼时大致处在青少年阶段。苏南河南移民基本是聚族而居，主要分布在丘陵或山区（吴江菀坪除外）。改革开放前，这些"河南话"分布的区域，信息闭塞、交通不便、经济落后，人口很少流动。受中原文化影响，"河南人"的语言态度非常稳定，他们一直说"河南话"，在有些地方甚至影响当地说吴语的人也跟着说"河南话"（吴健，2009a）。根据分析推测，第三代河南移民的方言跟第一代、第二代河南移民的方言差距不会太大。《概况》记录的罗山、光山方音，跟"河南话"初入苏南时的面貌应该很接近。黄晓东（2017）对苏浙皖河南方言岛源方言进行过语音构拟，结果跟《概况》记录的第五区音韵特点差不多。基于此，本书以《概况》为参照，考察"河南话"一百多年来发生的语音变化。其主要变化有：

（一）tʂ组声母前化或腭化

据《概况》记载，知系各母字在光山方言一部分读ts组、一部分读tʂ组，在罗山方言一部分读ts组、一部分读tɕ组（张启焕、陈天福、程仪，1982：49—50）。目前，知系各母字在罗山籍老派"河南话"的读音没有发生明显变化，依然是一部分读ts组、一部分读tɕ组；但在光山籍老派"河南话"里，知系各母字的读音发生了变化——少数光山籍老派保留或基本保留了tʂ组声母，大多数老年人知系声母字读ts组，但舌位靠后、摩擦较重。新派"河南话"不论祖籍均无tʂ组声母。这些情况说明，"河南话"tʂ组声母已经前化或腭化，正向ts组声母发展。

（二）ʮ类韵母的发展演变

据《概况》记载，遇山臻通摄合口三、四等字光山方言基本读ʮ类韵母，罗山方言读y类韵母（张启焕、陈天福、程仪，1982：54）。今罗山、光山方言保留了这一特点。笔者在实地调查中发现，罗山部分地区也有ʮ类韵母。罗山籍老派"河南话"跟罗山方言相同，遇山臻通摄合口三、四等字读y类韵母；少数光山籍老派"河南话"还保留着ʮ类韵母，个别地方出现ʯ类韵母。总体来看，"河南话"ʮ>y是发展趋势。

（三）儿化韵卷舌特征弱化

《概况》未对信阳地区方言儿化韵进行记录和探讨。但罗山、光山方言均有儿化，且儿化音节数量多、儿化韵卷舌特征突出。老派"河南话"儿化韵以融合型儿化变韵为主，卷舌特征明显弱化，例如：（一小）把儿[pæ]、（牛毛）毡儿[tsæ]。新派"河南话"融合型儿化韵减少，许多词已不儿化，例如：（一小）把[pɑ]、（牛毛）毡[tsan]。

（四）白读音减少

罗山、光山方言白读音丰富。相比之下，老派"河南话"白读音数量减少，有些白读音已少说或不说，例如：冯姓[xoŋ]、蜂~子[xəŋ]、腿~杆子[tʰi]、全人名[tɕʰian]、对门~子[ti]。总体来看，老派"河南话"保留了部分白读音；新派"河南话"只保留了少量老资格白读音，例如：髓骨~[ɕi]。

（五）与迁入地方言接触并吸收一些成分

一百多年来，"河南话"在与迁入地方言（包括苏南土著方言和迁入的方言）接触过程中，吸收了相关方言的一些成分。各地"河南话"的势力（人口规模、聚居密度等）不同、接触方言的属性不同、方言接触程度不同，其吸收相关方言成分的多少、接触演变的结果也有所不同。例如：吴江菀坪"河南话"跟溧阳社渚"河南话"相比，前者受到吴语的影响小于后者，可能的原因是菀坪"河南人"比较集中、人口密度大，社渚"河南人"比较分散、与溧阳人混居。

四、"河南话"与罗山、光山方言词语比较

罗山和光山相邻，两地的方言词语差异较小。"河南话"跟罗山、光山方言相比，有大量相同的词语，表34列举了"河南话"跟罗山、光山方言相同的部分特色词语。表中用"普"代表普通话，用"河"代表"河南话"和光山、罗山方言。

表 34　"河南话"跟罗山、光山方言相同的特色词语举例

普	微风	打闪	冰	毛毛雨	淋雨	冰雹
河	溜溜子风	扯霍	命命	麻份子	□[tsʰɑ²¹²]	冷子
普	什么时候	大后天	天快黑时	里面	附近	父亲
河	几昝，么昝	外后日	打麻子影儿	窭里	□[ŋan⁵⁵]头	□[tæ⁵⁵]
普	叔叔	婶婶	小孩儿	兄弟之间	弟弟	腿
河	小老	小娘	小伢儿	弟兄伙里	小□[ɕio⁴²]	腿杆子
普	皮垢	接吻	孩子间吵架	种	间苗	似畚箕农具
河	□[kie⁵⁵]子	通嘴	杠祸	秧动词	散苗，□[sɑ²¹²]苗	箢子
普	蚯蚓	蝉	萤火虫	麦壳和麦芒儿	山墙	墙基
河	臭蚕子	唧呤子	亮毛虫儿	麦颖子	屋山头	墙赶脚
普	渣滓	轮子	碎布	吃菜	分娩	女儿出嫁
河	脚子	滚辘子	片筋子	□[ian²¹²]菜	落月	嫁姑娘
普	从里往外拨	折动词	摞	接合	用巴掌扇	排，铺
河	赶	搣，□[pʰie²⁴]	码	豆	□[tsʼan²⁴]	面
普	倒掉	扶着	砌墙堵住	漂亮	一无所获	整齐
河	桶	掌倒	查	牌裳	白□[kuaŋ²¹²]，白□[lie²⁴]	齐僜
普	很湿	顽皮	形容乱说乱动	自己	什么	全，都
河	切湿	怪武	闲贱	各人，各自	么事	哈
普	时不时	索性	一边……	最	给，被	农作物的行
河	搞搞	左以	余六……	顶	把	厢

五、"河南话"与罗山、光山方言语法比较

罗山方言和光山方言的语法基本一致。"河南话"的语法跟罗山、光山方言相比，有许多相同，主要有：

1. 动词后缀和体标记"倒"。例如：

他把手举倒。（他举着手。）

门一直开倒。（门一直开着。）

2. "V 一些子"/"V 些子"结构。例如：

她做饭没得谱儿，一做做一些子。①（她做饭把握不准，一做做很多。）

总爱说些子挖苦人咧话。（总爱说一些挖苦人的话。）

3. "老 V 倒些""先 V 倒些"结构。例如：

他老说倒些。（他一直在说。）

我们先喝倒些。（我们先喝。）

4. "V₁ 倒些，V₂ 倒些"结构。例如：

他写倒些，玩倒些。（他一边写，一边玩儿。）

他跑倒些，哭倒些。（他一边跑，一边哭。）

5. 句尾语气词"着"用作询问。例如：

你要多少着？（你要多少？）

他们来多少人着？（他们来多少人？）

6. 单音节动词多级重叠。例如：

他学学学会了。（他学着学着学会了。）

她说说说说说哭了。（她说着说着说哭了。）

7. "把"字给予句。"把"可以接单宾语，也可以接双宾语。例如：

把钱不如把粮食。（给钱不如给粮食。）

把他两块钱。（给他两块钱。）

8. 使用处置式结构"把 +O+V+ 它""把 +O+V+ 补语 + 它""O+V+ 它"。例如：

把鸡子杀它。（把鸡杀掉。）

把水放干它。（把水放到干。）

酒喝它。（把酒喝掉。）

---

① 此例句来自王东（2010：353）。下面还有部分例句来自该书，不再一一标注。

9. 亲属称谓名词后缀"伙里（的）"。例如：

姊妹伙里、妯娌伙里、老表伙里、夫妻伙里、爷儿伙里。

10. 名词性语素重叠＋子。例如：

脚脚子、须须子、筋筋子。

11. 词素＋子（重叠）。例如：

雪子子、沙子子、盐子子、石头子子。

12. 表时间常用"那昝""多昝""么昝"等。例如：

我那昝去瞧他，他还没有起来。（我那时去看他，他还没有起床。）

他来多昝了。（他来好久了。）

他么昝过去？（他啥时过去？）

13. 表范围的副词"哈"。例如：

老师说咧我哈会。（老师讲的我都会。）

14. 表频率的副词"搞搞"。例如：

他搞搞就不到学校去。（他动不动就不去学校。）

15. 表"索性"义的副词"左以"。例如：

找了半天没找到，他们左以不找了。（找了半天没找到，他们索性不找了。）

16. 相当于"多么"的前缀"几"。"几"作前缀在老派"河南话"里常见，例如：

几好、几多、几麻利、几会说。

17. 量词"个"与名词搭配的自由度大。例如：

两个鸡子、一个凳子、一个缸、五个客、一个电话机。①

第二节 "河南话"与鄂东一带方言

苏南"河南话"主要来自罗山、光山方言，这一点基本可以确定。随着调查和

---

① "一个缸、五个客、一个电话机"等例来自光山县史志编纂委员会（1991：528）。

研究的深入,"河南话"跟鄂东一带方言的亲密关系若隐若现。鄂东一般指湖北省东部地区,广义上包括黄冈市、鄂州市、黄石市,狭义上指黄冈市。从方言特点来看,黄冈市、鄂州市属于江淮官话黄孝片,黄石市属于赣语大通片。之前学者(陈淑梅,2001、2012;汪化云,2004;杨凯,2014)研究鄂东方言,范围基本定在黄冈市。本书区分鄂东方言和鄂东一带方言:鄂东方言的范围同之前学者所说的黄冈市下辖各县区方言;鄂东一带方言除了鄂东方言,还包括武汉、孝感、鄂州等地方言。武汉方言属于西南官话湖广片鄂中小片,孝感方言属于江淮官话黄孝片。

  研究"河南话"跟鄂东一带方言的关系,中间的桥梁是罗山、光山一带方言。研究罗山、光山方言跟鄂东一带方言的关系,除了语言层面的比较,还应结合地理、行政、移民、习俗等进行论证。从地理位置上看,信阳地区与湖北省黄冈市相连。从行政区划历史看,鄂东一带跟信阳地区关系密切。说远一点儿,春秋战国时期信阳地区曾属楚国管辖。秦代以降,信阳地区历属九江郡、江夏郡、荆州、淮南道等管辖,跟湖北关系紧密。说近一点儿,1932年以前,新县的一部分地区隶属湖北麻城和黄安(今红安)。1932年,设立了归河南省管辖的经扶县,"湖北省麻城县三个区(仁美区的三分之二、择里区的三分之二、丰义区的二分之一)、黄安县的两个会(长水会、塔耳会)等划归经扶县管辖"(新县志编纂委员会,1990:71)。明清时期有大量两湖等地移民进入罗山、光山境内。据《罗山县志》载:"顺治十六年(1659年)有2858人。其后,湖南、湖北、广东、广西等地大批逃亡者入境落户。康熙三十年(1691年)增至7669人。康熙五十年(1711年)有8020人。乾隆六年(1741年)有9157人。其后,从湖北、江西等省又迁入大批人口,至乾隆六十年(1795年),有59709户,297906人。"(河南省罗山县地方史志编纂委员会,1987:605)据《光山县志》载:"旧志和部分宗谱资料中,县境内居民,绝大多数大姓户的先祖系由江西、江苏、湖北等地迁徙而来。究其迁徙的主要原因,多为战争和自然灾害所致。"(光山县史志编纂委员会,1991:515)该志还记载了罗陈乡刘姓、殷棚乡熊姓、马畈乡易姓、砖桥乡文姓、凉亭乡陈姓从江西迁移到湖北再迁至光山的史实(光山县史志编纂委员会,1991:516)。此外,罗山、光山等地众多的族谱和碑刻也记录了当地人祖上从江西、湖北等地迁入的信息。相关的例子王东（2010：4—6）、叶祖贵（2014：125—128）也在著作中列举过。这些记载提供了明清以来该区域移民的大致路线线索：江西→湖北→信阳。综合各种资料及研究成果，明清以来，信阳地区有大批从湖北等地迁入的人口，这应该是史实。从民风习俗来看，信阳地区和鄂东一带也很接近。

根据方言特点和移民历史等，本书将鄂东一带方言的范围确定为：以黄冈市（包括黄州区、麻城市、武穴市、团风县、浠水县、罗田县、英山县、蕲春县、黄梅县、红安县）为主，扩展至周边的武汉市、孝感市、鄂州市。除了武汉方言，其他方言均属赵元任先生所述的"楚语"①范围。团风县1996年从黄州市辖域析置，建县时间较短。本书选取麻城、武穴、浠水、罗田、英山、蕲春、黄梅、红安、新洲、汉口、孝昌、鄂城等作为鄂东一带方言的代表，选取溧罗、溧光作为"河南话"的代表与之比较。为接近相关移民时段的语音面貌，本书的鄂东一带方言材料均取自赵元任等《湖北方言调查报告》（以下简称《报告》）。各方言点的名称使用今名，名称有变化的则用括号标注原名；各方言点的简称参照《报告》，名称有变化的用括号标注原简称。"汉口"原简称"汉口"，本书简称"汉"。《报告》里的"广济"今属武穴市，"黄安"今名红安，"黄冈杨罗"今属武汉市新洲区。进行方言比较时，只出现今名的简称。各方言（地点）及其简称的对应关系，如表35。

表35 "河南话"与鄂东一带方言（地点）简称

方言（地点）	简称	方言（地点）	简称
溧阳罗山籍老派"河南话"	溧罗	溧阳光山籍老派"河南话"	溧光
麻城	麻	武穴（广济）	穴（济）
浠水	浠	罗田	罗
英山	英	蕲春	蕲
黄梅	梅	红安（黄安）	红（黄安）
新洲（黄冈）	新（冈）	汉口	汉
孝感	孝	鄂城	鄂

---

① 赵元任认为湖北方言"第二区可以算典型的楚语"，参见赵元任等（1972：1569）。

一、"河南话"与鄂东一带方言语音比较

(一) 声母特征比较

1. 泥来母分混①

表36 "河南话"与鄂东一带方言泥来母分混比较

特征 \ 地点		溧罗	溧光	麻	穴	浠	罗	英
泥来母分混	洪混细分	○	○					
	洪细全混			○		○	○	○
	不混				○			

特征 \ 地点		蕲	梅	红	新	汉	孝	鄂
泥来母分混	洪混细分							
	洪细全混	○		○	○	○	○	○
	不混		○					

2. ts、tʂ 分混

表37 "河南话"与鄂东一带方言 ts、tʂ 分混比较

特征 \ 地点		溧罗	溧光	麻	穴	浠	罗	英
ts、tʂ 分混	不分	○						
	区分		○	○	○	○	○	○

特征 \ 地点		蕲	梅	红	新	汉	孝	鄂
ts、tʂ 分混	不分		○		○	○		○
	区分	○		○			○	

---

① "河南话"与鄂东一带方言的泥来母相混,表现为以韵母洪细为条件的相混。

3. f、x 分混

表 38 "河南话"与鄂东一带方言 f、x 分混比较

特征 \ 地点		溧罗	溧光	麻	穴	浠	罗	英
f、x 分混	相混	○	○	○				
	区分				○	○	○	○

特征 \ 地点		蕲	梅	红	新	汉	孝	鄂
f、x 分混	相混			○				
	区分	○	○		○	○	○	○

（二）韵母特征比较

1. 深臻摄与曾梗摄分混

表 39 "河南话"与鄂东一带方言深臻摄与曾梗摄分混比较

特征 \ 地点		溧罗	溧光	麻	穴	浠	罗	英
深臻摄与曾梗摄分混	混为 n 韵尾	○	○	○	○	○	○	○
	混为 ŋ 韵尾							
	不混							

特征 \ 地点		蕲	梅	红	新	汉	孝	鄂
深臻摄与曾梗摄分混	混为 n 韵尾	○	○	○	○	○	○	○
	混为 ŋ 韵尾							
	不混							

2. 宕江摄知系阳声韵字读音

表 40 "河南话"与鄂东一带方言宕江摄知系阳声韵字读音比较

特征＼地点	溧罗	溧光	麻	穴	浠	罗	英
张章＝装撞 tsaŋ	○						
张章 tsaŋ ≠ 装撞 tɕyaŋ							
张章 tṣaŋ ≠ 装撞 tsaŋ		○	○			○	○
张章 tṣaŋ ≠ 装 tsaŋ ≠ 撞 tsʰaŋ							
张章＝装 tsaŋ ≠ 撞 tsʰaŋ				○			
张章 tsaŋ ≠ 装 tɕyaŋ ≠ 撞 tɕʰyaŋ							
张章 tsaŋ ≠ 装 tsuaŋ ≠ 撞 tsʰuaŋ							
张章 tṣaŋ ≠ 装 tṣʮaŋ ≠ 撞 tṣʰʮaŋ					○		

特征＼地点	蕲	梅	红	新	汉	孝	鄂
张章＝装撞 tsaŋ		○					
张章 tsaŋ ≠ 装撞 tɕyaŋ				○①			
张章 tṣaŋ ≠ 装撞 tsaŋ							
张章 tṣaŋ ≠ 装 tsaŋ ≠ 撞 tsʰaŋ			○				
张章＝装 tsaŋ ≠ 撞 tsʰaŋ							
张章 tsaŋ ≠ 装 tɕyaŋ ≠ 撞 tɕʰyaŋ							○
张章 tsaŋ ≠ 装 tsuaŋ ≠ 撞 tsʰuaŋ					○		
张章 tṣaŋ ≠ 装 tṣʮaŋ ≠ 撞 tṣʰʮaŋ	○				○		

---

① 此处的"撞"也可读 tsaŋ。

3. "书虚""篆倦"读音

表 41 "河南话"与鄂东一带方言"书虚""篆倦"读音比较

特征	地点	溧罗	溧光	麻	穴	浠	罗	英
书 = 虚 ɕy	篆 = 倦 tɕyan	○						
	篆 = 倦 tsuan							
书 = 虚 ʂʅ，篆 = 倦 tʂyan			○	○	○	○	○	○

特征	地点	蕲	梅	红	新	汉	孝	鄂
书 = 虚 ɕy	篆 = 倦 tɕyan		○		○			○
	篆 = 倦 tsuan					○		
书 = 虚 ʂʅ，篆 = 倦 tʂyan		○		○			○	

说明：表中将 ɛn、ɛ 等统一作 an 看待。

（三）声调比较

表 42 "河南话"与鄂东一带方言声调比较

调类	调值	溧罗	溧光	麻	穴	浠	罗	英
平	清	阴平 42	阴平 42	阴平 313	阴平 22	阴平 11	阴平 11	阴平 11
	浊	阳平 55	阳平 55	阳平 42	阳平 31	阳平 42	阳平 42	阳平 31
上	清	上声 24	上声 24	上声 55	上声 44	上声 44	上声 55	上声 44
	次浊	上声 24	上声 24	上声 55	上声 44	上声 44	上声 55	上声 44
	全浊	去声 212	去声 212	阳去 33	阳去 11	阳去 33	阳去 33	阳去 33
去	清	去声 212	去声 212	阴去 35	阴去 35	阴去 35	阴去 35	阴去 35
	浊	去声 212	去声 212	阳去 33	阳去 11	阳去 33	阳去 33	阳去 33
入	清	阴平 42	阴平 42	入声 24	入声 13	入声 313	入声 313	入声 313
	次浊	阴平 42	阴平 42	入声 24	入声 13	入声 313	入声 313	入声 313
	全浊	阳平 55	阳平 55	阳去 33 入声 24	阳去 11 入声 13	阳去 33 入声 313	阳去 33	阳去 33

续表

调类	调值	地点	蕲	梅	红	新	汉	孝	鄂
平	清		阴平 42	阴平 11	阴平 22	阴平 33	阴平 55	阴平 24	阴平 24
	浊		阳平 31	阳平 53	阳平 31	阳平 313	阳平 313	阳平 31	阳平 11
上	清		上声 44	上声 35	上声 55	上声 42	上声 42	上声 53	上声 42
	次浊		上声 44	上声 35	上声 55	上声 42	上声 42	上声 53	上声 42
	全浊		阳去 33	阳去 33	阳去 33	阳去 44	去声 35	阳去 33	阳去 44
去	清		阴去 15	阴去 15	阴去 35	阴去 35	去声 35	阴去 35	阴去 35
	浊		阳去 33	阳去 33	阳去 33	阳去 44	去声 35	阳去 33	阳去 44
入	清		入声 21	入声 42	入声 13	入声 24	阳平 313	入声 13	入声 13
	次浊		入声 21	入声 42	入声 13	入声 24	阳平 313	入声 13	入声 13
	全浊		阳去 33 / 入声 21	阳去 33 / 入声 42	阳去 33 / 入声 13	阳去 44 / 入声 24	阳平 313	阳平 31	入声 13

说明：表中调值采用《报告》里的宽式标音。

下面对老派"河南话"和鄂东一带方言语音的一致性情况进行综合比较，如表 43。罗山籍、光山籍老派"河南话"的语音特征置于表左，两者相同的特征直接合并，两者有差异的特征分列并标注。

表 43 "河南话"与鄂东一带方言语音特征一致性情况比较

"河南话"语音特征		地点	麻	穴	浠	罗	英	蕲	梅	红	新	汉	孝	鄂
泥来母洪混细分			−	−	−	−	−	−	−	−	−	−	−	−
ʦ、tʂ	不分（溧罗）		−	−	−	−	+	−	+	+	−	+
	区分（溧光）		+	+	+	+	+	−	+	−	−	+	−
f、x 相混			+	−	−	−	−	−	+	−	−	−	−	−
深臻摄与曾梗摄混为 n 韵尾			+	+	+	+	+	+	+	+	+	+	+
宕江摄知系阳声韵字	张章 = 装撞 tsaŋ（溧罗）		−	−	−	−	−	+	−	−	−	−	−
	张章 tʂaŋ ≠ 装撞 tsaŋ（溧光）		+	−	−	+	+	−	−	−	−	−	−

续表

"河南话"语音特征		地点	麻	穴	浠	罗	英	蕲	梅	红	新	汉	孝	鄂
书－虚，篆＝倦	书＝虚 ɕy，篆＝倦 tɕyan（溧罗）		－	－	－	－	－	－	＋	－	＋	－	－	＋
	书＝虚 ʂʅ，篆＝倦 tʂuan（溧光）		＋	＋	＋	＋	＋	＋	－	＋	－	－	＋	－
声调	无入声		－	－	－	－	－	－	－	－	－	＋	－	－
	古全浊入声归阳平		－	－	－	－	－	－	－	－	－	＋	＋	－
	古清音声母、古次浊声母字入声归阴平		－	－	－	－	－	－	－	－	－	＋	－	－
	去声不分阴阳		－	－	－	－	－	－	－	－	－	＋	－	－

通过比较，老派"河南话"和鄂东一带方言的语音关系大致为：

1. 从总体上看，老派"河南话"跟鄂东一带方言语音差异明显。最突出的是"河南话"无入声，鄂东一带方言除了武汉方言均有入声。

2. 跟鄂东一带方言相比，"河南话"跟武汉方言最接近——无入声、古全浊入声归阳平。因此，"河南话"具有西南官话的一些特征。

3. 今黄冈地区各地方言的一致性程度较高，"河南话"跟孝感方言的关系比跟其他黄孝片方言的关系更近。

为了深入考察老派"河南话"和武汉方言的关系，下面选取美国人英格尔（J. A. Ingle）1899 年编录的《汉音集字》（*Hankow Syllabary*）跟"河南话"比较。《汉音集字》是一本汉口方言同音字表。豫民下江南大致在清末民初，跟《汉音集字》的编录时间基本相同。因此，第一代豫南移民说的"河南话"跟《汉字集音》所记汉口话基本处在同一个时代。本书用溧阳罗山籍老派"河南话"跟《汉音集字》所记汉口话比较，探讨"河南话"跟武汉方言的关系。

本书《汉音集字》资料来自朱建颂《〈汉音集字〉疏证》（黄群建，1999：287—406）。表 44 主要列出罗山籍老派"河南话"和清末汉口方言的同音字（不计调值），同时列出部分经过折合（基于声母或韵母的规律性演变）基本同音的字。若两者声母和韵母均相同，在"字音"栏只标一个字音；否则在"字音"栏先标汉口音，再标"河南话"音，例如"xua-fa"。清末汉口方言有入声，"河南话"无入声。"河南话"古全浊入声归阳平,其他入声归阴平。汉口方言入声字根据与"河南话"的对应关系,在遵循以下两个原则的基础上列入表格:第一,汉口方言入声字与相同(或折合后基本相同)声母和韵母的舒声字列在同一行,不符合此特点的入声字不列入。第二,遵循《汉音集字》里入声所在的声韵位置,在"河南话"里虽同音但跨行的入声字不列入。汉口方言入声字在"河南话"归入阴平或阳平的,用"入声-阴平/阳平"单列,无"/"符号的表示归入阴平。

表44 老派"河南话"与清末汉口方言基本同音的字

字音	汉字				
	阴平	阳平	上声	去声	入声-阴平/阳平
tɕi	机讥讥叽鸡肌基箕稽秴		几己挤	寄霁济计记季既继技妓忌祭际暨	即唧鲫急脊籍疾缉寂棘
tɕʰi	妻凄期欺	其琪淇棋麒旗齐脐芪祁蕲祈奇崎琦骑鳍	杞起启岂	气器弃砌契	七柒漆戚
tɕia	家加迦袈嘉佳		假贾	嫁稼驾价	郏甲
tɕʰia			卡		恰
tɕiaŋ	江疆姜繈僵将浆		讲奖桨蒋	酱将匠降¹绛	
tɕʰiaŋ	枪腔戕锵羌筐	强墙樯蔷祥详	抢	呛	
tɕiau	交郊焦蕉礁浇娇骄胶椒教¹		狡皎绞饺剿搅	教²校¹较轿叫醮	
tɕʰiau	敲跷锹	乔侨桥荞憔瞧	巧	峭俏窍翘	
tɕie	嗟		姐	借	结秸竭揭节疖接洁桀捷杰
tɕʰie			且		切窃
tɕiɛn	兼蒹笺间煎坚肩尖奸艰监		简锏减剪謇褰捡检碱柬拣茧	贱践伐溅建健毽涧箭鉴剑谏见件荐渐	
tɕʰiɛn	千阡签牵迁谦	钱黔钳前潜乾虔全	浅遣谴	欠倩堑	

续表

字音	汉字				
	阴平	阳平	上声	去声	入声-阴平/阳平
tɕiou	鸠阄揪[1]啾		酒九久韭	救就旧舅咎臼厩	
tɕʰiou	秋鳅丘邱蚯	求毬球裘酋囚泅虬	揪[2]		
tɕin	斤筋今矜金襟荆津经泾睛精菁京鲸惊晶旌兢		槿瑾谨尽[1]锦紧景璟颈警井	进近禁尽[2]晋径劲清靖静净敬竟镜竞浸	
tɕʰin	亲[1]钦轻青清蜻卿倾	芹秦勤禽擒琴晴擎勍	请	罄庆沁亲[2]	
tɕio					觉脚
tɕʰio					雀确榷鹊
tɕʰioŋ		穷穹邛			
tɕy	朱株珠茱蛛诛猪诸驹拘狙居车[1]		举主煮	住柱注蛀驻炷著句据聚巨拒炬距铸锯具苎	局菊鞠橘
tɕʰy	趋区躯驱岖祛	厨除滁瞿衢渠	处[1]褚取尰	去趣处[2]	出屈曲蛐䴢
tɕye					厥蕨蕨决诀/掘崛
tɕʰye					缺阙
tɕyn	君军均钧肫		准	郡	
tɕʰyn	春椿	群裙	蠢		
ɯ-ər		儿	耳饵洱尔	二贰	日
fa					法发/伐筏阀乏罚
fan	番翻幡帆	凡烦樊繁	反返	犯范饭贩畈泛	
faŋ	方芳坊	房防	访仿纺	放	
fei	非扉霏绯飞妃	肥	斐翡匪诽	废费肺痱沸	
fen	分纷芬吩	焚坟汾	粉	忿愤奋粪	
fou			否缶		

续表

字音	汉字				
	阴平	阳平	上声	去声	入声－阴平/阳平
fu	夫麩俘肤敷	扶	辅府俯腐斧釜脯	付附驸富副父负赴妇赋	佛福蝠伏袱复腹覆馥
foŋ	风枫疯丰峰蜂锋封葑	逢缝冯		凤奉俸缝	
xa	煆				
xai	哎	孩鞋	海蟹	亥骇害	
xan	酣鼾憨	寒含函涵韩邯邗	喊罕	汉熯旱悍汗焊翰瀚憾苋[1]	
xaŋ	夯	杭航吭行[1]		巷	
xau	蒿薅	毫豪濠壕蚝号[1]	好[1]	号[2]浩皓耗好[2]	
xɤ-xie					黑吓核
xən	亨哼	痕恒衡桁	很狠	恨	
xou	齁	侯喉猴	吼	候厚后	
xo		河何荷和禾	火伙	祸货贺	喝褐鹤壑霍合壑豁/盒活
ɕi	西希稀奚兮牺曦熙嬉熹犀		喜洗玺	系絮戏细	习悉息媳锡析晰蜥吸隙/席
ɕia	虾	霞遐瑕		夏厦下	瞎/辖侠峡狭匣
ɕiaŋ	相[1]湘箱厢香乡襄镶	降[2]	想响饷	向象橡相[2]	
ɕiau	宵消霄销逍硝箫萧潇枵器		小晓筱	笑效校[2]效孝哮啸	
ɕie	些	邪斜	写	谢榭泄卸	血歇蝎胁屑楔薛[1]雪/协
ɕiɛn	先仙籼鲜	贤咸闲娴嫌衔涎弦舷	险癣选[1]显	宪羡现苋[2]献县限陷线	
ɕiou	休羞修			朽	秀锈绣袖

续表

字音	汉字				
	阴平	阳平	上声	去声	入声－阴平/阳平
ɕin	新薪昕欣心辛莘星猩腥歆兴¹馨	形刑型邢行²	醒省¹撏	信幸姓性兴²衅	
ɕio					削/学
ɕioŋ	兄凶胸匈芎	雄熊			
ɕy	需须虚嘘墟盱舒输殊书	徐	许栩暑黍	叙序绪树竖成恕	戌
ɕye	靴				穴薛²
ɕyɛn	轩宣喧萱	玄悬	选²	绚楦眩炫	
ɕyn	熏薰勋	纯		训顺舜	
xu-fu	呼乎	胡湖糊猢狐弧壶	虎琥浒	户扈沪护	忽/斛
xua-fa	花	华¹哗铧划		化话画华²	
xuai-fai		怀槐淮		坏	
xuan-fan	欢獾	还环寰桓	缓	奂换焕唤宦患	
xuaŋ-faŋ	荒慌	皇煌惶蝗隍湟黄磺簧	谎恍晃		
xuɤ-fei					或惑
xuei-fei	灰恢诙辉挥晖麾徽	回茴洄	悔毁	诲晦会绘荟卉讳汇	
xoŋ	烘轰	洪虹红鸿宏弘泓	哄¹	哄²	
xuən-fən	昏婚荤	魂横		混浑	
i	伊衣依医黟	夷姨胰移怡饴眙颐	倚椅已以	意忆亿臆薏异翼醫羿勚肄易	乙一弋壹邑揖
kʰa				卡	
kai	街该垓赅		改解	疥戒盖丐	
kʰai	开揩		楷锴凯恺铠		
kan	干¹竿肝甘柑		感敢橄赶杆秆擀	干²赣	

续表

字音	汉字				
	阴平	阳平	上声	去声	入声-阴平/阳平
kʰan	堪勘龛刊		砍坎侃	看	
kaŋ	冈纲缸钢肛豇罡		港	焵杠	
kʰaŋ	康糠			抗亢炕	
kau	高篙羔糕膏皋		稿杲	告诰窖	
kʰau	尻		考烤拷	靠犒	
kɤ-kie					格隔革纥
kʰɤ-kʰie					克尅刻咳客
kən	根跟庚更¹粳耕羹		耿哽埂	艮更²	
kʰən	坑铿		肯啃垦		
kou	勾钩沟		苟狗枸	诟垢构购够	
kʰou	抠眍副		口	叩扣寇	
ko	歌戈锅		果裹䗊	个过	各阁搁割鸽角郭葛
kʰo	柯苛珂科蝌稞		可	课	渴阔壳磕廓扩
ku	孤姑菇		股鼓估牯古	故固顾雇	谷骨
kʰu	枯箍		苦	库裤	哭窟
kua	瓜		寡剐	挂卦	括刮
kʰua	夸		胯	跨	
kuai	乖		拐	怪	
kʰuai			块蒯	快筷刽	
kuan	官倌棺观¹冠¹关		管馆	贯惯罐灌观²冠²	
kʰuan	宽髋		款		
kuaŋ	光胱		广	逛	
kʰuaŋ	匡筐框眶	狂		况矿旷	
kuɤ-kue					国帼

续表

字音	汉字				
	阴平	阳平	上声	去声	入声-阴平/阳平
kuei	规圭闺归龟瑰		鬼诡轨宄	桂贵柜跪	
kʰuei	亏盔窥	葵奎逵夔			
koŋ	工功攻公蚣恭供[1]宫弓		拱巩	贡供[2]共	
kʰoŋ	空[1]		恐孔	控空[2]	
kuən			滚鲧	棍	
kʰuən	昆鲲坤		捆	困	
la	拉	拿	哪	那	腊蜡邋纳辣癞捺
lai		来莱崃	乃奶	赖癞濑耐奈	
lan		阑拦栏兰澜篮蓝鸾栾婪男南楠难[1]岚	览榄揽懒卵暖	烂乱滥难[2]	
laŋ		郎廊狼榔琅囊	朗	浪眼	
lau		劳痨牢	老佬脑恼瑙	闹涝	
lɣ-lie					勒肋
lei		雷镭	累[1]垒儡馁磊	类内泪累[2]	
lən		能伦轮沦仑纶	冷	论嫩	
lou		娄楼卢炉芦泸奴	鲁橹房卤篓	路露潞鹭漏怒陋瘘	禄绿鹿麓陆六
li		离篱黎梨犁狸厘骊	里理鲤李礼	利痢莉厉励苈丽例吏隶	立粒笠力历沥雳栗溧栎
liaŋ		良粮量[1]梁凉	两	量[2]谅亮	
liau		辽嘹燎镣獠撩聊	了	料廖	
lie					列烈裂猎劣
liɛn		连莲鲢廉帘镰联怜	脸	炼链练楝恋	

续表

字音	汉字				
	阴平	阳平	上声	去声	入声-阴平/阳平
liou		流琉硫鎏留瘤浏	柳		
lin	拎	伶玲苓羚铃龄翎麟磷邻鳞林霖淋琳临灵凌绫菱陵	领岭檩	另令蔺	
lo	啰	罗锣箩萝螺骡挪傩	裸	糯摞	洛落骆络烙乐[1]
ly-y		驴	吕履旅	虑滤	
loŋ	聋	龙笼砻隆农浓脓	陇垄拢	弄	
lio					略掠
ma	妈	麻	马码玛	骂	
mai		埋霾	买	卖迈	
man		蛮	满	漫曼慢	
maŋ		忙茫芒邙	莽蟒		
mau	猫	毛牦矛茅锚	卯	貌冒帽	
mɤ-mie					墨默麦脉
mei		酶莓霉梅煤媒眉嵋玫枚	每美	昧妹魅媚	
mən		门扪		闷	
mou		谋牟			
mi		迷糜猕	米	谜	
miau		苗描	邈渺秒淼	妙庙	
mie					灭蔑篾
miɛn		棉绵眠	免勉冕缅	面	
min		民岷名铭明冥螟瞑	敏皿抿	命	
mo	摸	磨[1]魔馍模	么	磨[2]	莫膜漠末茉
moŋ		濛朦檬萌	猛蠓	梦孟	

续表

字音	汉字				
	阴平	阳平	上声	去声	入声-阴平/阳平
na-la①		拿	哪	那	纳钠捺
nai-lai②			乃奶	奈耐	
nan-lan③		南楠难男	暖		
ŋai	哀唉挨哎	捱	矮霭蔼	爱艾碍隘	
ŋan	安鞍庵䳺			按案暗岸	
ŋaŋ	肮	昂			
ŋau		敖遨熬鳌翱	袄咬	傲懊奥	
ŋɤ-ɲie					扼额
ŋən	恩			硬	
ŋou	欧瓯鸥呕		偶藕	沤	
ŋoŋ	翁			瓮齆	
ni-ɲi		尼泥	拟	腻	
niaŋ-ɲiaŋ		娘			
niau-ɲiau			鸟	尿	
nie-ɲie					捏聂镊臬孽
niɛn-ɲian	拈	年鲇黏	辇撵捻	念	
niou-ɲiou		牛	扭纽钮		
nin-lin		宁凝			
no-lo④		挪傩		懦糯	
ny-ɲy			女		

① 此栏部分内容跟之前的 la 栏重复。
② 此栏部分内容跟之前的 lai 栏重复。
③ 此栏部分内容跟之前的 lan 栏重复。
④ 此栏部分内容跟之前的 lo 栏重复。

续表

字音	汉字				
	阴平	阳平	上声	去声	入声-阴平/阳平
o-ŋa	阿				
pa	巴芭疤吧笆		把¹靶	罢霸坝把²耙	捌八
pʰa		爬		怕	趴
pai			摆	拜败稗	
pʰai		牌		派湃	
pan	般搬班斑颁		板版	半伴拌办瓣扮	
pʰan	潘攀	盘磐蟠蹒		判叛畔绊襻盼	
paŋ	邦梆帮		榜绑	谤镑棒蚌	
pʰaŋ		旁螃膀庞		胖	
pau	包胞苞褒		保葆堡煲饱宝	报豹抱鲍菢雹暴	
pʰau	抛脬	袍	跑	炮泡	
pɤ-pie					百佰柏北
pʰɤ-pʰie					拍迫魄
pei	卑碑悲杯			被辈背倍焙蓓贝备悖	
pʰei	呸胚	赔培陪裴①		配佩沛	
pən	奔		本	笨	
pʰən	烹	盆彭澎			
pi	屄		彼比	陛避	
pʰi	批纰披丕邳	皮陂疲琵枇毗脾	痞	屁	劈匹
piau	标镖彪膘焱		表裱婊		
pʰiau	飘漂¹	瓢嫖	漂²瞟	票	
pie				瘪	鳖
pʰie					撇

---

① "裴"在老派"河南话"多读 pʰi。

续表

字音	汉字				
	阴平	阳平	上声	去声	入声-阴平/阳平
piɛn	边编蝙鞭		扁匾贬	便¹卞汴变辩辫遍¹	
pʰiɛn	偏篇翩	骈便²		片骗遍²	
pin	宾滨缤冰兵彬斌濒		禀饼屏丙炳秉	并迸病柄	
pʰin	姘拼	贫平评萍坪苹凭瓶屏频馨嫔	品	聘	
po	波玻菠		跛	簸	博搏脾拨驳剥钵/薄
pʰo	坡颇	婆鄱	叵	破	泼
pu			补	布怖步部簿	不
pʰu	铺¹	蒲葡菩	普谱圃浦	铺²	仆璞醭
poŋ				蹦	
pʰoŋ		朋棚鹏蓬篷	捧	碰	
ɹan-yan		然燃	冉		
ɹaŋ-zaŋ		瓤	壤	让	
ɹau-zau		饶	扰		
ɹɤ-ye			惹		热
ɹen-nen		壬妊任¹人仁仍	稔	刃仞认韧任²	
ɹou-zou		柔揉			
ɹuei-sei				锐睿	
sa	沙砂痧鲨裟纱杉		撒洒傻耍		杀煞萨卅飒趿
sai	腮鳃			赛塞¹晒	
san	三叁山删珊姗衫膻酸		散¹馓伞闪陕	扇骟善膳擅赡单姓散²算蒜	
saŋ	商伤丧桑		赏嗓搡	上	

续表

字音	汉字				
	阴平	阳平	上声	去声	入声-阴平/阳平
sau	稍梢艄捎烧骚臊	韶	少[1]扫嫂	邵绍少[2]哨潲	
sɤ-se	奢赊	蛇佘	舍[1]	射麝社舍[2]	色瑟塞[2]涉设摄虱涩
sən	身深生牲笙声升孙申绅伸森僧参[1]	神绳	审婶沈省[2]损笋榫	盛[1]甚慎胜圣肾	
sou	收苏稣搜艘馊疏蔬梳		手守首擞数[1]	受授绶寿兽数[2]诉素瘦漱嗽售	叔淑
so	唆蓑		所锁琐		朔槊溯硕烁
sua- sa			耍		刷唰
suai- sai	衰		甩	帅	
suan- san	闩酸拴			汕算蒜	
suaŋ- saŋ	双霜孀礵		爽		
suei- sei	睢虽	谁随隋	水	邃隧岁瑞税睡	
soŋ	松淞嵩		耸怂	宋送颂诵	
sʅ	斯嘶厮施尸诗师狮蛳司丝私思	时鲥	使始死史驶屎矢	事士仕似是氏视四泗肆世示市柿饰誓逝寺侍势试俟祀噬祀饲嗣	失室适释湿/十什石食
ta			打	大	达答搭褡瘩笪耷
tʰa	他				塔榻塌
tai	呆			代贷袋岱黛带怠待戴埭	
tʰai	胎	台抬薹苔邰		太泰态	
tan	丹担[1]端耽		短胆	淡诞蛋断段缎煅锻旦担[2]但澹弹[1]石	
tʰan	贪滩摊瘫湠	谈痰谭潭团坛檀弹[2]	坦毯	炭叹探	

续表

字音	汉字				
	阴平	阳平	上声	去声	入声-阴平/阳平
taŋ	当¹		党挡	当²荡盪宕	
tʰaŋ	汤	堂膛螳唐糖塘搪棠	倘躺	烫	
tau	刀		祷捣倒¹岛	道到倒²盗稻	
tʰau	滔韬弢掏	桃逃陶淘萄	讨	套	
tɤ-tie					得德
tʰɤ-tʰie					特忑
tei	堆			对兑队	
tʰei	推		腿	退褪	
tən	登灯敦墩		等	邓凳顿囤钝	
tʰən	吞	滕藤腾誊屯豚			
tou	都兜		斗抖蚪陡肚堵赌	度渡镀豆痘逗斗窦杜	督/读犊独毒
tʰou	偷	头投途涂徒图屠	土	吐透兔	
ti	低		底抵砥邸骶	帝缔谛蒂弟娣地递棣	敌滴嫡的狄涤/笛迪
tʰi	梯	啼蹄提题	体	替剃屉	踢剔惕
tiau	刁叼雕碉貂		屌	钓吊掉调¹	
tʰiau	挑	条鲦调²迢笤	窕	跳眺	
tie	爹				跌/碟谍喋蝶叠
tʰie					铁帖贴
tiɛn	颠滇癫掂		典点	殿电奠店玷惦佃甸淀垫	
tʰiɛn	天添	田甜恬填	忝舔	掭	
tiou	丢				
tin	丁叮钉疔虰		顶鼎	定订	

续表

字音	汉字				
	阴平	阳平	上声	去声	入声－阴平／阳平
tʰin	厅汀	亭停婷廷庭霆	挺艇铤	听	
to	多		朵躲	舵剁秾惰堕	掇沰／夺
tʰo	拖	陀砣驮	妥椭	唾	托脱
tsa	渣查¹楂			乍诈炸¹榨栅	扎札／杂闸砸炸² 铡
tsʰa	叉杈扠差¹	茶搽查²			察擦插
tsai	斋栽灾		宰崽	再债寨	
tsʰai	差²钗猜	才材财豺柴裁	采彩睬	菜蔡	
tsan	占毡沾粘詹瞻簪		展辗崭盏昝	赞瓒暂站占战蘸	
tsʰan	搀参²掺餐	谗馋残惭蚕蟾禅蝉	铲产惨阐	粲灿篡忏	
tsaŋ	张章彰璋樟臧赃		掌长	丈杖仗账胀涨葬 瘴藏¹	
tsʰaŋ	昌猖娼菖阊仓苍 沧舱	长场肠藏²	厂敞	唱倡创畅	
tsau	招昭遭糟朝¹		早蚤藻澡枣找沼	照诏召兆赵灶躁 噪燥皂罩罢	
tsʰau	超抄钞操	朝²潮巢曹漕蟟 嘈槽晁	草騲炒吵		
tsɤ-tse	遮		者赭		浙蛰哲则责簀摘 折仄择¹／择²
tsʰɤ-tsʰe	车²		扯		测册策撤彻澈 掣拆
tsei			嘴	最罪醉	
tsʰei	崔催			翠萃瘁粹脆	
tsən	真珍贞侦桢祯正¹ 征尊遵樽曾¹增 争筝睁狰针甄斟 蒸榛臻		拯整诊疹枕缜	正²政证症郑赠 震振阵镇朕	

续表

字音	汉字				
	阴平	阳平	上声	去声	入声-阴平/阳平
tsʰən	称¹琛撑村皴	臣陈呈程成诚城盛²承丞存尘乘澄橙惩岑曾²层	逞骋	趁称²秤蹭寸	
tsou	州洲舟周租		走阻祖组帚肘	做 奏 宙 咒 胄 纣 籀皱	足竹竺筑祝嘱烛粥/卒逐轴
tsʰou	抽初粗	仇愁畴筹踌惆绸稠酬锄雏	楚础丑	臭醋凑	
tso			左	坐座	作桌卓捉/昨凿 着镯酌
tsʰo	搓蹉磋			错挫锉	撮蹴/戳
tsua-tsa	抓				
tsʰuai-tsʰai			揣		
tsuan-tɕyan	捐娟涓鹃专砖		卷转	眷倦圈¹篆撰传¹	
tsʰuan-tɕʰyan	川穿圈²	拳蜷权颧橼传²船	犬	劝券串	
tsuaŋ-tsaŋ	庄妆装			状壮撞	
tsʰuaŋ-tsʰaŋ	疮窗	床	闯		
tsuei-tsei	锥追			坠赘缀惴	
tsʰuei-tsʰei	吹炊	垂锤陲			
tsoŋ	中¹忠盅衷终钟宗踪棕鬃		踵种¹肿总冢	重¹种²仲中²众纵粽	
tsʰoŋ	冲充匆葱	虫崇从丛重²	宠	铳	
tsʅ	知蜘之芝支枝肢滋资咨姿淄栀脂		子籽止址趾指旨纸姊秭滓紫徵	智至致治制志痣字自恣置痔	执侄质织职汁只/直值殖
tsʰʅ	痴嗤蚩	池驰慈磁持词辞迟剀茨瓷	耻齿此跐侈	赐次刺	尺斥赤

续表

字音	汉字				
	阴平	阳平	上声	去声	入声-阴平/阳平
toŋ	东冬		董懂	动洞栋冻	
tʰoŋ	通	同桐筒铜童瞳橦潼僮彤	桶捅统	痛	
ua-vɑ	蛙哇娃洼娲		瓦掗		挖袜
uai-vai	歪			外	
uan-van	湾弯豌	完顽	晚挽碗宛	万	
uaŋ-vaŋ	汪	王亡	往网罔	旺望妄	
wei-vei	威偎煨巍	为¹惟维帷唯违围桅	尾伟苇炜委诿	未味位为²畏胃谓渭慰蔚尉卫魏	
uən-vən	温瘟	文蚊纹雯闻	稳吻刎	问	
o-ŋo	屙	俄娥蛾鹅讹	我	饿卧	恶垩鄂愕握龌噩鳄遏沃
u-vu	污巫乌呜汚	吾梧吴蜈无	五伍武鹉舞	误悟晤务雾戊	兀
ia	鸦呀丫桠	牙芽伢衙	雅哑	亚砑	押鸭压
iaŋ	央殃秧鸯	羊洋杨扬炀	养痒	样漾恙	
iau	幺吆要¹腰邀夭妖	姚尧遥瑶摇谣窑徭	舀	要²耀鹞	
iɛn	烟咽¹胭焉嫣蔫淹腌	言延蜒严岩颜盐沿檐妍阎炎	掩眼衍演	厌燕雁赝宴堰艳焰彦谚咽²	
iou	忧优忧悠幽	由油游犹鱿邮	有友	又右祐佑诱幼柚	
ie	耶椰	爷	野也冶	夜	叶页谒曳晔噎
in	音因姻茵英瑛锳阴殷鹰应¹婴缨樱鹦莺	迎盈楹营萤莹荧银龈淫寅吟嬴	引饮隐瘾影颖	应²映印	
io					约药乐²钥
y	迂淤瘀	余鱼渔愚隅禺俞渝榆娱虞于盂萸如茹儒蠕	羽禹宇与雨乳	玉遇寓预豫裕芋御	入

续表

字音	汉字				
	阴平	阳平	上声	去声	入声－阴平/阳平
ye					月悦阅越曰粤
yεn	渊冤鸳鸯	原源员圆缘元鼋袁园猿辕援	远软	愿院怨苑	
yn		云耘芸匀	永允陨	润闰孕运恽熨韵	
ioŋ	雍臃邕				

说明：表中字音参照朱建颂《〈汉音集字〉疏证》。笔者关于"河南话"的记音与之相比，有如下细微差异：(1) iεn、yεn"河南话"记作 ian、yan；(2) au、iau"河南话"记作 aɯ、iaɯ；(3) ou、iou"河南话"记作 əɯ、iəɯ。

经过比较，罗山籍老派"河南话"跟清末汉口方言语音比较接近。两者的不同主要是：

1. 清末的汉口方言有入声（如今已无），"河南话"无入声。"河南话"全浊入声归阳平，其他入声归阴平，有些字例外，如上表中的"敌、狄、卒、酌、戳"等。

2. 汉口方言 f、x（u）不混，"河南话" f、x（u）相混。

3. 汉口方言古泥来母洪细全混，"河南话"洪混细分。

4. 汉口方言审（生、书）心禅各母合口字、生母江宕开口字的韵母多有 u 介音，这些字在"河南话"里无 u 介音，例如：耍、帅、闩、税、水、酸、岁、双、霜。

5. 汉口方言单韵母为 ɤ 的入声字，"河南话"读作韵母为 e 或 ie 的舒声字。

少数光山籍老派"河南话"保留了 ʅ 类韵母，这跟鄂东一带黄孝片江淮官话的特征相同，与汉口方言不同。

二、"河南话"与鄂东一带方言词语比较

词语是语言中活跃敏感的部分。有些特色词语只在一定的方言里使用，能够反映方言之间的关系。当两种方言间有一定特色的词语达到一定数量的相同，则能

较好地说明这两种方言之间具有亲属或源流关系。"河南话"和鄂东一带方言[①]有许多相同的特色词语，下面分类进行介绍：

（一）代词

1. 人称代词"我"读 ŋo，"你"读 n̩。自称代词多用"自家"[②]。

2. 近指代词常用"列"，例如"列（嘞）些、列（嘞）多、列（嘞）矇、列（嘞）样"。

3. 疑问代词普遍使用"么事"，还有"么（昝、样、时夫）""几（远、长）"等。

（二）称谓词

"河南话"和鄂东一带方言相同或相近的称谓词较多，具体比较如表 45。

表 45 "河南话"与鄂东一带方言称谓词比较

长辈	普通话	曾祖父母	父亲（背称）	继父（背称）	公公（背称）	婆婆（背称）
	河南话	老太	老头，老头子	继父老子	老公公	老婆婆
	鄂东一带方言	太	老头子	继父老子	公公	婆婆
平辈	普通话	哥哥	嫂子	堂兄	堂嫂	堂弟
	河南话	哥	嫂	叔伯哥	叔伯嫂	叔伯兄弟
	鄂东一带方言	哥	嫂	叔伯哥	叔伯嫂	叔伯兄弟

（三）脏话或詈词

"河南话"和鄂东一带方言有一些相同的脏话或詈词，有的已成为口头禅。例如：

苕：对无知或憨傻之人的贬称。么卵：什么。呵卵泡：对溜须拍马之人的讽刺。扯屌蛋：责（骂）人多管闲事。嚼蛆：斥责人说话啰嗦或胡说八道。短阳寿：咒骂人寿命不长。发瘟咧：咒骂人的话。

[①] 鄂东一带方言词语或短语，主要参考鄂东方言词汇编写组（1989），带"*"的参考朱建颂（1992），带"#"的参考王求是（2014）。

[②] "自家"在鄂东读 [tʂɿka]，"河南话"写作"自个" [tʂɿko]。

（四）动词或动词性短语

1."打"类

这类动词或动词性短语里的"打"，实义已经弱化。例如：打霜、打尖、打赤脚、打条胯、打脾寒、打惊张、打年货、打平伙、打饿肚子、打嘴巴官司。

2."V人"类

这类动词的含义，倾向于使人感到肉体或心理上不舒服。例如：哽人、浸人、冰人、闷人、磨人、蠹人、累人、气人、急人。

3.其他动词或动词性短语

干望：干瞪眼。丑不过：害羞。丢堆：丢人。承个头：带个头。兴：种植。合谱儿：估计。泅水：浇水。该账：欠别人的钱。说人家：女子订婚或给女子介绍男友。接媳妇：男方结婚。引伢儿：当保姆。掌倒：顶住，扶住。泡了心：萝卜中空。兜#：舀。过客：请客。过世：老年人去世。摇电话：打电话。往转走：往回走。落月：孕妇分娩。杠祸：小孩儿间吵架。照倒：盯着，看守。斗份子：凑份子。面：铺；排种。盘：玩，例如"盘泥巴"。装老#：给死者穿上事先准备好的新衣服。落土#：太阳下山。掉笃脏#①：脱肛。照#：（考试）偷看。叫他莫#：任由他去。起去#：起来，趋向动词。

（五）名词或名词性短语

头脑壳：脑袋。我屋里娘屋里：岳父家。私伢（子）：私生子。男伢儿：男孩儿。冷子：冰雹。场子：地方。塆儿：村庄。荷包②：衣服口袋。毛狗：狐狸。窭里：里面。黄表*：敬神用的一种纸。叉鸡佬*：偷鸡贼。老头*：父亲的背称。

（六）形容词或形容词性短语

切湿呗：湿透了。幺：最小的。过细：细致，认真。押敌：衣服整齐匀称。怪武：调皮。睐：贪婪。跳赞：灵活，活泼。翻眼露筋：指凶神恶煞的表情。

---

① 《武汉方言研究》记作"掉豚 [tou] 脏"。
② 此处的"荷包"兼顾到鄂东一带方言的记法，"河南话"按实际读音一般记作"荷泡儿"。

（七）副词

一路：一起。么时夫：什么时候。几大：多大。几好：多好。作兴：时兴。攒劲：使劲地。里外里：反正。得亏：多亏。唅：全部。

（八）介词

仰：用、尽，例如"仰你咧钱买东西"。问：向，例如"问他要钱"。

（九）农谚

"河南话"的农谚有许多跟鄂东一带方言[①]相同，例如：

1. 庄稼一枝花，全靠肥当家。
2. 大河有水小河满，大河无水小河干。
3. 正月二十晴，树上挂油瓶。
4. 大人望种田，细伢儿（小伢儿）[②]望过年。
5. 月亮长了毛，有雨在明朝。
6. 太阳当顶现，三天不见面。

有些语义相同的农谚在形式和内容上略有变化，例如：

1. 睁眼睛秋，闭眼睛收；闭眼睛秋，睁眼睛丢。（"河南话"）

   睁眼秋，收又收；闭眼秋，丢又丢。（武汉话）

2. 处暑白露节，夜寒白日热。（"河南话"）

   处暑白露节，两头冷中间热。（鄂东方言）

3. 东虹日头西虹雨，南虹北虹卖儿女。（"河南话"）

   东虹日头西虹雨。（武汉话）

4. 雷打惊蛰前，高山岗儿好种田。（"河南话"）

   雷打惊蛰前，高山峻岭好种田；雷打惊蛰后，高山峻岭好种豆。（武汉话）

   雷打惊蛰前，高山好种田；雷打惊蛰后，河湾好收豆。[③]（罗山话）

[①] 鄂东一带方言农谚摘自周然（2012）、朱建颂（2011）、鄂东方言词汇编写组（1989）、杨凯（2014）等。
[②] 鄂东有些地方把"小孩子"叫"细伢儿"，"河南话"叫"小伢儿"。
[③] 引自河南省罗山县地方史志编纂委员会（1987：638）。

5. 春打六九头，黄豆胀死牛；春打五九末，种田发了作。①（"河南话"）

春打六九头，吃喝不用愁；春打六九末，低田无收割。②（武汉话）

春打五九末，黄豆一包壳；春打六九头，黄豆胀死牛。③（罗山话）

三、"河南话"与 20 世纪初叶麻城方言词语比较

在"河南人"的家谱里，有先祖从麻城或经麻城迁入的记载。在信阳地区的宗谱和碑刻等文献里，也有祖上从麻城迁入信阳的记载。为了考察"河南话"和麻城方言的关系，笔者选择民国时期（1935 年）郑重修、余晋芳纂《麻城县志续编》④收录的 229 个方言词跟罗山籍老派"河南话"（溧罗）进行同义词语比较。这对深入考察"河南话"跟 20 世纪初叶鄂东一带方言的关系，具有重要意义。

表 46 "河南话"与 20 世纪初叶麻城方言同义词语比较

序号	释义	麻城方言	河南话	序号	释义	麻城方言	河南话
1	胎衣	脬音胞	衣胞	9	音吃	謇	结巴
2	手指纹	腒	腒	10	性傲	戇刚去声	戇
3	小儿女	幺	小幺	11	痴愚	梦惷	蠢
4	自谓	我	我	12	眼皮动	眨音翣	眨
5	谓人	你	你	13	子细	把稳	过细
6	开口	偖音查	爹	14	声不轻圆	嗄俗作沙上声	沙
7	阔⑤口	爹音车	爹	15	看	瞢⑥音苗	瞧，瞄
8	指事物	者俗作这	列	16	皮裂	皱	皱

---

① 民间称"五九"最后一天立春叫"短三春"，常多自然灾害。"种田发了作"，指人们抓紧时间栽种。
② 引自朱建颂（2011：52）。意思是：若立春恰在"六九"开头的一天，则当年会丰收；若立春恰在"六九"的最后一天，当年低田可能歉收甚至绝收。
③ 引自河南省罗山县地方史志编纂委员会（1987：638）。
④ 参见华学诚（2021：4813—4816）。个别词语根据台北成文出版社 1975 年影印本校正，如序号 79 释义中的"沈水"应为"沉水"，序号 105 释义中的"箆"应为"篦"。
⑤ "阔"原文作"濶"。
⑥ "瞢"原文作"瞢"。

续表

序号	释义	麻城方言	河南话	序号	释义	麻城方言	河南话
17	鼻塞	䯏	䯏	41	贯缕提之以织	综	综老
18	露牙	龅	龅	42	横缕	纬	纬线老
19	人快敏	剑利	麻利	43	直缕	经	经老
20	不精彩	驖騼音臘塔	推板	44	刮锅器	铲	铲子
21	不与人分辨	不理	不理	45	削平	铲	铲
22	言语忤人	触人	冲人	46	碾物使光	砑	砑
23	足踏	躘钗上声	踩	47	柄	杷音把	把
24	心动	悊音彻	惊	48	拾物	搴音简	捡
25	耳中作声	瞛音翁	嗡	49	熬	煎	煎
26	谓人形短	矮矬矬	矮矬矬	50	曲木可挂物	搭钩	挂钩
27	惊畏	吓	吓	51	切草刀	剸音扎刀	铡刀
28	女工	针黹	针线	52	平木器	刨子	刨子
29	饰边	缘音愿	镶边	53	犁上铁板	鐴耳	犁鐴头
30	盛茶器	茶落	茶壶	54	穿牛鼻绳	拳音捲	拳
31	履中模范	楦	鞋楦子	55	割牛马势	骟	骟
32	藏酒器	窖	地窖	56	牛羊食已复吐而嚼之	回嚼音醮	倒嚼
33	漉器	筲箕	淘米篮子	57	酒醋中小虫	蠓	蛆
34	窑器有光	釉	釉	58	不去滓酒	醪糟	甜酒
35	酒器	坛	坛子	59	猪脂中坚	胵音移	板油
36	箸	箃音快	筷子	60	肥脂	膘音标	膘
37	水槽	筧音简	水槽	61	牡牛	牯	牯子
38	抽箱	屉	抽屉	62	牛羊马豕栏	圈	圈
39	鞋衬	帮	鞋帮	63	便旋	出恭	出恭老派，雅说
40	大瓮	缸	缸	64	戏玩	耍	玩

续表

序号	释义	麻城方言	河南话	序号	释义	麻城方言	河南话
65	浇花木菜疏水	饮去声水	洇水	88	不速	迟迟去声,音治	慢腾腾
66	初赠工匠	利市	利润	89	唾人	啡杯、配二音	呸
67	物件	家火	东西	90	负物	驮	驮
68	气郁不伸	沤去声	怄	91	伸面	擀	擀
69	颜色鲜明	翠	翠	92	门底脚	限音坎	门槛
70	语不合	不对	不对	93	雌狗	草狗	母狗,草狗
71	漩水	漩涡	漩涡	94	思雄	起草	发情
72	滤去水	沥	沥	95	火炙	熇音考	烤
73	两手相摩切	挼音磋	搓	96	物湿而黑腐	霉	霉
74	与小儿戏促其鼻	牵牛	牵牛鼻子	97	乍晴乍雨	澪淞	蓬蓬雨
75	推之	搡音牵	搡	98	沃土	鱼米之地	壮土
76	小	丁丁,点点,些些	小	99	劈破	斯	劈
77	应声	欸音霭	欸	100	饮食变味	馊	馊
78	以物沾水	蘸	蘸	101	物臭	膛音滂丑抽去声	瘟臭
79	沉水	没、淹	淹	102	鸡伏卵	抱	菢
80	词不屈	强音绛	(嘴)犟	103	污秽	浇音饿	脏
81	面疮	疱	疱	104	盐卤水	膽水	盐水
82	热而皮生疹	痱子	痱子	105	以篦束物	箍	箍
83	松枝岐	桠	桠子	106	闭门机	闩	门闩子
84	挞谷器	连枷	连枷	107	屋上承橼梁	檩	檩子
85	线条	绺①	线	108	手采	捋	采
86	缝皮	绱音掌	撩	109	手捉②	搭音客	逮
87	快走	焱	焱	110	物堕水	潼音董	咚

---

① "绺"原文作"缩"。
② "捉"原文作"促"。

续表

序号	释义	麻城方言	河南话	序号	释义	麻城方言	河南话
111	石堕声	砼音董	砼	132	图记	戳子	章
112	贺人	恭喜	恭喜	133	抵押品	押头	抵押咧东西
113	手挽	扯	扯	134	午饭	中饭	晌午饭
114	粗俗	体奔去声	大老粗	135	午后	下昼	晚儿上
115	爪刺	掐	掐	136	喜庆丧葬所送之礼	人情	人情
116	多	够	多	137	物	东西	东西
117	叔母	婶	小娘	138	肤上细毛	寒毛	寒毛
118	姒妇	大姆	嫂	139	财产	家私	家当
119	少妇尊称	奶奶	少奶奶	140	举动	脚手	脚手
120	店主	老板	老板	141	举手示意	做手势	做手势
121	频相交易	主故亦作雇	主故	142	有光荣	面子	脸上有光
122	客人初见者	生客	生人	143	诋懦弱者	孬读若桑头	肉头鳖
123	富室	大老	大好佬	144	朋友馈赠以钱犒其仆役	脚钱	脚钱
124	同执一业以谋生者	同行	同行	145	行资	盘缠	盘缠
125	老于其事者	老手	老手	146	小儿	把戏	小伢儿
126	店肆之佣	伙计	伙计	147	乞丐	叫化子	叫花子
127	屋之两头	山头	山头	148	商贾有利	赚	赚
128	室外部落	天井	天井	149	商家奖励金	花红	奖金
129	屋中横木	桁条	桁条	150	两指相搓①	捻	捻
130	肉食	荤腥	荤	151	交换	掉	斟
131	跨于两纸之中	骑缝	骑缝	152	两人共举一物	扛	扛

① "搓"原文作"榁"。

续表

序号	释义	麻城方言	河南话	序号	释义	麻城方言	河南话
153	物之当与而不尽与	扣	扣	177	妇人怀孕	有喜	有喜
154	迁物	搬	搬	178	妄言	乱道	乱说
155	去牲畜之毛	挦毛	挦毛	179	训斥	埋怨	埋怨
156	以物之捎起	撬	撬	180	犯上	冲撞	犯上
157	调和液体	搅	搅	181	泄愤	出气	出气
158	火干物	煤	煤	182	兴讼	打官司	打官司
159	水顺下	淌	淌	183	私己自便	讨便宜	捡便宜
160	以器抒水	舀	掟	184	性情乖张	发皮气	发脾气
161	五指取物	揸 读渣	抓	185	言过甚	说大话	吹牛屄
162	举足	跷	跷	186	人于劳倦时张口呼吸	打呵欠	打呵欠
163	匿情相欺	瞒	瞒	187	妇容美好	俏	脾裳
164	以火干物	烘	烘	188	兴盛	旺	发
165	以假乱真	充干	冒充	189	肥硕	奘	壮
166	没	落	败	190	煮水至沸	滚	滚
167	以爪摘取植物	掐	掐	191	美好	标致	标致多指男青年
168	故意播弄	做弄	挑祸	192	轻脱	滑溜	轻狂
169	修饰	打扮	打扮	193	繁盛	热闹	热闹
170	尊崇其人	抬举	抬举	194	裸上体	赤膊	赤膊
171	以言行绐人	王六	货	195	不经意	大意	大意
172	微动其首	点头	点头	196	言语不明	含糊	含含糊糊
173	被欺	上当	上当	197	共同	大家	大伙
174	侦察	打听	打听	198	事不满意	将就	将就
175	知悉	晓得	晓得	199	迟延	担阁	耽误
176	争论	计较	争	200	矜庄	正经	正经

续表

序号	释义	麻城方言	河南话	序号	释义	麻城方言	河南话
201	事已妥善不必更注意	放心	放心	216	不善其事	外行	外行
202	事已安定	停当	停当	217	酷似	活像	像咧悬
203	言语繁絮不分明	咕噜	咕噜	218	疾愈	平复	好了
204	不礼人	不睬	不睬人	219	不忍弃	舍不得	舍不得
205	多言	唠叨	啰嗦	220	期望	眼巴巴	眼巴巴
206	能办事	能干	能干	221	冯藉显贵之势以占优胜者	大帽子	大迈迈
207	于难决时迳行决之	索性	索性	222	装门面	摆架子	摆架子
208	顽劣	顽皮	顽皮	223	秘密之事忽无意暴露	露马脚	露马脚
209	巧舌多言	尖嘴	尖嘴	224	集众作蜂起状	一窝蜂	一窝蜂
210	不须	不消	不必	225	不知羞愧	脸皮厚	脸皮子厚
211	中节	得法	得法	226	遇事两难或心志不定	不上不下	无心不定
212	有兴趣	高兴	高兴	227	不知事理	一窍不通	一窍不通
213	自谦无暇	穷忙	穷忙	228	事多变化	十八变	变来变去
214	容易	便当	容紧	229	有才思	才情	聪明
215	不期而恰合	凑巧	巧				

上表所列 20 世纪初叶的麻城方言词语 229 个。从词形、语音和语义几方面比较，"河南话"与麻城话同形（音）或基本同形（音）的同义词有 131 个，占比 57%；近形（音）的同义词有 38 个，占比 17%；形（音）不同的同义词有 60 个，占比 26%。① 如图 1。

---

① "同形"指构词语素相同，"同音"指声母和韵母相同。"基本同形"指使用异体字或形近字记录同义词，如"叫化子—叫花子"；"基本同音"指用字不同但语音基本相同，如"奘—壮"。"近形"指部分构词语素相同，如"剑利—麻利"；"近音"指相应汉字的声母或韵母相同，如"触人—冲人"。下文同。

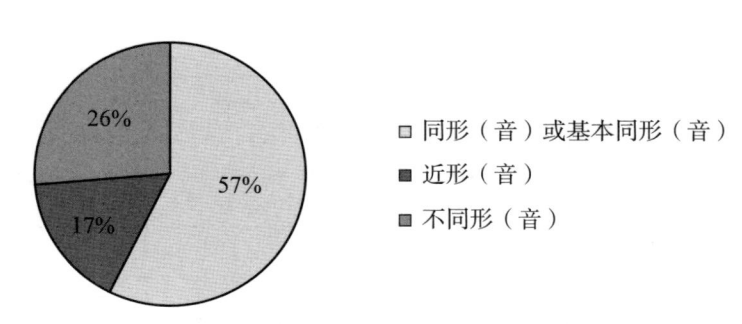

图 1 "河南话"与 20 世纪初叶麻城话同义词比较

经过比较，老派"河南话"与 20 世纪初叶麻城话的词汇比较接近。这既能证明"河南话"与麻城方言的密切关系，也能佐证信阳地区部分移民从麻城等地迁入、苏南"河南人"族谱里有祖上曾居于麻城的相关记载。

"河南话"是移民方言。从考察的情况来看，"河南话"的源方言也应该是移民方言。经历了时间和空间上的较大变化，"河南话"与源方言、与跟源方言有来源关系的方言在词语上表现出较多的相同和相对稳定的特点。这可以说明：在方言接触和演变过程中，方言词语作为方言文化成分的主要载体，其形式和意义能够得到较大程度的保留。

四、"河南话"与鄂东一带方言语法比较

语法是一个相对稳定且严密的结构系统。"河南话"和鄂东一带方言在语法系统和具体语法现象上，均呈现许多相同点，如表 47。

表 47 "河南话"与鄂东一带方言语法[①]的相同点

语法现象		举例
量词	名量词	路（一路树）、挃（一挃西瓜）、子（一子线）、泡（一泡痰）
	度量词	庹（两庹长）、拃（一拃长）

[①] 鄂东一带方言语法主要参考陈淑梅（2001）、汪化云（2016）、王求是（2014）、朱建颂（1992）、赵葵欣（2012）。

续表

语法现象		举例
量词	物量词重叠	碗碗（碗碗菜哈咸）
	专用动量词	回（落了一回雪）、滚（水烧一滚）
	借用量词	两棍子（甩他两棍子）、一锄头（挖他一锄头）
	动量词重叠	回回（回回都迟到）
加缀重叠	A 里 AB	蠢里蠢气（那个伢儿蠢里蠢气的①）
	AAB	点点子、尖尖子
指示代词		列（嘞）、列（嘞）些、列（嘞）曚、列（嘞）样、那、那些、那曚、那样
疑问代词		哪个、么人、么事、么东西、么家伙、哪哈儿、么昝、么时候、么样、几长、几远、为么事、么回事、做么事
副词单用		够（够坐）、有得（有得走的）、尽（尽说）、几（几好吃）、哈（哈来）、左以（左以住几天）、莫（莫吃）
"AAB"表状态		冰冰凉、□[piɑ]□[piɑ]淡、□[pʰi]□[pʰi]满
进行体标记"在"		他在 [tai] 写字。
短时体标记"下儿②"		我瞧下儿电视。
先时体标记"着"		你把鱼治了着，肉等下儿再切。
经历体标记"了的"		我上回去了的。// 二哥是不是问了的？
未然体"VP 是不得 VP 的"		他走是不得走的。
助词"倒"	持续体标记	他在椅子上坐倒。
	"V 倒"重叠	他坐倒坐倒睡着了。
	V 得倒	这个字我认得倒。
	"把 N 一 V 倒"	把嘴巴一翘倒。

---

① 本书的结构助词有两种记法：在"河南话"里根据实际读音记作"咧"；在"河南话"跟源关系方言比较时，为方便比较也记作"的"。在口传文化作品里，"的"出现 lie、tie、te 几种读音，读 lie 时记作"咧"，读 tie、te 时记作"的"。

② "河南话"记作"哈儿"。

续表

语法现象		举例
"把"字句	给予义	钱把我。// 把毛笔把他。
	表示"将"	把鞋子打湿了。
	被动标记	他把狗子咬了。
疑问句	特指问	书在哪哈儿?
	选择问	你今朝是去还是不去?
	反复问	你还认倒我不啦?
助词"得"	结构助词	这个媒做得得。// 今朝太阳大,肯定热得很。
	助动词	结婚要得不少钱。
	动态助词	锅里煮得有饭。
	语气助词	头我也懒梳得。
助词"它"	V它	把渣滓倒它。
	V了它	趁热喝了它。
	把ＯＶ了它	把纸撕了它。// 我恨不得把他赶了它。
亲属称谓词缀"伙里"		弟兄伙里、娘儿伙里
"V不过"结构		馋不过、恨不过
"倒V不V的"结构		倒走不走的。

由上可见,"河南话"与鄂东一带方言在语法系统上非常接近。单就语法而言,两者更像是同一个方言片的方言。

语法是语言核心层次的结构要素。这也是生成语法学说所坚持的。方言内部各个组成部分的发展是不平衡的。与词汇和语音相比,语法的变化相对缓慢。"河南话"经历了时空变化和自身发展,鄂东一带方言同样也经历了自身发展和外部影响。在经历过系列发展变化后,"河南话"与鄂东一带方言还能有这么多"同出一宗"的共同点,说明两者确实存在很近的或源流的关系。

第三节 "河南话"与赣北方言

我们曾将"河南话"源方言家族中的罗山、光山方言比作"河南话"的"父辈"方言。根据前面的比较，鄂东一带方言跟"河南话"和罗山、光山方言关系密切，罗山、光山方言保留了鄂东一带方言除声调外的大部分特点。处在过渡地带的罗山、光山方言，事实上是鄂东一带方言跟中原官话接触的结果。从这个意义上讲，鄂东一带方言应该是罗山、光山方言的源方言，鄂东一带方言可看作是"河南话"的"祖父辈"方言。麻烦的是，鄂东一带方言也是过渡地带方言。它处在若干方言区的交界——东边是江淮官话，南边是赣语，西边是西南官话，北边是中原官话。这种过渡性语言特点在"河南话"身上也有明显体现。

苏南"河南人"和信阳地区的百姓传抄的族谱里，有许多关于祖先来自江西"瓦屑坝"或"筷子巷"的记载，信阳地区的碑刻和豫鄂地区的相关史志也有这方面的内容。瓦屑坝本是鄱阳湖畔的一个古老渡口，是明初饶州府移民的集散中心。关于它的确切位置而今难以查考，但其在鄱阳境内应无争议。《新洲县志》录有《瓦屑坝考》："鄱地以瓦屑坝得名者，莫著于瓦屑坽。若瓦屑坝、瓦屑墩则传者盖寡焉。"（尧）山在鄱江之北岸，南岸有水斜出通江，即所谓瓦屑坽是也。"（新洲县志编纂委员会，1992：783）明朝初期的瓦屑坝或筷子巷移民主要迁往皖鄂两省，鄂东北的移民主要来自江西。张国雄（1995：34—75）认为江西移民在两湖尤其在湖北的分布由东向西呈渐减之势，江西籍移民占鄂东北移民家族的88%应当可信，迁往湖北的江西籍移民以饶州、南昌、吉安三府为多。陈昌仪（1991：7）认为"从洪武二十六年到万历六年江西人口共减少三百一十二万……南昌的逃亡者有进入湖南的，也有进入湖北的，鄱阳湖地区的逃亡者主要进入湖北"。基于这样的移民线索，"河南话"跟赣北方言有没有关系？能否从方言比较上论证和支撑相关的移民路线？事实上，已有专家学者关注到这个问题并进行研究，如王东（2005）认为罗山朱堂话"明显带有西南官话的语音特征；同时又由于移民因素的影响，使得朱堂话也具有客赣方言的某些特点"。

根据多种研究成果，瓦屑坝移民、江西筷子巷移民应该是"河南话"、信阳地区方言跟赣北方言有关联的重要历史事件。人口迁徙和语言关系相互关联，也可互相印证支持。罗常培（2004：183—199）在研究江西临川话时，发现其跟客家话"有许多类似的地方"；同时他认为研究客家问题有助于更多地认识"一部分中国民族迁徙的途径和语言演变的历程"，在研究方法上"一方面固然可以拿语言的系统去推迹民族迁徙的途径，一方面也可以拿民族迁移的历史去联络语言的关系"。鉴于瓦屑坝移民、江西筷子巷移民跟"河南话"历史发展的关联，本书选取南昌（简称"昌"）、鄱阳（简称"鄱"）、乐平（简称"乐"）三处方言作为跟"河南话"比较的赣北方言[①]代表。

赣语主要分布在鄂东南角和赣中、赣北地区。南昌、鄱阳、乐平方言属于赣语。"河南话"和赣语的语音差异明显毋庸置疑。赣语语音的一个重要特点是中古浊塞音和塞擦音一律变送气清音。这种特点在"河南话"里不存在。瓦屑坝移民距今已有约650年的历史，即使说"河南话"的人祖上来自瓦屑坝或江西筷子巷的移民群，在经历多次流动迁徙、接触融合之后，也很难保持其原有的方言面貌。但语言有其稳定性的一面，通过词语、语法的比较，我们依然可以找到"河南话"跟赣北方言关系的一些证据。

本书使用的赣北方言材料：（1）语音参考了熊正辉（1995）、江西省波阳县志编纂委员会（1989）、何磊（2011）。（2）词汇参考了刘纶鑫（1999）、胡松柏等（2009）、邵百鸣（2009）、曹廷玉（2001）。（3）语法参考了曹志耘（2008c）及相关学者对赣北方言语法的研究。"河南话"以溧阳罗山籍老派"河南话"（溧罗）、溧阳光山籍老派"河南话"（溧光）为参照。

一、"河南话"与赣北方言语音比较

为了保证"河南话"与相关方言比较标准的一致性，我们依然以"河南话"的语音特征为参照进行比较。

[①] 本书所说"赣北方言"主要指赣北赣语。

（一）声母特征比较

1. 古全浊声母今读塞音、塞擦音

表 48　"河南话"与赣北方言古全浊声母今读塞音、塞擦音情况比较

特征	地点	溧罗	溧光	昌	鄱	乐
古全浊声母今读塞音、塞擦音	平声送气，仄声不送气	○	○		○	
	不分平仄都送气			○		○

2. 泥来母分混

表 49　"河南话"与赣北方言泥来母分混比较

特征	地点	溧罗	溧光	昌	鄱	乐
泥来母分混	洪混细分	○	○	○①		⊗②
	洪细全混					
	不混				○	

说明：表中用"⊗"表示特征相同但音值不同。下同。

3. ts、tʂ 分混

表 50　"河南话"与赣北方言 ts、tʂ 分混比较

特征	地点	溧罗	溧光	昌	鄱	乐
ts、tʂ 分混	不分	○		○	○	⊗③
	区分		○			

---

① 南昌方言洪音不分 n、l，都读 l；细音分 ȵ、l。
② 乐平方言泥（娘）母在洪音前 n、l 相混，在细音前读 ȵ；来母在洪音前读 l，在细音前读 t。
③ 乐平方言知系字在洪音前读 ts 组，在细音前读 k 组。

4. f、x 分混

表 51 "河南话"与赣北方言 f、x 分混比较

特征	地点	溧罗	溧光	昌	鄱	乐
f、x 分混	相混	○	○	○		
	区分				○	○

（二）韵母特征比较

1. 深臻摄与曾梗摄分混

表 52 "河南话"与赣北方言深臻摄与曾梗摄分混比较

特征	地点	溧罗	溧光	昌	鄱	乐
深臻摄与曾梗摄分混	混为 n 韵尾	○	○	○	○	○
	混为 ŋ 韵尾					
	不混					

2. 宕江摄知系阳声韵字读音

表 53 "河南话"与赣北方言宕江摄知系阳声韵字读音比较

特征	地点	溧罗	溧光	昌	鄱	乐
张章 = 装撞 tsaŋ		○				
张章 tsaŋ ≠ 装撞 tsaŋ			○			
张章 = 装 tsaŋ ≠ 撞 tsʰaŋ				⊗①	⊗②	⊗③

---

① 南昌方言的 aŋ 偏于 ɔŋ。

② 鄱阳方言的 aŋ 偏于 ān。

③ 乐平方言的 aŋ 偏于 ɔŋ。

3. "书虚""篆倦"的读音

表 54 "河南话"与赣北方言"书虚""篆倦"读音比较

特征		地点	溧罗	溧光	昌	鄱	乐
书＝虚 ɕy	篆＝倦 tɕyan		○				
	篆≠倦				○①	○	
书＝虚 ʂʮ，篆＝倦 tʂyan				○			⊗②

（三）声调比较

表 55 "河南话"与赣北方言声调比较

调类	调值	地点	溧罗	溧光	昌	鄱	乐
平	清		阴平 42	阴平 42	阴平 42	阴平 11	阴平 21
	浊		阳平 55	阳平 55	阳平 24	阳平 24	阳平 55
上	清		上声 24	上声 24	上声 213	上声 42	上声 213
	次浊		上声 24	上声 24	上声 213	上声 42	上声 213
	全浊		去声 212	去声 212	阳去 11	阴平 11	阳去 33
去	清		去声 212	去声 212	阴去 35	去声 35	阴去 35
	浊		去声 212	去声 212	阳去 11	阴平 11	阳去 33
入	清		阴平 42	阴平 42	阴入 5	入声 44	入声 4
	次浊		阴平 42	阴平 42	阴入 5	入声 44	入声 4
	全浊		阳平 55	阳平 55	阳入 2	去声 35	入声 4

下面对老派"河南话"和赣北方言语音特征的一致性进行比较，如表 56。罗山籍、光山籍老派"河南话"的语音特征，如果相同直接进行合并，如有差异则

---

① 南昌方言"篆"读音为 tsʰon，"倦"读音为 tɕyon。
② 乐平方言中，书＝虚 fɯ，篆＝倦 kʰiɛn。

分列并标注说明。

表56 "河南话"与赣北方言语音特征一致性情况比较

"河南话"语音特征	地点	昌	鄱	乐
古全浊声母今读塞音、塞擦音	平声送气，仄声不送气	−	−	−
泥来母洪混细分		+	−	+
ʦ、tʂ 分混	不分（溧ʴ）	+	+	+
	区分（溧ʷ）	−	−	−
f、x 相混		+	−	−
深臻摄与曾梗摄混为 n 韵尾		+	+	+
宕江摄知系阳声韵字	张章＝装撞 tsaŋ（溧ʴ）	−	−	−
	张章 tʂaŋ ≠ 装撞 tsaŋ（溧ʷ）	−	−	−
书＝虚，篆＝倦		−	−	+
声调	无入声	−	−	−
	古全浊入声归阳平	−	−	−
	古清音声母、古次浊声母字入声归阴平	−	−	−
	去声不分阴阳	−	+	−

经过比较，老派"河南话"跟赣北方言在语音上存在明显差异，主要表现为：

1. 赣北赣语有入声，"河南话"没有入声。

2. 古全浊声母今读塞音、塞擦音时，"河南话"仄声不送气，赣北方言不分平仄均送气。

3. 微母字"河南话"读 v 声母，南昌、鄱阳、乐平方言基本读 ∅。

4. "用"的声母"河南话"读 z，赣北赣语读 ∅。

5. "软"的声母"河南话"读 ∅，赣北赣语读 ȵ。

6. 赣北赣语部分复元音韵母在"河南话"里读单韵母，例如"过""瓦"。

二、"河南话"与赣北方言词语比较

本书根据刘纶鑫《客赣方言比较研究》，选取"河南话"跟普通话不同的部分词语跟赣北方言比较，如表 57。

表 57 "河南话"与南昌、鄱阳、乐平方言词语比较

普通话	河南话	南昌话	鄱阳话	乐平话
银河	天河	天河	天河	天河
刮风	起风	起风	起风	起风
下雨	落雨	落雨	落雨	落雨
下雪	落雪	落雪	落雪	落雪
阉（牲畜）	骗	骗	骗	骗
屋子	房间	房间	房间	房间
砌灶	打灶	打灶	打灶	打灶
折断	搣	搣	搣	搣
多少	几多	几多	几多	几多
毒死	痨死	闹死	闹死	闹死
干旱	天干	干	天干	天干
雪珠儿	雪子子	雪子仂	雪子子	雪子儿
早晚	早晏	早晏	早晏	早夜
拔秧	扯秧	扯秧	拔秧	拔秧
拾粪	捡粪	捡屎	捡粪	捡粪
织席子	打席子	打席子	织席子	编席仂
（小）栗子	毛栗	毛栗子	毛栗子	毛栗仂
雁	雁鹅	雁鹅	雁	雁鹅口[ua]仂
蝙蝠	洋老鼠	扁老鼠嘚	檐老鼠	檐老鼠
跳蚤	虼蚤	虼蚤	虼蚤	跳蚤
蚊子	蚊虫	蚊仂	蚊虫	蚊虫

续表

普通话	河南话	南昌话	鄱阳话	乐平话
臭虫	壁虱	臭虫	壁虱	臭虫
蝌蚪	蚵蟆蚪子	蛤蟆□[ma]仂	虾蟆蚪子	蛤蟆童仂
厅堂	堂屋	堂屋仂	厅下	堂前
司机	机司	司机	机司	开车个
口吃	结巴子	结巴嘚	结巴子	结舌仂
邻居	隔壁邻舍	邻舍	隔壁个	隔壁邻舍
私生子	私伢子	私伢嘚	私伢子	野种
光膀子	打赤膊	赤膊仂	打赤包	打赤膊
药丸	圆子	圆子	药圆子	药圆子
去毒	败毒	解毒	解毒	败毒
棉背心	背褡子	褡嘚	背褡子	背褡仂
沉淀物	脚子	脚子	脚脚子	脚仂
噎住了	哽到了	哽到了	哽得了	哽到哩
拨饭（给人）	减	减	下	减
抓阄	抽阄	抽阄	抽阄	□[ma]筹仂
纸钱	钱纸	钱纸	纸钱	纸
给（他）	把	拿得（渠）	把	把
掉下来	落下来	落	落下来	落
合（不来）	恰（不来）	恰（不来）	恰	恰
多么（好）	几好	几好	几	几
向（他借）	问	问	寻	问
坐着	坐倒	坐到	坐个嘚	坐到
厨房	灶屋	灶屋	灶下	厨下
传染	过人	延	过人	过
手帕	手捏子	手捏嘚	手幅子	手捏子

续表

普通话	河南话	南昌话	鄱阳话	乐平话
毛巾	手巾	手巾	毛巾	洗面巾
夹菜	拈菜	拈菜	拈菜	夹菜
回家	回去	到屋里去	回去	去家
下葬	下字	下字	下埋	埋人

赣方言是从官话里分出来的，其受官话的影响在词汇和语法方面比语音更甚。上表的比较说明，"河南话"和赣北方言在词汇上有较多相同。赣北方言的特征词在"河南话"里也有不少，如"河南话"里的南昌方言特征词（曹廷玉，2001）：崽哩男孩儿、洇墨水等在纸上渗透、猴想得到、磨人折磨人、手捏子手帕、淘汤用汤泡饭、装憨装糊涂、秧种、野物野兽、走人家走亲戚、划水游泳、邦硬硬邦邦、莫不要，等等。

三、"河南话"与赣北方言语法比较

赣北方言跟"河南话"相比，有一些语法特征相同，主要有：

1. 用在动词后相当于普通话"着"的持续体标记"倒"。例如（徐阳春，1999）：

（你）坐倒！（[你]坐着！）// 按倒莫放手。（按着别松手。）

2. 进行体的标记"在"。例如（徐阳春，1999）：

外头在打锣呃。（外面在打锣呃。）

3. 助词"看"作为尝试体的标记。例如（徐阳春，1999）：

我到小李许里去问问看。（我到小李那里去问问试试。）

4. 附在先行句句尾表达先行貌的"着"。例如（陈偲羽，2020）：

人都累死了，先坐下着。（人都累死了，先坐一下再说。）

5. 结构助词"得"作结果补语和可能补语。

（1）作结果补语。例如（徐阳春，1998）：做得成。// 打得赢渠。[①]（打得赢他。）

（2）作可能补语。例如（曹志耘，2008c：图070—071）："吃得""吃不得"。

[①] 又见胡松柏等（2009：504）。

6. 双宾语句的指人宾语和指物宾语位置可以调换。例如（胡松柏等，2009：496）：

阿把你一本书。（我给你一本书。）// 阿把本书你。（我给本书你。）

7. 是非问的语气词可以用"不嘞"（乐平），相当于"河南话"的"不啦"。例如（胡松柏等，2009：500）：

你去不嘞？（你去吗？）// 还有饭不嘞？（还有饭吗？）

第四节 "河南话"与相关方言的综合比较

前面对"河南话"与信阳地区方言、鄂东一带方言、赣北方言分别进行了比较。本节从语音、词汇、语法三个方面对"河南话"与这些方言进行综合比较，进一步考察"河南话"跟这些方言之间的关系。信阳地区方言以罗山、光山方言为比较对象，鄂东一带方言以武汉、英山、孝感方言为代表，赣北方言以南昌、鄱阳方言为代表。"河南话"以"溧罗""溧光"为代表。

一、语音比较

1. "河南话"无入声、去声不分阴阳、古全浊入声归阳平，跟罗山、光山方言相同，跟武汉方言相同，跟鄂东方言不同，跟赣北方言不同。

2. "河南话"全浊塞音、塞擦音声母字平声送气、仄声不送气，跟罗山、光山方言相同，跟鄂东一带方言相同，跟赣北方言不同。

3. 罗山籍老派"河南话"ts、tʂ不分，跟罗山方言相同，跟武汉方言相同，跟南昌、鄱阳方言相同。少数光山籍老派"河南话"区分ts、tʂ，跟光山方言相同，跟英山、孝感方言相同。

4. "河南话"古泥来母洪混细分，跟罗山、光山方言相同，跟鄂东一带方言不同，跟南昌方言相同，跟鄱阳方言不同。

5. "河南话"f、x相混，跟罗山、光山方言相同，跟鄂东一带方言（麻城、红安等除外）不同，跟南昌方言相同，跟鄱阳方言不同。

6."河南话"曾梗摄字读 n 韵尾、与深臻摄相混，跟罗山、光山方言相同，跟鄂东一带方言相同，跟赣北方言相同。

7."河南话""书虚、篆倦"两对字分别同音，跟罗山、光山方言相同，跟鄂东方言相同，跟武汉方言不同，跟南昌、鄱阳方言不同。

从语音上看，"河南话"跟罗山、光山方言基本一致，光山籍老派"河南话"跟光山方言基本相同。罗山籍老派"河南话"跟武汉方言接近，光山籍老派"河南话"跟鄂东方言比较接近。老派"河南话"跟赣北方言差异明显，部分语音特征相同。

二、词语比较

20 世纪中叶起，一些学者尝试用定量统计的方法探讨汉语方言之间的亲疏关系，取得了许多成果。本节首先根据斯瓦迪士（M.Swadesh）100 核心词表进行比较（见表 58），然后选取"河南话"的特色词语进行比较（见表 59）。"河南话"（溧阳罗山籍老派）、罗山方言、光山方言的词语为笔者实地调查获得。武汉、南昌的方言材料来自北京大学中国语言文学系语言学教研室（1995），打"*"的材料来自朱建颂（1995）、熊正辉（1995），打"#"的武汉话词语来自发音人王艳。英山方言材料来自陈淑梅（1989），打"*"的词语来自鄂东方言词汇编写组（1989），打"#"的词语来自发音人徐向荣（英山县温泉镇人，自认为是东河口音）。孝感方言材料来自王求是（2014）。鄱阳方言材料来自胡松柏等（2009），打"*"的词语来自刘纶鑫（1999）①，打"#"的词语来自江西省波阳县志编纂委员会（1989）②，打"※"的鄱阳话词语来自发音人姚志华。方言词语用字，原则采用"字从原作"。相关资料未收录的词语，表中留空。

---

① 该书中的"波阳"即今"鄱阳"，表中直接列为"鄱阳"。
② 部分词语从相关语料中提取。

（一）100核心词的比较

表58 "河南话"和源关系方言100核心词比较

词目	河南话	罗山、光山方言		鄂东一带方言			赣北方言	
		罗山	光山	武汉	英山	孝感	南昌	鄱阳
人	人	人	人	人*	人	人	人*	人#
男人	男咧	男的	男的	男的，男将	男的#	男的，男将	男人，男个	男子
女人	女咧	女的	女的	女的，女将，姑娘婆婆	女的#	女的，女将	女人，女个	女子
皮	皮	皮	皮	皮*	皮	皮	皮*	皮#
肉	肉	肉	肉	肉*	肉	肉	肉*	肉#
血	血	血	血	血*	血	血	血*	血#
骨头	骨头	骨头	骨头	骨头*	骨头*	骨头	骨头*	骨头#
脂肪	油	油	油肪	油*	油	油	油*	油※
头发	头毛	头毛	头毛	头发	头毛,苒儿	头发	头发	头发
头	头	头	头	头，脑壳	头	头，脑壳	头	头，脑壳
耳朵	耳朵	耳朵	耳朵	耳冻	耳朵	耳朵	耳朵	耳朵
眼睛	眼睛	眼睛	眼睛	眼睛	眼睛	眼睛	眼睛	眼珠
鼻子	鼻子	鼻子	鼻子	鼻子*	鼻子*	鼻子	鼻子*	鼻子
嘴	嘴，嘴巴	嘴	嘴	嘴（巴[子]）	嘴，嘴巴	嘴，嘴巴	嘴巴	嘴巴子
牙齿	牙	牙	牙	牙齿，才调子	牙	牙齿，财条子	牙齿	牙齿
舌头	舌条，赚头	舌头	舌头，赚头	舌头，赚头	舌头	赚头	舌头	舌头
手	手	手	手	手	手	手	手	手
脚	脚	脚	脚	脚	脚	脚	脚	脚
膝盖	腿包子	腿包子	腿包子	磕膝头，拱子	森骨老儿#	克膝包儿，克膝头	膝头（盖子），磕膝（头子）	□[kʰɛ]膝头子

续表

词目	河南话	罗山、光山方言		鄂东一带方言			赣北方言	
		罗山	光山	武汉	英山	孝感	南昌	鄱阳
脖子	颈婆子	颈脖子	颈婆子	颈子,颈框	颈#	颈丝骨	颈	颈
肚子	肚子	肚子	肚子	肚子	肚子	肚子	肚子	肚,肚子
乳房	妈儿,妈儿妈儿	妈儿,妈儿	妈儿,妈儿	妈(妈)	妈	妈儿,妈儿	奶	奶
心	心	心	心	心*	心	心	心*	心#
肝	肝,肝花	肝花	肝	肝*	肝	肝儿	肝*	肝#
鱼	鱼	鱼	鱼	鱼*	鱼	鱼	鱼*	鱼#
鸟	雀子	雀子	雀子	雀子*	雀儿	雀子	雀子*	鸟鸟子
狗	狗子,来富	狗子	狗子	狗子,来富	狗公,狗婆	狗子,来富	狗	犍狗,犟狗
虱子	虱子	虱子	虱子	虱子	虱子	虱子	虱	虱子
蛋	蛋	蛋	蛋	蛋	蛋	蛋	蛋	蛋#
角	角	角	角	角	角	角	角	角#
尾巴	尾巴	尾巴儿	尾巴儿	尾巴	尾巴	尾巴	尾巴	尾巴※
羽毛	毛	毛	毛	毛#	毛	毛	毛*	毛#
爪子	爪子	爪子	爪子	爪子	爪子*	爪子	爪子	脚爪*
树	树	树	树	树*	树	树	树*	树
种子	种	种	种	种#,子瓜类*	种*	种子	种*	种子#
叶子	叶子	叶子	叶子	叶子	叶儿	叶儿	叶子	叶※
根	根,蔸子	根,蔸子	根,蔸子	根(子),蔸子	蔸子	蔸子	根,蔸	根#
太阳	太阳,日头老	太阳,日头	日头	太阳,日头	太阳	太阳,日头	日头,太阳	日头
月亮	月亮	月亮	月亮	月亮	月亮	月亮,月亮婆婆	月光	月光
星星	星	星	星星,星	星	星星#	星斗	星子	星星
水	水	水	水	水*	水	水	水*	水

续表

词目	河南话	罗山、光山方言		鄂东一带方言			赣北方言	
		罗山	光山	武汉	英山	孝感	南昌	鄱阳
雨	雨	雨	雨	雨	雨	雨	雨	雨
石头	石头	石头	石头	石头	石头	石头	石头	□[tɕyn]头
沙	沙（子）	沙	沙	沙	沙	沙	沙（子）	沙#
地	地	地	地	田	地	地	田水田*	地
路	路	路	路	路	路	路	路	路#
山	山	山	山	山*	山	山	山*	山
云	云彩	云彩	云	云头,云	云（儿）	云头,云朵	云	云#
烟	烟	烟	烟	烟*	烟	烟	烟*	烟#
火	火	火	火	火*	火	火	火*	火#
灰	灰	灰,灰尘	灰	灰	灰	灰	灰	灰
晚上	晚儿黑	晚儿黑儿	晚儿黑儿	晚上,黑了	下昼夜	晚寻,黑了,夜里	夜晚	夜巒
名字	名字	名字	名字					名字※
吃	吃	吃	吃	吃	吃	吃	喫	喫#
喝	喝	喝	喝	喝,呵,汩	喝	喝	喫	喝
咬	咬	咬	咬	咬	咬	咬	咬,齧	啮
看到	瞧到,望倒	瞧到,望到	瞧到,望到	看到#,瞄到#	看倒	望倒	见*	看到※
听见	听到	听到	听到	听到#	听倒	听倒	听到*	听到※
知道	晓得	晓得	晓得	晓得,找得倒	晓得	晓得	晓得	晓得
睡	睡	睡	睡	睡	瞓	睡,困,歇	瞓	瞓
死	死	死	死	死*	死	死	死*	过了
杀	杀	杀	杀	杀	杀	杀	杀	杀
游泳	划水	划水	划水	游水,泅水,玩水	洗冷水澡儿	打鼓泅,玩水	玩水	戏水*
走	走	走	走	走	走	走	走	走

续表

词目	河南话	罗山、光山方言		鄂东一带方言			赣北方言	
		罗山	光山	武汉	英山	孝感	南昌	鄱阳
来	来	来	来	过来#	来	来	来	来
躺	睡	睡	睡	歪#，睡#	睏	睏	睏	睏*
坐	坐	坐	坐	坐	坐	坐	坐	坐到
站	站	站	站	站	企	站	企，站	徛
拿	拿	拿	拿	拿	拿	拿	□[la]，[lak]	拿
给	把	把	把	把(得)，给	把	把	把	把#
说	说	说	说	说	说	说	话	话*
飞	飞	飞	飞	飞*	飞	飞	飞*	飞#
烧	烧	烧	烧	烧*	烧	烧	烧*	烧
多	多	多	多	多	多	多	多	多#
少	少	少	少	少	少	少	少	少#
大	大	大	大	大	大	大	大	大#
小	小	小	小	小	细，小	小	细，小	细
长	长	长	长	长	长	长	长，躟	猛
红	红	红	红	红*	红	红	红*	红#
绿	绿	绿	绿	绿*	绿	绿	绿*	绿#
黄	黄	黄	黄	黄*	黄	黄	黄*	黄*
白	白	白	白	白*	白	白	白*	白#
黑	黑	黑	黑	黑，乌，青	黑	黑	黑，乌，青	乌
热	热	热	热	热	热	热	热	热
冷	冷	冷	冷	冷，冷清	冷	冷	冷	冷
满	满	满	满	满	满	满	满	满#
新	新	新	新	新*	新	新	新*	新
好	好	好	好	好，傲	好	好	好	好#
圆	圆，团	圆，团	圆，团	圆，团	圆	圆，团	圆	圆#

续表

词目	河南话	罗山、光山方言		鄂东一带方言			赣北方言	
		罗山	光山	武汉	英山	孝感	南昌	鄱阳
干	干	干	干	干（燥）	干，干巴	干	干	干
一	一	一	一	一	一	一	一	一
二	二	二	二	二*	二	二	二*	二
我	我	我	我	我	我	我	我	我
你	你	你	你	你，你家	你	你	你	你
这	列	列	列	这	这	乜1	□[kɔ]	个
那	那	那	那	那	那[n]	那	许[hɛ]	□[n.i]
谁	谁个，哪个	谁个	谁个	哪个，啥个	哪个	哪个，啥个	哪个	何个
什么	么事	么事	么事	么事	么事	么事	什哩	什么
不	不	不	不	不	不	不	不	不
全	哈	哈	哈	都，哈	哈	哈	都	都

经过比较可见，"河南话"和所比较方言100核心词的一致性程度非常高。具体讲，罗山、光山方言词汇跟"河南话"几乎一致，鄂东一带方言词汇跟"河南话"基本相同，赣北方言词汇跟"河南话"部分相同。它们之间的词汇关系，大致可通过三个层次进行概括：

（1）"河南话"＝罗山、光山方言。

（2）"河南话"＝罗山、光山方言＞鄂东一带方言。

（3）"河南话"＝罗山、光山方言＞鄂东一带方言＞赣北方言。

说明："="相当于相同，">"左边的一致性程度比右边的高（跟"河南话"相比）。

（二）特色词语比较

方言词有广义和狭义之分。狭义的方言词指方言跟普通话不同的词。本节比较的对象主要是官话，赣方言跟官话的距离也不远，故上面比较的各方言100核心词的一致性程度较高。下面选取"河南话"的特色词语跟相关方言比较（表59），根据一定数量和一致性程度来考察"河南话"与相关方言的远近关系。

表 59 "河南话"与相关方言特色词语比较

词目	河南话	罗山、光山方言		武汉	鄂东一带方言		赣北方言	
		罗山	光山		英山	孝感	南昌	鄱阳
银河	天河	天河	天河	天河	天河	天河	天河	天河*
雾	雾帐子	雾罩子	雾帐子	雾	雾	雾,雾罩子	雾	雾
冰	命命	命命	命命	凌(冰)	凌冰(儿)	凌冰	冰(棱)	冰*
冰雹	冷子老,冰雹	冷子	冷子,冰雹	冰雹,雪砖	雹子	雪砣子	雹子	雹子
天气	天	天	天	天道,天气	天色*,天头*	天道	天气,天色	天气*
池塘	塘	塘	塘,水塘	塘,池子,涮子	水塘#	水塘	塘	塘*
时候什么~	时夫老,昝	时候,昝	时候,昝儿	时辰,时候	时候	攒,时候	时间,时候,场中	时*
现在	正昝	现在,正昝	正在	如今	现在#	赠昝	现在,如今	个会
从前	先头,往昝	先头,往昝	先头,往昝,过去	早先,先前	往日*	往日	早先(子),早以	原来*
刚才	将才	刚,刚才	刚,将才	才将,将才,才(一)路	一都	才将	将脚	刚肯*
去年	旧年,去年老	去年	去年,旧年	去年	去年	去年	旧年	旧年
大前年	向前年	向前年	向前年	大前年,向前年	向前年	大前年	先前年	现前年*

续表

词目	河南话	罗山、光山方言		武汉	鄂东一带方言		赣北方言	
		罗山	光山		英山	孝感	南昌	鄱阳
今天	今朝，今儿	真朝，今朝	今儿	今日，今天，基日老	今都，今朝儿	今儿，今啫儿	今日	今朝
明天	明朝，明儿	明儿，明朝	明儿，明天文	明日，明天，麦日	明都，明朝儿	门啫，门啫儿	明日	明朝
后天	后日	后天，后日	后日	后天，后日	后日	后日	后日	后朝
大后天	外后日	外后日	外后日，大后日	大后天，大后日，外后日	老后日，万后日	大后日	万后日	晏后朝
昨日	昨日	昨日	昨日	昨天，昨日	昨日	昨儿	昨日	昨日
前天	前日	前日	前日	前天，前日	前日	前儿	前日	前日
大前天	向前日	向前日	向前日	大前天，向前日	向前日	大前天	先前日	先前日
白天	白日	白日	白日	白天（里），日里	菁白日	日里	日上	日里
早晨	早兴，早起，大清早	早兴	早晨	早晨	清早	一早	清早，早上	清早
上午	响午	响午	响午，上午	上半天	晏昼	中时	上昼	上昼
中午	（正）响午	正中午	大响午	中时，中午	当日中	正中时	当昼	昼时
下午	晚儿上	晚儿上	晚儿上	下半天	下昼		下昼	下昼

续表

词目	河南话	罗山, 光山方言		鄂东一带方言			赣北方言	
		罗山	光山	武汉	英山	孝感	南昌	鄱阳
傍晚	要黑，断黑，打麻子影儿	打麻子影儿	煞黑儿，上夜影儿了	煞黑，挨黑	下昼黑儿，煞黑儿	晚饭口 [ŋan] 头，擦黑	断黑边子	夜边子
中秋	八月半儿，八月十五	八月中秋	八月十五, 八月中秋攵	中秋，八月节气	八月中秋	中秋，八月中秋	中秋	八月节
除夕	(大年)三十儿	三十儿	大年三十儿	三十(里)	过年	三十夜(里)，除夕	三十夜晚	三十夜晚
垃圾	勒塞	垃圾	垃圾	渣滓	垃圾#	垃圾	口 [ŋot] 屑	屑屑子
气味	气色	气味儿	味儿	气味，气色	味儿	气色	气味	气息
狐狸	毛狗	毛狗	毛狗	狐狸	毛狗	毛狗	狐狸	
蝙蝠	檐老鼠	檐老鼠	檐老鼠	檐老鼠，檐鼠佬	檐点鼠鼠儿	檐老鼠，檐鼠佬儿	檐老鼠	檐老鼠
公牛	牯子	牯子	水牯，黄犍儿	公牛，牯牛	黄牯	牯牛，牯子(子)，黄牯，水牯	牛牯	水牯，黄牯
母牛	骟子	骟子	水骟儿，黄骟儿	母牛，骟牛	黄犁	沙牛，沙子，黄沙，水沙	牛婆	水犁，黄犁
公猪	公猪，猪郎配种	郎猪(子)	郎猪(子)	公猪，牙猪	猪牯	牙猪，郎猪，脚猪配种	猪牯	公猪，犍猪，郎猪配种
公狗	公狗，牙狗	牙狗，公狗	牙狗	公狗，牙狗	狗公	牙狗	狗公	犍狗

续表

词目	河南话	罗山,光山方言		鄂东一带方言			赣北方言	
		罗山	光山	武汉	英山	孝感	南昌	鄱阳
母狗	母狗,狗婆,草狗	草狗,母狗	母狗	母狗	狗婆	草狗	狗婆	䞍狗
猫	猫子	猫子	猫子	猫子,财喜	猫儿*小猫	财喜儿,猫子	猫（儿）	猫
乌鸦	老鸹	老鸹	老鸹	老哇	老哇	老哇,鸦雀	老鸦	老哇
喜鹊	鸦鹊	鸦鹊	鸦鹊	鸦鹊,喜鹊	鸦鹊	喜鹊	喜鹊	喜雀*
公鸡	公鸡,鸡公	公鸡	鸡公	鸡公,公鸡	鸡公	鸡公,騷鸡公	鸡公,样鸡	鸡公
母鸡	母鸡,(老)鸡婆	母鸡,(老)鸡婆	鸡婆	母鸡,鸡婆	鸡婆	鸡母	鸡婆	鸡嫲
青蛙	蛳蚂,田鸡	蛳蚂儿	蛳蚂儿	蛤蟆,田鸡	蛤蟆	蛳蚂,绿蛳蚂,蹦蹦儿	蛤蟆,口[k'iet]蟆（子）,田鸡	蛤蟆*
癞蛤蟆	癞木摘子	癞头宝子	老癞,癞头宝儿	癞蛤蟆	癞企浦	癞蛳包,癞蛳蟆	癞蛳蟆	癞蛳蛤蟆*
蝌蚪	蛳蚂蚪子	蛳蚂蚪子	蛳蚂蚪儿	蛤蟆连	蛤蟆头儿	蛳蚂头	蛤蟆仁子	蛤蟆蚪
鳖	团鱼,甲鱼,鳖	鳖	老鳖,团鱼	脚鱼,鳖	团鱼	团鱼,团鱼王八	脚鱼	团鱼
蚯蚓	臭蚕子	臭蚕子	臭蚕子	蚰蟮	蚰蟮儿	蚰鳝	寒蟥（子）	寒蟥子*
蜜蜂	蜂子	蜂子	蜂子	蜂子	蜂子	蜂子	蜜蜂	蜂子*

续表

词目	河南话	罗山、光山方言		鄂东一带方言			赣北方言	
		罗山	光山	武汉	英山	孝感	南昌	鄱阳
蜻蜓	叮叮	叮叮	杠几子老、蜓蜓	叮叮	蜻蜓儿	叮叮	蜻蜓、叮叮	鹏鹏子
蝉	唧咛子	唧咛子	唧咛子	知口[ia]、嗟哩	蝉鸟儿	秋铃儿	借落子	泥呀西西
萤火虫	亮毛虫儿	亮毛虫儿	美哥儿、亮毛哥儿	亮火虫	亮火虫儿	亮火虫、亮娃儿虫	夜火虫	夜火虫
蚊子	蚊虫	蚊虫	蚊虫	蚊子	蚊子	蚊子	蚊虫	蚊虫
跳蚤	虼蚤	虼蚤	虼蚤	虼蚤	虼蚤	虼蚤	虼蚤	虼蚤
蜘蛛	蛛蛛	蜘蛛	蜘蛛子	蜘蛛	结蛛儿	擦爬子	折蛛子	口[xou]丝
稻子	稻子	稻子	稻谷	合	合#	早合、迟合、晚合	禾	禾
稻合	稻子	苞合	苞合	合	合	合	合	合
玉米	苞合	板栗	栗子	包合	玉榴	苞合、玉米	玉米	玉米
栗子	板栗	核儿	子、核儿	板栗、小毛栗	栗	野板栗、毛栗	板栗、毛栗子	板栗*
核儿	子、骨头	核儿	子、核儿	核	核#	核	核	子
午饭	响午饭	中午饭	响午饭	中饭	中饭	过中吃中饭	昼饭、中饭	昼饭
晚饭	黑饭、夜饭	黑饭、夜饭	黑饭老、夜饭	晚饭	夜饭	夜饭	夜饭	夜饭

续表

词目	河南话	罗山, 光山方言		鄂东一带方言			赣北方言	
		罗山	光山	武汉	英山	孝感	南昌	鄱阳
猪舌头	猪舌条, 猪赚头	猪赚头	猪舌条, 猪赚头	猪舌头, 猪赚头	猪赚头	赚头, 口条	招财	赚头*
香烟	烟	烟	烟	(香)烟	烟#	烟	香烟	烟*
上衣	褂子	长褂子	褂子	褂子	褂儿, 短褂儿	褂子	褂子	褂子
毛衣	线衣, 头绳衫	毛衣, 毛线衣	毛衣, 线衣	绒(线)褂子, 毛线褂子	线褂儿, 线衣, 毛线衣#	线褂子	头绳褂子, 毛线衣	头绳袄子*
短裤贴身穿的	短裤头, 短裤儿	小裤头, 三角裤	裤头子	半头裤头, 短裤头	裤头儿	半头裤, 裤衩	(短)裤头子	短裤*
围嘴儿	围馋子	围馋子	围馋子	涎兜	床颈儿	涎兜儿	围兜子, 涎围子	兜兜子
口袋衣服~	荷泡儿	荷回儿	荷回儿	荷包, 口袋	荷包*	荷包儿	荷包	袋袋子
家	屋	屋里	屋	屋里, 家	屋胎盘	屋	屋里	屋里
房子	房子, 屋	房子	房子	屋, 房子	屋	屋	房子, 屋	房子#
窗子	窗笼子, 窗子	窗子	窗子	窗子, 窗户	窗子儿	窗儿	窗子	窗子
厨房	灶头间, 厨房	厨屋	厨房	厨房	灶下	灶房, 灶屋, 伙房	灶屋	灶下
厕所	茅厕老, 茅缸, 茅窖, 粪缸	粪缸, 茅窖	茅缸, 粪窖, 粪如	茅厕, 厕所	茅厕	厕所, 茅厕, 窖屋, 窖(里)	茅厕	茅司

续表

词目	河南话	罗山、光山方言			鄂东一带方言			赣北方言	
		罗山	光山	武汉	英山	孝感	南昌	鄱阳
被子	被服	被服	被服,被子	被窝,铺盖	被卧	被窝	被窝	被口[fu]
肥皂	洋碱	洋碱	洋碱	肥皂	肥皂#	肥皂	肥皂,洋碱	肥皂
毛巾洗脸用的	(洗脸)手巾	手巾	手巾	(洗脸)袱子,毛巾袱子	洗脸袱儿	洗脸袱子	手巾	手巾
手绢	手捏子	手绢儿	手卷儿	(手)袱子,小手巾	手袱儿	手袱子	手捏子	手幅子
扫帚	笤帚	笤帚	笤帚	笤帚	扫帚	笤帚	□[ts'a]帚	笤帚
水泥	洋泥老,水泥	水泥	水泥,洋灰	洋灰,水泥,水门汀	洋灰	洋灰,灰	水泥,洋泥	水泥*
信封	信壳子	信封子	信壳子	信封,信壳子,信筒子	信封	信壳子	信封(子),信壳子,信套子	信封子
自行车	脚踏车,自行车	自行车	自行车	脚踏车,线车	自行车,脚踏车#	自行车,线车旧称	脚踏车	脚踏车
轮子	滚镞子	滚镞子	滚镞子	滚砣,滚子	轮子#	滚子	砣,轮子	轴辘※
胡同	巷巷子,小口[lauu]□[lauu]	奎儿	小巷子,小奎儿	巷子,里份	弄儿	弄子	巷子	弄
鸡巴	鸡巴,卵,屌,紧子	鸡巴,屌	鸡巴,屌	鸡巴,卵,鸭蒂,雀雀	鸡儿,□[lo34]	鸡巴,卵子,裸,屌,毬	卵,卵鸡(子)	卵

续表

词目	河南话	罗山、光山方言		鄂东一带方言			赣北方言	
		罗山	光山	武汉	英山	孝感	南昌	鄱阳
胳膊肘	手搭拐	手搭拐弯儿	手搭拐儿	倒拐、拐子	倒肘拐儿	倒拐、拐子	倒争	手梗子胳膊
手指	手头	手头	手指头	指甲	指丫头儿	指甲头儿	职头（子）、手职头	手指头
指甲	手匚、脚匚	手捧	手匚儿、脚匚儿	指甲壳、指甲蓬	指丫壳儿	指甲壳儿	职甲（[蓬]子）	指蓬子
鼻涕	鼻子	鼻子	鼻子	鼻涕、鼻子	鼻子	鼻子	鼻涕	鼻涕
口水	馋	口水	馋、口水	涎、涎水	馋#	涎*	涎	涎
老太婆	老妈子	老妈子	老妈子	（老）太婆、（老）婆婆	女老子#	婆婆、婆儿	老婆婆	老妈头子
小孩儿	小伢儿	小孩儿、小伢	小伢儿	（小）伢	细伢儿	伢、小伢	细人子、细伢儿子	细口[ŋɔn]子
男孩子	小男伢儿、崽啷	男伢儿、崽啷	小男伢儿	男伢、儿子伢	男伢儿*	男伢、儿子伢	崽哩子	鬼儿
女孩子	小女子、小女伢儿	女子、姑娘	小女伢儿	女伢、姑娘伢	女伢儿*	女伢、姑娘、丫头	女崽子	口口[ŋyn][ŋyn]子
新郎	新郎倌儿	新郎倌儿	新郎倌儿	新郎倌、新姑爷	新郎倌	新姑爷、新客	新郎（倌）	新郎倌
新娘	新娘子	新娘子	新娘子	新姑娘	新大姐儿	新姑娘	新娘子	新娘子

续表

词目	河南话	罗山、光山方言		鄂东一带方言			赣北方言	
		罗山	光山	武汉	英山	孝感	南昌	鄱阳
怀孕	有丁、怀(小)伢儿	怀小伢儿	怀小伢儿	怀身的、大肚子	有喜、害仔儿、有身孕	有喜、大肚子	驮肚个	宽肚妈妈孕妇
双胞胎	双胞子	双胞子	双胞子	双生、双	双生	双儿、一对双儿	双生子	双生子*
乞丐	要饭呗、叫花子	要的、叫花子	要饭的、叫花子	告化子、化子、讨饭的	讨米的	告花子	告化子、讨饭个	讨饭个
祖父	爷	爷	爷	爹爹、爷爷	爹	爹爹	爷爷、公公	爹爹
祖母	奶	奶	奶	婆婆、奶奶、大	奶	婆婆	奶奶、婆婆	婆婆
父亲	达儿	爸、达儿	爸、达儿	爸爸、爹、伯伯	达、父、爷	爸爸、伯伯老、老头背称	爸爸、爷	爹爹面、爷背
母亲	妈	妈	妈	姆妈、妈妈	牙、一	妈妈、姆妈、老娘背称	娘、姆妈	姆妈面、老子/老娘背
伯伯	老爹	老爹	老爹	伯爷、伯伯	大父	大伯、二伯	伯爷	伯伯
伯母	老妈	老妈	老妈	女伯、伯妈	大姨、大姑#	伯妈、大妈	母娘、伯娘	□□ [iɛ]
叔父	小老	小老	小老	叔叔、小爹	爷、细佬	叔叔	叔	□□ [uɛ]
婶母	小娘	小娘	小娘	婶娘、娘、娘娘	三(四)姨、三(四)姑#	婶婶	婶娘、婶婶	娘呐
外祖父	姥爷	姥爷	姥爷	家公爹爹	家爹	家家爹爹	阿公	外公

续表

词目	河南话	罗山、光山方言		鄂东一带方言			赣北方言	
		罗山	光山	武汉	黄山	孝感	南昌	鄱阳
外祖母	姥娘	姥娘	姥娘	家家	家奶	家家,婆婆	阿婆	外婆
丈夫	男人,屋里	男人,屋里	男人,屋里	男人,男的,男将	(我/她)的#	男人,男的,男将,老板儿,当家的	老公,男客	老公,外头人
妻子	女人,屋里	女人,屋里	女人,屋里	女的,女将,堂客	屋里头的	堂客,婆娘,媳妇儿,伢的妈,女人,女的	老婆,女客	老婆,里头人
哥哥	哥	哥	哥	哥哥	哥儿#	哥	兄,哥哥	哥哥
嫂子	嫂	嫂	嫂	嫂子	嫂#	嫂子	嫂嫂,嫂子	嫂嫂
弟弟	小□[cio]	小□[cio]	小弟,小□[cio]	弟弟,兄弟	弟#	兄弟	老弟	弟郎
妹妹	小妹,妹妹	小妹儿	小妹儿	妹妹	老妹	妹儿	妹子	妹子
女儿	女子,姑娘,丫头	女子,姑娘	女子	姑娘,丫头	女儿#	女儿,姑娘,丫头	女	女儿子
父母	娘老子	娘老子	娘老子	娘老子,两老	(你)娘 (你)大#	娘老子	爷娘	娘老子
兄弟	弟兄(伙里)	弟兄(伙里)	弟兄(伙[cio])	弟兄,兄弟	弟兄(伙的)	兄弟(和里)	兄弟	兄弟

续表

词目	河南话	罗山、光山方言		鄂东一带方言			赣北方言	
		罗山	光山	武汉	英山	孝感	南昌	鄱阳
儿女	子女，伢儿	子女	子女	儿女，儿子姑娘，伢们，伢	伢儿#	儿子姑娘，伢	崽女	细伢子*
夫妻	夫妻（伙里）	夫妻（伙里）	夫妻	夫妻（伙里）	婆儿（伙的）	夫妻（和里）	两妈老子，两公婆	老婆老公
邻居	隔壁邻舍	隔墙儿的	隔墙儿的	街坊	隔壁的#	邻舍	邻舍	邻舍
客人	客	客	客	客，客人	客	客边，客人	客，人客	客人
前面	前头	前头	前头	前头，前边	前头	头里，头间	前头	前头
后面	后头	后头	后头	后头，后边	后的	后边儿	后头	后头
里边	里头，篓里	篓里	篓里	里头，里边，肚里	篓里，汉沿，里沿	篓里，里头	里头，肚里	里头
外边	外头	外头	外头	外头，外边	外头	外头	外头	外头
上面	高头	高头	高头	高头，上头，上边	高上，上头	高头	上头，上底	上头
下面	底下	底下	底下	底下，下头，下边	底下，下头	铧下，脚下	下头，底下，下底	下头
旁边	边沿儿	边沿儿	边沿儿	旁边，旁不间，边下，侧边	边下	边下，边沿儿	旁边，侧边，边上	旁边

续表

词目	河南话	罗山、光山方言		鄂东一带方言			赣北方言	
		罗山	光山	武汉	英山	孝感	南昌	鄱阳
地方	场子,场儿,坡儿	场儿,坡儿	场儿,场子,坡儿	落地,位子	场儿	位子,场儿,地佫	落地	地方
下雨	落雨	下雨	落雨,下雨	下雨,落雨	落雨	落雨	落雨	落雨
打闪	扯霍	扯霍	扯霍	扯霍	掣霍	扯霍,打闪	打霍闪	扯忽闪
下霜	打霜	打霜	打霜	打霜,下霜	打霜	下霜,起霜	打霜	打霜
结冰	上冻	上冻	上冻	下凌,结凌冰	下凌	结凌,下凌	冻凌,结凌	冰□[tən]*
化冰	化凌	化凌	化凌	醒凌,化凌(冰)	化凌	化凌	烊冰	冰烊了
吸	嘬	嘬	嘬,吸	吸,呵,嘬	嘬#	嘬,□[cio]	吸,□[tɤyt]	欸
折~断	□[p'ie],撇	□[p'ie],撇	□[p'ie]	□[p'ie],□[mie]	□[mie34]	□[mie],□[p'ie]	灭,□[mie]	撇
扔	擎	擎	擎	久,揪	揪	揪,久	揂,撅	
扔投掷	□[tei],甩	甩	□[tei],甩	丢,掟	丢#	玉,甩	抛,□[tian]	丢*
蹲	跍	跍	跍	跍	跍	跕	跍,跕	蹲,跍
吸烟	吃烟	吃烟	吃烟	吃烟	吃烟	吃烟,喇烟	喫烟	吃烟
晾	眼	晒,眼	晒,眼	眼	眼#	浪	眼	眼*

续表

词目	河南话	罗山、光山方言		鄂东一带方言			赣北方言	
		罗山	光山	武汉	英山	孝感	南昌	鄱阳
掰	□[p'ie], 掖	□[p'ie]	□[p'ie], 掖	□[p'ie], □[mie]	扳#	□[p'ie], □[mie]	灭, □[mie], □[p'ie]	扳
扔丢弃	拌, 撂	拌	拌	丢, 甩	撩	摆	丢, □[fak]	丢
收拾	渍, 渍渍, 捡捡	渍	收拾, 弄	收拾, 收捡, 捡	捡下	捡, 捡场	(收) 捡	收□[xɔ]
骂	嗷	嗷	嗷	骂, 通	哝	通	骂	骂
接吻	通嘴	通嘴儿	通嘴	(打) 啵, 挨嘴, 斗嘴	打𠻳	斗嘴儿, 挨嘴儿	嗅嘴	嗅嘴
吵架	吵嘴	吵嘴	吵嘴	吵架, 吵嘴, 折骂	讲嘴	讲口, 吵嘴	(骂) 相骂, □[kaŋ]仗	相骂
干活劳动	做活	做生活	干话	做活	做生活	干话儿	做事	做事
给	把	把	给, 把	把 (得), 给	把	把, 把得	把	把*
欠	欠, 该, 差	该, 差	该, 差	该, 差	该	该	该	差
捉迷藏	躲猫	躲猫儿	躲猫儿	躲猫	躲猫儿	躲猫儿, 躲猫猫儿	蒙蒙躲躲	躲谋谋子
睡觉	睡瞌睡	睡瞌睡	睡瞌睡	睡瞌睡	瞌醒	困, 困觉	瞌觉	瞌觉
打瞌睡	钟瞌睡	钟瞌睡	钟瞌睡	参瞌睡, 舂瞌睡	中瞌睡*	钟瞌睡	打瞌瞌, 舂瞌瞌	打舂

续表

词目	河南话	罗山、光山方言		鄂东一带方言			赣北方言	
		罗山	光山	武汉	英山	孝感	南昌	鄱阳
生病	害病，不快活	害病，不快话	害病，不对劲	害病，病了，不好	害病*	害（病），不好	生病，病了，不好过	寒了*
发疟疾	打脾鼾	打脾寒	打脾寒	打脾寒，打摆子	打脾寒	打摆子，打脾寒	打脾寒，打摆子	打脾寒
恶心	作冗，掉唠，疲	掉唠	掉唠	恶心，作哇	作恶心	（心里）嘈，嘈人	作哕	打暴*
泻肚	屙肚子，□[pʰia]稀	发泄，□[pʰia]稀	屙肚子，拉稀	屙肚子，发屙，拉稀	泻肚子	发屙，滑肠子	屙肚子，泻肚（子）	屙肚子
想~念	想，欸	想，欸	欸	想，欸	僾	欸	想，欠	想
没有无	没得	没得	没得	冒得	冇	有得	冒有	没有[miou]
整齐	齐僻	齐斩	齐僻，整齐	齐斩，整齐	齐扎	一斩齐	整齐，平整	齐*
肮脏	脏，赖唧老	赖的	赖的	拉瓜，赖	赖赚，渣巴	赖□[tei]，拉瓜	腌臜	儴□[sɛ]
晚	晏	晏	晏	晏，迟	晏	晏	晏	晏
漂亮	脾裳，好看	脾裳	脾裳	好看，漂亮，体面，伶新	光鲜	□[lɛʰio]	客气，好看	排场
傻	傻，勺	苕	苕	苕，哈，嘎	苕	哈，苕	蚌	混
自己	各自，各人，自个	各人	各人	自家，自己	自家	自家	自简	自家儿

续表

词目	河南话	罗山,光山方言		鄂东一带方言			赣北方言	
		罗山	光山	武汉	英山	孝感	南昌	鄱阳
别人	人家,旁人	人家	人家	人家,别个	别个	别个,人家	人家,别个	别人
这里	列哈儿	列哈儿	列哈儿	这里,啥(些)	这汉儿	乜₁里	□ [kɔ] 里	个里
那里	那哈儿	那哈儿	那哈儿	那里,那块(些)	那汉儿	乜₂里,那儿哈儿	许里	□ [ȵi] 里
这么	列们	这样儿,列	列们	这(么),这样	这样*	乜₁么,乜₁样	□ [kɔŋ],□ [kɔŋ] 样	个么
那么	那们	那样儿,列	那们	那(么),那样	那样*	乜₂么,乜₂样	□ [hen],□ [hen] 样	□ [ȵi] 么
哪里	哪哈儿	哪哈儿	哪哈儿	哪里,啥里,哪块(些),啥	哪汉儿	哪里,哪下儿	哪里	何里
哪会儿	几昝,么昝,么时夫老	几昝	几昝,么昝,么	哪(么)咱,几(么)咱,几时,么时候	么(门)早儿	几趱,几么趱,几时,么时候	什里时间	何会子
怎么	么样儿	么样	咋	么(样),哪样	么(地)	么样	哪(样)	何□
怎样	么样	么样	么样	么样(子),哪样	么地	么样	哪(样)	何□ [ȵin] 个
为什么	为么事	为么事	为么事	为么事,做么事	为么事	做么事,为么事	为什哩,做什哩	何□ [lɔu] 子

续表

词目	河南话	罗山、光山方言		鄂东一带方言			赣北方言	
		罗山	光山	武汉	英山	孝感	南昌	鄱阳
一辆车	一部车子	一个车	一个车子	一乘车子，一部车子	一辆车#	一乘汽车，一辆车	一只车，一部车	一辆车*
刚	将	将	将	将将，刚（刚）	刚才，一到#	将将	将脚，刚刚	刚脚*
马上	马儿	马儿	马上	马上，接身	就	就倒	马上，仰上	马上*
一起	一路	一路	一路	一起，一路，一块	一路*	一路	一起，一下	一下*
特地	特意，特意	特意	特子	特为，迭子	特儿个	迭如	特事，特意	竟为
幸亏	亏倒，得亏	亏倒，得亏	亏倒	幸亏，得亏，得幸	得幸	得管，得亏	幸得，得亏	还好
被	把	把	被，给	把得	被#	把，把得，被	让，等	等
向~前走	任	任	任，朝	任，朝	任*	把，朝倒	望	任*
向~他借东西	问	问	问	跟	问	问	跟	寻*

表59列出"河南话"词语183个,取相关方言的同义词语与之对应比较。经统计,"河南话"跟罗山、光山方言词语一致性的平均占比为85.5%,"河南话"跟鄂东一带方言一致性的平均占比为49.9%,"河南话"跟赣北方言一致性的平均占比为32.8%,详见表60。

表60 "河南话"与相关方言词语一致性的统计[①]

跟"河南话"相比		罗山、光山方言		鄂东一带方言			赣北方言	
		罗山	光山	武汉	英山	孝感	南昌	鄱阳
同形(音)或基本同形(音)	个数	157	156	104	76	94	63	57
	占比	85.8%	85.2%	56.8%	41.5%	51.4%	34.4%	31.1%
	平均占比	85.5%		49.9%			32.8%	
形(音)相近	个数	14	16	22	38	27	37	28
	占比	7.7%	8.7%	12%	20.8%	14.8%	20.2%	15.3%
	平均占比	8.2%		15.9%			17.8%	
形(音)不同	个数	12	11	57	69	61	83	97
	占比	6.6%	6%	31.1%	37.7%	33.3%	45.4%	53%
	平均占比	6.3%		34%			49.2%	
相关资料未收录	个数	0	0	0	0	1	0	1
	占比	0%	0%	0%	0%	0.5%	0%	0.5%

经过词语层面的统计与比较,"河南话"与罗山、光山方言高度接近,鄂东一带方言次之,赣北方言距离稍远但相同词语也不少。

三、语法比较

在进行方言语法比较时,先列出"河南话"的说法,并用括号标注普通话的说法,然后再跟相关方言进行比较。

(一)代词

1.谁个/哪个(谁)。"谁个"跟罗山、光山方言相同,"哪个"跟鄂东一带

[①] 相关方言只要有一种说法跟"河南话"相同或基本相同,即认定该词语的说法跟"河南话"相同或基本相同。下同。

方言、南昌方言相同。鄱阳、乐平方言"谁"用作"何个"（曹志耘，2008c：图016），与"河南话"不同。

2. 么/么事（什么）。跟罗山和光山方言、鄂东一带方言相同。赣北方言未见。

（二）副词

1. 怪/蛮（很）。"怪"跟罗山、光山方言相同，"蛮"跟武汉、孝感、南昌方言相同。鄱阳、乐平方言"真"的用法（曹志耘，2008c：图020）在"河南话"也有使用，如"今朝真热"。

2. 几（多么、很）。用法跟罗山和光山方言、鄂东一带方言、南昌方言相同。

3. 唅（全、都）。"唅"是范围副词，跟罗山和光山方言、鄂东一带方言相同。赣北方言未见"唅"作副词的用法。

4. 莫（别）。用法跟罗山和光山方言、鄂东一带方言、赣北方言相同。

5. 左以（索性）。用法跟罗山和光山方言、鄂东一带方言相同。赣北方言未见。

（三）助词

1. "倒"作为持续体标记。用法跟罗山和光山方言、鄂东一带方言、赣北方言相同。

2. "着"作为先行貌标记。用法跟罗山和光山方言、鄂东一带方言、南昌方言[①]相同，跟鄱阳、乐平方言不同（曹志耘，2008c：图086）。

3. "得"作为可能补语。用法跟罗山和光山方言、鄂东一带方言、赣北方言相同。

（四）词缀"伙里"

"伙里"用作亲属称谓后缀，跟罗山和光山方言、鄂东一带方言相同。赣北方言未见。

（五）单音节动词多级重叠

"河南话"单音节动词可以多级重叠，例如"她说说说说说哭了"。这种用法跟

---

① 南昌方言先行貌标记"着"的用法参见高福生（1990）、谢留文（1998）。

罗山和光山方言、南昌方言①相同。鄂东一带方言未见。

（六）把字句

1. "河南话"里的"把"可以表示"给""被"，即"给—把—被"一分，给予、处置、被动共用同一标记。鄂东一带方言有"给—把—被"一分的用法，如浠水方言（郭攀、夏凤梅，2016：211），陈淑梅（2001）和汪化云（2004：216）也有这方面的分析和举例。鄂东一带方言也有"给—把—被"二分的用法，即"给＝把≠被"（曹志耘，2008c：图097）。

罗山、光山方言的"把"可以表示"给"，表示被动通常用"叫……把……"。赣北方言的"把"也可以表示"给"，但不能表示"被"。少数老派"河南话"用"拿"表示"给"（例如"你拿我"），赣北方言也有这种用法。

2. 处置式"把+O+V+它"，用于祈使、劝说。这种用法跟罗山和光山方言、鄂东一带方言相同。赣北方言未见此用法。

（七）双宾语句

"河南话"双宾句中，指人宾语与指物宾语的位置可以变换，变换后语义不变。例如："把我两块钱。"＝"把两块钱我。"这跟罗山、光山方言相同。赣北方言也有这种用法，例如："阿把你一本书。"＝"阿把本书你。"（胡松柏等，2009：496）鄂东一带方言主要是指物宾语在前、指人宾语在后，例如："把支笔他。"（陈淑梅，2001：127）//"你来一哈，我把本书你。"（赵葵欣，2012：198）

第五节 "河南话"的源流关系

自古以来，汉语方言一直处于发展变化中。这种变化，既有语言自身的演变，也有外部因素导致的变化。语言变化的外部因素里，人口流动带来的语言（方言）

---

① 南昌方言例句："我坐坐坐坐得困着了。"（徐阳春，1999）

接触是重要因素。"河南话"就属于这种情况。汉语方言有共同的来源，其演变的规律和特点总体来看比较明晰。从理论上讲，每一种汉语方言甚至每一处方言，均能找出其"父辈""祖父辈"甚至更早期的来源方言。用"父辈""祖父辈"称呼方言似乎不太科学，因为辈分间隔的时间相对均衡（如20年），方言历时变化对应的时间间隔不可能均衡。本书将方言这种具有"父辈""祖父辈"甚至更早来源的关系统称为方言的源关系。

一、源方言和源关系方言

（一）源方言和流方言

源方言和流方言，是具有来源关系方言之间的一对称说。流方言来自源方言，一般会保留较多的源方言特征。源方言对流方言而言，具有源体或母体属性。本书所论的"河南话"和罗山、光山一带方言，是典型的具有源流关系的方言。"河南话"是罗山、光山一带方言的流方言，罗山、光山一带方言是"河南话"的源方言。一种源方言的流方言可以分布在多处，这种现象方言学上称"同源异境"，如苏南"河南话"（溧阳"河南话"、吴江"河南话"……）、皖南"河南话"、浙北"河南话"、赣北"河南话"基本同源。一种流方言的源方言，有"父辈"的源方言，有"祖父辈"的源方言，有更早的源方言。"河南话"是一种移民方言，其源方言有不同的层次。

（二）源关系方言及其层次

所谓源关系方言，指跟某方言（以下称"目标方言"）有来源关系、具有该方言全部或部分属性或特征的一种或多种方言。源关系方言的层次和阶段变化情况复杂。"任何一种语音的演变在历史的变化中都会呈现出时间上的层级性和发展上的阶段性。一个多层级或多阶段的音变，不同层级或阶段变化的情况会有所不同。"（瞿霭堂，2004）考察目标方言的源关系方言，主要从历时层面抓住方言承续的主线进行追溯。一般来讲，在时间层级上或发展阶段上离目标方言最近的源关系方言，源特征最集中、最明显。

源关系方言一般具有三个特点：第一，跟目标方言之间有来源关系。这种来源关系可以是单层的，也可以是多层的。单层来源关系的形成一般有两种途径：一种是源关系方言和目标方言在自然地理上相接或相邻，目标方言是源关系方言向周边扩散的结果。一种是目标方言通过人口流动方式脱离源方言。多层来源关系既有承续性的（纵向），也有接触性的（横向）。第二，全部或部分拥有目标方言的源方言特征。即目标方言的语音、词汇、语法等特点，能够全部或部分从源关系方言中找到。源关系方言拥有目标方言的源方言特征越多、越显著，两者的源关系越密切。第三，源关系方言具有层次性。源关系方言的层次，在历时层面表现为承续性层次关系，与人类"父亲—祖父—曾祖父"的关系相似；在共时层面表现为接触性层次关系，与人类"父亲—母亲、祖父—祖母、曾祖父—曾祖母"的关系相似。

从历时层面看，源关系方言之间具有承续关系。如果目标方言 X 的源关系方言有 X_1 和 X_{11}，X_{11} 又是 X_1 的源方言，则 $X—X_1—X_{11}$ 构成源关系。X_1 对 X_{11} 有承续关系，X 对 X_1 和 X_{11} 均具有承续关系。如图 2：

$$X_n \cdots\cdots \to X_{11} \to X_1 \to X$$

（源关系方言）（目标方言）

（源　关　系　方　言）（目标方言）

图 2　从历时层面考察源关系方言的层次

从共时层面看，源关系方言层次里也存在接触关系。方言 X_1 是目标方言 X 的源方言。方言 X_1 与方言 Y_1 存在接触关系，即方言 X 由方言 X_1 与方言 Y_1 接触乃至融合①产生，则 X_1 与 X、Y_1 与 X 均构成源关系。如图 3：

$$X_n \cdots\cdots \to X_{11} \to X_1 \to$$
$$\phantom{X_n \cdots\cdots \to X_{11} \to X_1 \to}\searrow$$
$$\phantom{X_n \cdots\cdots \to X_{11} \to X_1}X$$
$$\phantom{X_n \cdots\cdots \to X_{11} \to X_1 \to}\nearrow$$
$$Y_n \cdots\cdots \to Y_{11} \to Y_1 \to$$

（源关系方言）（目标方言）

（源关系方言）（目标方言）

（源　关　系　方　言）（目标方言）

图 3　从共时层面考察源关系方言的层次

---

① X_1 与 Y_1 接触乃至融合的地点，可以是 X 方言所在地，也可以是 X 方言的迁出地。

研究目标方言源关系方言的层次，主要从历时层面考察。移民方言尤是。根据源关系方言跟目标方言的源流关系密切程度，目标方言的源关系方言大致可分为三个层次：直源方言、近源方言、远源方言。直源方言跟目标方言在语音、词汇、语法上基本相同，是目标方言的直接来源方言。近源方言跟目标方言在语音、词汇、语法上大致相同，其跟目标方言的直源方言具有来源关系。远源方言跟目标方言在语音、词汇、语法上部分相同，其跟目标方言的直源方言或近源方言存在一定的承续关系。从理论上讲，所有汉语方言均能找出上述三个基本层次的源关系方言。但汉语方言非常复杂，目标方言和源关系方言并非单纯一对一的承续关系，从源关系方言到目标方言，期间可能还会受到其他方言的影响。因此，源成分和影响成分难以分辨，寻找到这三个层次的源关系方言事实上并不容易。

二、"河南话"的源流关系探索

通过前几节的比较，结合上文提出的源关系方言及其层次理论，笔者认为"河南话"的直源方言是罗山、光山一带方言，近源方言是鄂东一带方言，远源方言是赣北一带方言。具有源流关系的方言，流方言和源方言的共性成分有多有少。共性成分多少是考察和衡量方言源流关系远近的重要条件。[①]"河南话"和罗山、光山方言共性成分最多，且这些成分并非"河南话"和苏南吴语等的接触成分，因此其两者的源流关系最直接紧密。相比之下，"河南话"和鄂东一带方言、赣北一带方言的共性成分逐步递减，鄂东一带方言、赣北一带方言离"河南话"的距离也越来越远。赣北一带也处在方言过渡区，赣北方言受到周边赣语、徽语、吴语、江淮官话等的影响。从比较结果看，"河南话"跟罗山和光山方言的源流关系清晰，跟鄂东一带方言的源流关系比较清晰，跟赣北方言的源流关系还不够清晰。

探讨"河南话"跟赣北方言的关系，绕不开探讨黄孝片和赣语的关系。这方面已有学者关注。郑婷（2014）认为黄孝片留着赣语痕迹，与赣语很相似。余

---

① 在考察过程中，还应考虑方言共性成分中的同源性成分和接触性成分，以便更加准确地判断。

鹏（2018）认为"明代初年饶州府今各县市中，乐平、鄱阳方言与黄孝片、怀岳片在音系上有比较整齐的对应关系"，"黄孝片是赣语怀岳片官话化的结果"。徐建（2021）认为可以将怀岳方言归入黄孝片江淮官话。从语音上看，怀岳片赣语、黄孝片江淮官话及大通片赣语普遍存在 ʯ 类韵（徐建，2019）。此外，信阳地区史志、族谱和碑刻记载的淮河以南信阳人祖上多来自江西（主要是饶州）。民国《光山县志约稿》也有"旧族百无一二，及朱元璋定鼎，然后徙江西之民以实之。今考阇邑人民，大概原籍是江西，其明证也"（晏兆平，1936：40）的记载。这些都是罗山和光山方言、鄂东一带方言与赣北方言具有源流关系的佐证。

关于 ʯ 类韵的演变发展，学界之前已有较多的讨论。笔者赞同 ʯ > y 的发展演变观点，至少在鄂皖豫一带（孙宜志，2006：52；徐建，2019）和苏浙皖交界地区"河南话"（吴健，2020）ʯ 类韵的变化是这样。从江西迁入信阳的移民，许多是通过鄂东一带辗转而入，其方言带有黄孝片江淮官话的色彩。"河南话"的源流关系可用图4表示。

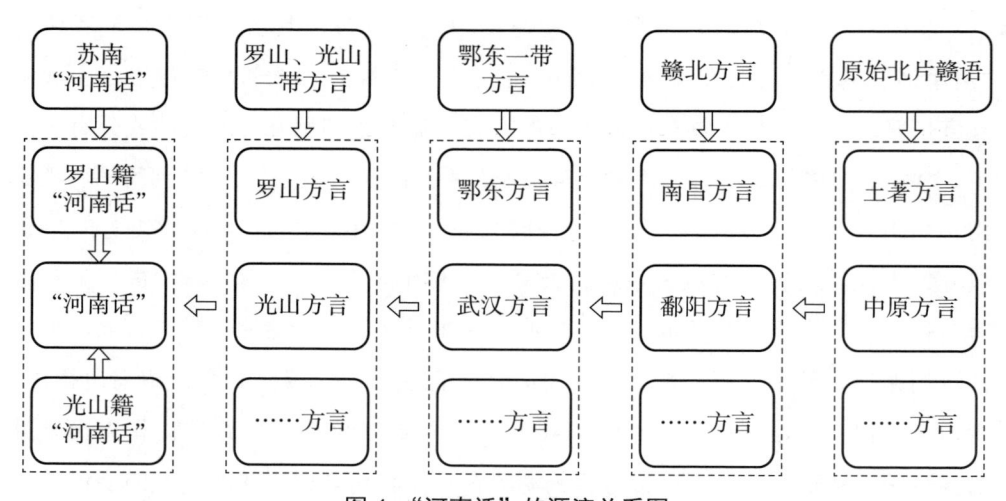

图4 "河南话"的源流关系图

"河南话"各源关系方言的变迁及影响起始时间大致为：

1. 赣北方言→鄂东一带方言，赣北方言→罗山、光山一带方言，始于明代初年。
2. 鄂东一带方言→罗山、光山一带方言，约在明初至清初之间。
3. 罗山、光山一带方言→苏南"河南话"，始于清末民初。

第六节 "河南话"的性质和归属

语言特征是方言分区的基本依据。方言语音具有鲜明的系统性，方言语音的差异明显大于词汇和语法。采用语音标准给汉语方言分类是合理的，事实证明也是行之有效的。多数学者支持采用语音标准给方言分区。也有部分学者主张采用综合标准为方言区分类，因为根据单一的语音标准分类略显粗糙。随着方言调查研究更加全面和进一步深入，学者们对语言各要素的综合标准开始关注。除了已经比较成熟的语音标准，在词汇标准方面，"特征词"的说法有一定影响。在语法标准方面，主要根据词形变化、虚词用法、句型特点等提取特征。此外，语言的外部因素也受到学界关注，但外部因素只能作为方言属性研究的线索和参考。

汉语方言非常复杂。有的方言比较纯粹，确定系属相对简单；有的方言不那么纯粹，确定系属比较困难。苏南"河南话"的源关系方言基本处在方言过渡地带，其属于不那么纯粹的方言。为了更加科学准确地分析和判定"河南话"的性质和归属，本书首先考虑语音标准，同时兼顾词汇和语法特点，综合分析"河南话"的归属问题。

一、前人关于"河南话"来源、性质和归属的观点

关于"河南话"的来源，基本可以确定其来自信阳地区方言。郭熙（2000）认为苏南"河南话"是河南南部一种地域方言的"域外"分支。黄晓东（2006）认为浙江省安吉县安城"河南话"跟苏南地区"河南话"相似，安城"河南话"的基础方言是光山、新县和罗山南部一带的方言。笔者（2009a，2020）通过调查和比较，认为苏浙皖交界地区的"河南话"主要来自罗山、光山方言。汪平（2010：18，2021：246—247）认为吴江菀坪河南人绝大部分来自罗山、光山两县，"河南话"跟罗山话、光山话基本一致。

在苏南，有部分土著居民称"河南人"为"湖北佬"（略带贬义）。因此，也有

人认为"河南人"说的是湖北话。关于这个问题，笔者经过调查认为，"河南人"被称作"湖北佬"可能有两种原因：

第一，确实有部分"河南人"自称原籍为湖北。这部分"河南人"主要来自今信阳市新县、今湖北省孝感市大悟县等地。他们或迁出时隶属湖北，或迁出后祖籍划归湖北。新县的前身是经扶县。1932 年，湖北省麻城县三个区、黄安县的两个会等划归经扶县管辖（新县志编纂委员会，1990：71）。也就是说，新县有一部分地区在 1932 年以前隶属湖北麻城和黄安（今红安）管辖。来自这部分地区的"河南人"迁入苏南前，确实是湖北人。大悟县在 1952 年前叫礼山县。1933 年礼山县建置时，罗山县的"姚约、老约、沙上约、沙下约、胜约等五个联保区（含宣化店、姚家畈、丰家店、彭城店，毛家集等一带地区）"析出后划归礼山县，隶属湖北省管辖（罗山县志编辑委员会，1998：42）。又据《大悟县志》记载："1933年1月1日析河南省罗山县、湖北省黄陂、黄安、孝感四县各一部分，建置礼山县。""罗山县析姚约、老约、沙上约、沙下约、胜约。即今姚畈乡、宣化镇、东河乡、丰店镇；黄站镇界岗以北的李园、谈冲、红联、长联等村；彭店乡的彭店、罗田、枣岭、青山、永安、团山、北河、陡山等村及新城镇的金岭、红畈、新府、段垇、老山、韩河、丁垇、涂冲、熊垇、毛集和李河村部分村民组。"（湖北省大悟县地方志编纂委员会，1996：47）因此，祖籍在其迁入苏南后划归大悟的"河南人"及其后裔，也会认可自己的原籍在湖北，寻根问祖也是直奔湖北。如溧阳市社渚镇金山村濮家自然村的段先保，原籍为今湖北省孝感市大悟县新城镇段湾村①，其对外宣称祖上来自湖北。

第二，苏南"本地人"将"河南人"和"湖北人"混同。太平天国战争后，清政府有组织地从河南、湖北等地招募大量移民到苏浙皖交界地区垦荒。皖南和浙北的湖北移民人数较多，苏南的湖北移民相对较少。这应该跟移民先到皖南，然后再往浙北、苏南扩散有关。豫南和鄂东在地理上相接，方言和民俗相近，把"河南人"当作"湖北人"并不奇怪。至于这部分来自今信阳市新县、今孝感市大悟县等地的第一代移民当年说的是不是湖北话，我们不太确定，但目前他们的后

---

① "段湾村"是行政村，下面还有个"段垇村"是自然村。这些村属于从罗山析出划归大悟的村。

裔都说"河南话"。

关于"河南话"的性质，郭熙（2000）认为"河南话"是在河南光山、罗山、商城等方言基础上融合发展起来的，光山话是苏南地区河南话的代表性基础方言。笔者经过广泛调查后认为，苏浙皖交界地区的"河南话"同源，但内部存在一定的差异；"河南话"内部接触与融合经历了商城、新县等地方言被罗山、光山方言同化和罗山、光山方言接触融合光山方言向罗山方言靠近两个阶段（吴健，2020）。

关于"河南话"的归属，郭熙（1995）较早注意到苏南河南人的河南话并不是中原话，而是一种近乎"楚语"的方言。总体来看，学界对"河南话"归属的探讨还不够充分深入。

二、前人关于信阳地区方言归属的观点

"河南话"源自信阳地区方言，这基本可以定论。信阳地区方言属于过渡地带方言，情况比较复杂。探讨"河南话"的归属，首先要将信阳地区方言特别是罗山、光山方言的系属弄清楚。袁家骅等（1989：24）较早提出"河南南缘"方言跟河南其他地方不同，将其归入西南方言。李荣（1985）根据"古入声字的今调类"给官话方言分区，根据古次浊入声今读阴平的特征将信阳地区方言划入中原官话。之后，学界基本采用了李先生的标准，将信阳地区方言划入中原官话信蚌片。《中国语言地图集》第1版、第2版均采用了这种划分结果。但贺巍（2005）等也指出，信蚌片和其他各片在语音上有较大的差别。张启焕、陈天福、程仪（1993：319）把这一片归在河南方言第五片，认为"它接近于湖北省麻城一带。也可以称它为'楚语'"。河南省地方史志编纂委员会、河南省档案馆（1990：169）认为罗山以东、淮河以南的方言"与荆、扬为近"。信阳地区地方史志编纂委员会（1992：925）认为信阳地区方言总体上属中原官话，语音与西南官话、下江官话有某些共同点，是介于中原官话、西南官话、下江官话和楚语区之间的带有混合性方言的区域。贡贵训（2019：188）认为江淮官话和中原官话交界的淮河沿岸方言，除了入声的区别外，其他语音特征都有趋同的倾向；信阳地区方言（新县南部、商城西南部等与黄孝片江淮官话相连的乡镇除外）入声消失，是江淮官话北部边界南撤、让位于中原官话的结果。

河南省罗山县地方史志编纂委员会（1987：629）、新县志编纂委员会（1990：617）、光山县史志编纂委员会（1991：518）分别认为罗山方言、新县方言、光山方言属于江淮次方言。王东（2010：43）认为罗山方言主要属中原官话，同时兼有西南官话、客赣方言的某些特征。杨永龙（2008）认为商城方言在语音上既接近中原官话，更具有西南官话和江淮官话的特点。叶祖贵（2014：116）以信阳两区八县的方言语音为研究对象，对信阳地区方言的内部差异及方言归属进行了讨论，认为"信阳地区是一个方言混合带，不能都归为中原官话。其北部与西部属中原官话，包括浉河区、平桥区、罗山、潢川、息县、淮滨。东部属西南官话，包括固始、商城（南部的长竹园除外。下同）。南部属江淮官话，包括光山、新县及商城南部的长竹园"。

综上所述，关于信阳地区方言的归属大致有以下几种观点：（1）信阳地区方言属于中原官话信蚌片。大多数人持这种观点。（2）信阳地区方言属于西南官话。（3）信阳地区方言属于楚语。（4）光山、罗山、新县方言属于江淮官话次方言。（5）信阳地区方言是介于中原官话、西南官话、下江官话和楚语区之间的混合性方言。（6）商城方言接近中原官话，兼有西南官话和江淮官话特点。（7）信阳地区北部与西部属中原官话，东部属西南官话，南部属江淮官话。（8）信阳地区方言是江淮官话和中原官话接触、江淮官话让位于中原官话的结果。

三、前人关于鄂东一带方言归属的观点

本书所指鄂东一带方言的范围宽于鄂东方言，也包括武汉、孝感、鄂州等地方言。孝感、鄂州方言跟鄂东方言同属于江淮官话区，并入鄂东方言讨论。武汉方言属于西南官话区，需单独拿出来讨论。黄石、大冶、咸宁等地方言属于赣方言区，不作为鄂东一带方言讨论。

赵元任等（1972：1567—1569）认为，湖北方言第一区的武汉汉口话等是一种西南官话；第二区的孝感、黄安（今红安）、黄冈（大致相当于今黄冈市下辖的黄州区、团风县和武汉市下辖的新洲区）、鄂城（今鄂州）、麻城、罗田、英山、浠水、黄梅、蕲春等方言"可以算典型的楚语"，这一区东部的黄安、罗田、英山、浠水、黄梅、广济、蕲春阴平调值是低调或降调，有"下江话"的风味；第三区的

大冶、咸宁等方言大致可归入赣语系统。对于鄂东方言，赵元任并未明确归入哪个区，有可能是因为将其归入西南官话或江淮官话都不太合适。袁家骅等（1989：24）将湖北（东南角除外）方言划入西南方言，包括赵元任等所指的第一区、第二区。《中国语言地图集》第 1 版、第 2 版对上述三个区的方言作了如下划分：第 1 版将武汉市方言划入西南官话武天片，第 2 版将武汉市区（不含黄陂、新洲两区）方言划入西南官话湖广片鄂中小片；第 1 版和第 2 版均将大冶、咸宁方言划入赣语大通片，均将鄂东方言划入江淮官话黄孝片。将鄂东方言划入"黄孝片"，将武汉方言划入西南官话湖广片鄂中小片，代表了多数学者倾向性的意见。

四、本书关于"河南话"性质和归属的观点

划分汉语方言，比较棘手的是方言岛和过渡地带方言的问题。"河南话"恰恰兼有这两个问题。首先，它属于方言岛方言。其次，它的直源方言光山、罗山一带方言，正好处在江淮官话、中原官话、西南官话三种官话次方言的过渡地带。再次，再往上追溯，罗山、光山一带方言的来源方言应该是鄂东一带方言，鄂东一带方言则处在更加复杂的江淮官话、中原官话、西南官话、赣语的过渡地带。

通过前文的调查、比较和研究，笔者对"河南话"的性质和归属持如下观点：

（一）"河南话"是一种经过内部充分接触并已基本融合的方言岛方言。罗山方言、光山方言等在苏南已有近一个半世纪的深入接触，目前已基本融合。罗山方言和光山方言存在一些明显差异，但在"河南话"内部，目前除了丹阳埤城"河南话"有入声、溧阳社渚（新塘村）少数"河南话"有 tʂ 组声母和 ʅ 类韵母，其他各地"河南话"基本趋同。从总体上看，目前的"河南话"，罗山特征和光山特征基本模糊，原先光山方言语音的一些尖锐特征（如 tʂ 组声母、ʅ 类韵母、儿化卷舌明显等）已经钝化或弱化，目前的"河南话"是一种更接近罗山口音的"河南话"。豫民迁入时可能带入了一些新县话、商城话等，但经过一个多世纪的接触、竞争、融合，这些带其他地方口音的"河南话"已被罗山、光山"河南话"同化。

（二）"河南话"保留了一个多世纪前罗山、光山方言的基本特征。无论是语音还是词汇语法，罗山籍老派"河南话"跟罗山方言、光山籍老派"河南话"跟光山方言呈现一致忾的对应。跟《概况》记录的 1957—1959 年罗山、光山方言相比，"河南话"保留了直源方言的基本特征。这跟迁入苏南的豫南人口众多、聚居程度高、"河南人"对中原文化的坚守和立场鲜明的语言态度、迁入和聚居地区经济相对落后等密切相关。事实上，老派"河南话"有些说法如今在罗山、光山方言里也难得听到（少数老派可能会说），例如"么时夫什么时候、箩腔箩筐、长虫蛇、车盘子车轮、过嘴漱口、字杆笔、捣衣绿人死前吃最后一顿（詈词）、拍白聊天、赖咧脏"等。

（三）鄂东一带方言是"河南话"的源关系方言。大量的移民历史记载和族谱文献将罗山、光山一带方言的来源指向鄂东和赣北。经过比较，"河南话"的直源方言是罗山、光山一带方言非常明确，鄂东一带方言是罗山、光山一带方言的源关系方言基本可以确定。鄂东一带方言对信阳地区方言有直接影响，历史上的移民和地理上相接是主要原因。据《乾隆光山县志》记载："光山接壤楚黄，东接庐霍，颇杂吴楚之音。"（杨殿梓，2013：213）"河南话"、罗山和光山方言跟鄂东一带方言声调不同（跟武汉方言声调基本相同），但在词汇和语法上比较一致。叶祖贵（2014：136）认为武汉话对信阳地区方言有影响。段亚广（2012：163）认为信蚌片部分方言归阳平应是与西南官话的影响有关。"河南话"和罗山、光山方言含有中原官话成分，但跟中原官话又有明显差别，这是方言接触的结果。这种音变对"河南话"和罗山、光山方言来说，是他源型[①]的。

（四）"河南话"整体上接近武汉话，宜归入西南官话。对于过渡区方言或混合方言的处理，李小凡（2005）主张"将过渡区各方言点的语言特点分别与邻近的典型方言的代表点相比较，对号入座，与哪个典型方言的共同性大就归入哪个方言。需要注意的是，共同性不仅要看共同点的多少，更要看共同点的重要性"。笔者赞同这种处理方法。

下面重点探讨"河南话"离中原官话近，还是离西南官话近。首先从语音上比较。古全浊入声归阳平，是无入声官话的共同特点。西南官话和中原官话的区别在于西南官话古入声今全读阳平，中原官话古清音入声和古次浊入声今读阴平（李荣，1985）。"河南话"、罗山和光山方言均无入声，古全浊入声归阳平、其他入声

---

① "他源型"的说法参考了张树铮（2005）。

归阴平，具有中原官话特征。与鄂东一带方言相比，"河南话"、罗山和光山方言的声调跟武汉话最接近，古全浊入声归阳平，具有西南官话的部分特点。下面参照"河南话"8 个语音特征，比较"河南话"跟中原官话、武汉话的语音，如表 61。河南中原官话以郑州、开封、洛阳方言最有代表性。本书的郑州方言参考卢甲文（1992），开封方言参考刘冬冰（1997），洛阳方言参考贺巍（1984）。

表 61 "河南话"与中原官话、西南官话（武汉话）语音特征一致性比较

"河南话"语音特征		郑州	开封	洛阳	武汉
泥来母洪混细分		−	−	−	−
ts、tʂ	不分（溧罗）	−	−	−	+
	区分（溧光）	+	+	+	−
f、x 相混					
深臻摄与曾梗摄混为 n 韵尾		−	−	−	+
宕江摄知系阳声韵字	张章 = 装撞 tsaŋ（溧罗）	−	−	−	−
	张章 tʂaŋ ≠ 装撞 tsaŋ（溧光）				
书 – 虚，篆 – 倦	书 = 虚 ɕy，篆 = 倦 tɕyan（溧罗）				
	书 = 虚 ʂʅ，篆 = 倦 tʂʯan（溧光）				
声调	无入声	+	+	+	+
	古全浊入声归阳平	+	+	+	+
	古清音声母、古次浊声母字入声归阴平	+	+	+	+
	去声不分阴阳	+	+	+	+

清末的汉口方言（《汉音集字》）深臻摄与曾梗摄混为 n 韵尾，书 = 虚 ɕy、篆 = 倦 tsuan，这些特征跟"河南话"相同。从比较的结果看，郑州、开封、洛阳方言跟"河南话"的语音关系并不比武汉话跟"河南话"的关系近多少。

其次从词汇上比较。根据曹志耘主编（2008b）的《汉语方言地图集（词汇卷）》，我们剔除"河南话"与武汉话、中原官话（三地）说法都一致或都不一致的词，只选取武汉话和中原官话（三地）说法不同或不完全相同、两者中有一者跟

"河南话"相同或相近的词条，比较"河南话"跟武汉话、中原官话的词汇接近度，如表62。

表62 "河南话"与中原官话、西南官话（武汉话）词语比较

普通话	河南话	中原官话			西南官话
		郑州话	开封话	洛阳话	武汉话
太阳	日头，太阳	日头	日头	日头	日头，太阳
月亮	月亮	月明，月奶奶	月奶奶	月亮	月亮
下雨	落雨	下雨	下雨	下雨	落雨，下雨
雹子	冷子，冰雹	琉璃蛋	冷子	冷子	冰雹
今天	今朝，今日，真朝	今儿，今儿个	今儿个	今儿	今儿，今天
明天	明朝，明日	明儿，明儿个	明儿个	明儿	明个
去年	去年，旧年	年时年	年上个	年时年	去年
稻子	稻子	稻	稻	稻谷	谷
玉米	苞谷	玉秫，玉秫秫	秫秫，大秫秫	玉秫，玉秫秫	包谷
面儿	面，灰面	面儿	面儿	面儿	粉子
花生	花生，生果	落生	落生	落生豆儿	花生
蚕豆	蚕豆	莲花豆	兰花豆	莲花豆	蚕豆
西红柿	番茄	洋柿子	番茄	洋柿子	番茄
向日葵	葵花	向日葵	葵果	向日葵	葵花
阉	劁	择	择	劁	割
下~蛋	散，生	媷	媷	媷	生
鸟	雀子	鸟儿	鸟儿	鸟	雀子
小孩儿	小伢儿	小孩儿	小孩儿	小孩子，小孩嘚	小伢
客人	客	客	客	客	客人
爷爷	爷	爷，爷爷	爷，爷爷	爷	爹爹
奶奶	奶	奶奶	奶，奶奶	奶，奶奶	婆婆

续表

普通话	河南话	中原官话			西南官话
		郑州话	开封话	洛阳话	武汉话
外祖父	姥爷	姥爷	姥爷	外 X①	家 X
外祖母	姥娘	姥娘	姥娘	外 X	家家
爸爸呼称	达	大，伯	爹，伯	爹	爹
妈妈呼称	妈	婆，娘	娘，妈	妈 –②，[妈 –]③	母妈
娶	接	娶	娶	娶	接
儿子	儿子，儿	儿	小儿	孩 –	儿子
头人的	头	头	头	得脑	脑壳
左手	反手	左手	左手	左手	反手，左手
拳头	锤头子	锤	锤头	拳	拳头
拉~屎—撒~尿	两者相同：屙	两者不同：拉—撒，屙—尿	两者不同：拉—撒，屙—尿	两者不同：拉—撒，屙—尿	两者相同：屙
阴茎	杂子，卵（子），鸡巴，屌	球	（其他说法）	球	卵子
乳房	妈儿	妈儿	味味，唛唛	奶	奶
肏	尻，肏	日，尻	日，尻	日	入
夹~菜	拈	刀	刀	刀	拈
猪舌头婉称	猪赚头，猪潦青	（无婉称）	猪口条	猪口条	猪赚头，猪口条
饿	饿	饥，饿	饿	饥	饿
村儿	埒儿	村	庄儿	村儿	埒 –
胡同	小巷巷子	胡同	胡同儿	胡同儿	巷子
屋子	房，屋	房，屋	房	屋子	房
"屋"的词义	屋子	屋子，房子	不说"屋"	屋子	房子

---

① "外 X""家 X"代表以"外""家"加上其他词根构成的称谓。下同。
② 用"–"代表词根后面的各种虚成分。下同。
③ 用"[ ]"表示合音字。下同。

续表

普通话	河南话	中原官话			西南官话
		郑州话	开封话	洛阳话	武汉话
柴火	柴火	柴火	柴火	柴火	柴
肥皂	洋碱	胰子	洋碱	洋碱	肥皂
叫	喊	喊，叫	喊，叫	喊，叫	喊
骂	嚼	卷，骂	卷	嚼	骂
拔	扯	拔	薅	拔	扯
抓~小偷	逮	逮	搐	逮	捉，抓
挑~担子	挑	担，挑	挑	担	挑
蹲	跕	跕堆	跕堆	跕撞	跕
跑	跑	瓦	跑	跑	跑
逃	跑	瓦	跑	逃	跑
擦	揩	擦	抹，擦	擦	揩
放	放	搁，放	搁	搁	搁
捡	捡，拾	拾，捡	拾	拾	捡
挑~选	拣，择	拣，挑	挑	拣	择
欠	差，欠	争，欠	该，争	争	差
给	把	给	给	给	把
知道	晓得	知道	[知道]	知道	晓得
玩儿	玩	玩儿	玩儿	耍	玩
高	高	高	高	高	长
矮	矮	低	低，矮	低	矮
亮	亮	亮	明	亮	亮
淡	淡	甜	甜	甜	淡
快刀子~	快	利，快	利，快	快	快
晚	晏	晚	晚	晚	晏
只一~狗	条	个	只	只	条

上表一共选取了 66 个词语。我们用郑州话、开封话、洛阳话、武汉话分别跟"河南话"比较，分相同或基本相同、相近、不同三种情况进行统计，统计结果如表 63。

表 63 "河南话"与中原官话、西南官话（武汉话）词语一致性统计

跟"河南话"相比		中原官话			西南官话
		郑州话	开封话	洛阳话	武汉话
相同或基本相同	个数	28	23	22	45
	占比	42.4%	34.8%	33.3%	68.2%
	平均占比	36.8%			
相近	个数	4	7	5	5
	占比	6.1%	10.6%	7.6%	7.6%
	平均占比	8.1%			
不同	个数	34	36	39	16
	占比	51.5%	54.5%	59.1%	24.2%
	平均占比	55%			

根据统计，"河南话"跟武汉话相同或基本相同的词语占比为 68.2%，跟中原官话相同或基本相同的词语平均占比为 36.8%，"河南话"明显跟武汉话更接近一些。

最后从语法上比较。根据《汉语方言地图集（语法卷）》（曹志耘，2008c），剔除"河南话"与武汉话、中原官话（三地）用法都一致或都不一致的语法项，只选取武汉话跟中原官话（三地）语法不同或不完全相同的语法项，比较"河南话"与武汉话、中原官话在语法方面的接近度，如表 64。

表 64 "河南话"与中原官话、西南官话（武汉话）语法比较

语法项（普通话）	河南话	中原官话			西南官话
		郑州话	开封话	洛阳话	武汉话
我	我	俺，我	俺	俺，我	我
你	你	您，你	您	您	你

续表

语法项（普通话）	河南话	中原官话			西南官话
		郑州话	开封话	洛阳话	武汉话
俩	两个	俩	俩	俩	两个
大家	大伙	大伙儿	大家	大家	大家
谁	哪个	谁	谁	谁	哪个
什么	么，么事	啥	啥	啥	么
多少	几多，多少	多少	多少	多少	几多
最	顶，最	最	最	最	顶，最
没有~去	没有	没	没	没有	没有
没有~孩子	没得	没有	［没有］	没有	冇得
在他~家	在	搁	搁	搁	在
在坐~椅子上	到	在	（无对应介词）	到	在
和我~他都姓王	跟	和	跟	跟	和
上桌子~	高头	上	上	上	高头，上
头名词后缀，用于数量后表钱币	头	（无对应后缀）	头	（无对应后缀）	（无对应后缀）
儿名词后缀及儿化	卷舌	卷舌	卷舌	非卷舌	（无对应后缀）
小称形式	卷舌	卷舌	卷舌	非卷舌	（无小称形式）
"鸟儿"的后缀	子	儿	儿	（无后缀）	子
他来了三天了	他来了三天了，他来三天了	他来了三天了，他来三天了	他来了三天了，他来三天了	他来了三天了，他来三天了	他来三天了
他吃着饭呢进行体	他在吃饭	他吃着饭呢，他吃饭呢	他吃着饭呢，他吃饭呢	他吃着饭呢，他吃饭呢	他在吃饭
着停~一辆车	（无对应助词）	了	着	着	（无对应助词）
吃得可能补语"得"	吃得	（无对应结构）能吃	（无对应结构）能吃	（无对应结构）能吃	吃得
吃不得可能补语"不得"	吃不得	吃不得	（无对应结构）不能吃	（无对应结构）不能吃	吃不得

续表

语法项（普通话）	河南话	中原官话			西南官话
		郑州话	开封话	洛阳话	武汉话
吃得饱 可能补语肯定式	吃得饱	吃饱了	吃饱了	（无对应结构）能吃饱	吃得饱
打得过他	打得过他	打过他了	打过他了	能打过他	打得过他
叫他一声	叫他一声，叫一声他	叫一声他，叫他一声	叫一声他，叫他一声	叫他一声	叫他一声
他把碗打破了 处置句	他把碗打破了	他把碗给打破了，他把碗打破了	他把碗给打破了，他把碗打破了	他把碗打破了	他把碗打破了
把~衣服收回来	把	给，把	把	给，把	把
去不去？反复句	去不去	去不，去不去	去不，去不去	去不去	去不去

上表一共选取了 29 个语法项。我们用郑州话、开封话、洛阳话、武汉话分别跟"河南话"比较，分相同或基本相同、相近、不同三种情况进行统计，统计结果如表 65。

表 65 "河南话"与中原官话、西南官话（武汉话）语法一致性统计

跟"河南话"相比		中原官话			西南官话
		郑州话	开封话	洛阳话	武汉话
相同或基本相同	个数	13	11	12	22
	占比	44.8%	37.9%	41.4%	75.9%
	平均占比	41.4%			
相近	个数	1	1	0	1
	占比	3.4%	3.4%	0%	3.4%
	平均占比	2.3%			
不同	个数	15	17	17	6
	占比	51.7%	58.6%	58.6%	20.7%
	平均占比	56.3%			

根据统计，"河南话"跟武汉话的语法项相同或基本相同占比为75.9%，跟中原官话的语法项相同或基本相同平均占比为41.4%。可见，"河南话"在语法方面更接近武汉话，且趋同性突出。

通过综合比较，"河南话"在语音上跟中原官话和武汉话的接近度相当，在词汇上"河南话"跟武汉话的接近度（根据占比）比中原官话高30%左右，在语法上"河南话"跟武汉话的接近度（根据占比）比中原官话高35%左右。因此，"河南话"跟武汉话的关系更近，将"河南话"归入西南官话更合适。

武汉话在清末（《汉音集字》）时还有入声，又跟黄孝片地理上相连，说明两者关系很近。武汉话入声归并直接受到西南官话影响。明代的遂宁话（西南官话）大概已部分不分ʦ、ʦ̣了（钱曾怡，2010：242）。历史上四川话（西南官话）蚕食长江两岸的湖北话（钱曾怡，2010：239）。武汉话不分ʦ、ʦ̣显然是受到西南官话影响。信阳地区也存在古入声基本归入或大多数归入阳平的情况，如商城中部和北部方言、固始方言（叶祖贵，2014），跟武汉话接近。这说明西南官话的影响波及信阳地区方言，或西南官话跟商城、固始方言有源关系。这样看来，袁家骅等（1989：24）将"河南南缘"方言归入西南方言，是有一定道理的。

通过对"河南话"源流关系和发展演变的考察，我们发现如下一些特点或规律：

1. 黄孝片江淮官话的入声在信阳地区和武汉逐渐走向消亡，新县和商城县南部等地的入声、清末汉口的入声是江淮官话入声消亡的过渡阶段。

2. "河南话"的中原官话成分本质上是接触性或他源性的，但中原官话对"河南话"的影响深刻，其中语音最显、词汇其次、语法再次。

3. 具有源流关系的方言，流方言的直源方言、近源方言、远源方言在源特征的数量和类别上逐步递减，源特征的集中程度和显性程度也随之减弱。源方言的层次越多，流方言的"混血儿"特征越明显。

4. 移民是方言流动或变迁的主要原因，方言演变的轨迹和特点跟移民的路线和特点有明显的相关性甚至对应性。

5. 来源相同但内部有别的方言岛方言，经过长时间接触容易发生融合。融合结果通常呈现两种倾向：一是倾向于人口占优势的方言；一是尖锐的方言语音特征容易钝化。

6. 过渡地带方言之间相互影响又各有特点。考察源自过渡地带方言的方言归属，应抓住过渡地带方言共性找方向，根据具体方言个性找来源。

第三章 苏南"河南话"口传文化

近年来，笔者深入苏南农村，对目前仍处于活态的"河南话"口传文化进行了广泛调查。本书采用五线谱、国际音标记录的"河南话"口传文化资料，均为笔者实地调查采集的第一手资料。一些在苏南流传，但使用其他方言、不使用"河南话"演唱的口传文化，不在本书调查和研究的范围。

"河南话"口传文化的来源跟"河南话"基本相同，主要来自信阳地区。信阳方言口传文化的种类和形式跟苏南"河南话"口传文化大致相同，但在曲调、唱腔、表演等方面存在一定的差异。笔者曾将在金坛区薛埠镇上阮村采录的苏南花鼓戏音频资料，发给光山县文殊乡花鼓戏国家级非物质文化遗产传承人魏桂香老师听辨。她得出的结论是：苏南花鼓戏的曲调、唱腔跟光山花鼓戏相比，差异较大。事实上，苏南流行的花鼓戏接近皖南花鼓戏。皖南花鼓戏既有湖北民间花鼓调的特点，也有河南民间灯曲的成分，还受到皖南当地民间歌舞的影响。"原来流行在湖北东南地方的民间花鼓调，和河南光山、罗山、固始一带的民间灯曲，就由移民传入皖南。于是他们从老家带来的灯会歌舞如旱船、高跷、花棍、车上轿、花鼓调、灯曲等，同皖南当地的民间歌舞如彩船、采茶灯、采莲灯、挑花篮、绣手巾等，在农村中广泛活动，彼此影响、并逐渐合流。"（刘永濂，1989：16）皖南花鼓戏老艺人来自宣城、宁国、广德、郎溪、长兴、溧阳、溧水、高淳、江宁等地，来自苏南的有梅凤贻、彭水英（彭银花）、何木桂、李猫子、吴昌国、杨光荣、陈兰英、杨经生、杜庆荣、小陈金山、方九等（刘永濂，1989：141—185）。他们为皖南花鼓戏在苏浙皖交界地区的传播和发展作出了重要贡献。

信阳地区有些口传文化传入苏南后，由于后继乏人已经失传，如信阳皮影戏唱腔。

信阳山歌的种类和数量比"河南话"山歌丰富得多。笔者在光山县仙居乡余庙村调查期间，发音人张明和一口气演唱了多首当地山歌（多为情歌）——内容纯朴，曲调优美，表达细腻，感染力强。从整个曲调和主题内容来看，"河南话"山歌跟信阳山歌接近。

"河南话"口传文化成分复杂，既有清末民初河南移民带入的口传文化成分，又受到迁入地口传文化的影响，进而形成了与迁出地形式相同、曲调变异、内容丰富、来源复杂的口传文化。

本章着重介绍苏南常见的"河南话"口传文化，包括船歌、狮子"喊彩"、山歌、唱道、唱春、花鼓戏、吟诵、划拳令、童谣、上梁祝词、谚语、歇后语、民间传说、喊魂、祭祀语、吆喝、谜子等。考虑到"河南话"及口传文化在苏浙皖交界地区分布的连续性，本章精选了几首跟苏南船歌调子相同、内容有别的长兴县泗安镇船歌歌词。诸多"河南话"口传文化发音人中，年龄最大的 85 岁，最小的 46 岁。

本书调查和记录的"河南话"口传文化，有些内容带有封建迷信色彩，如"喊魂""民间传说"等。出于科学研究的需要，本书基本保留了调查资料的原貌。

第一节 船歌

一、玩船与唱船歌

"河南话"称玩旱船为"玩船"。玩船是一种模拟水中行船的民间舞蹈，主要流行于我国的北方。玩船过程中，"撑船的"（艄公）演唱的曲子叫"船歌"。苏南玩船的都是"河南人"，他们用"河南话"唱船歌。20 世纪七八十年代，玩船在苏南农村盛行，各地玩友自发组建的表演队伍（"河南话"叫"班子"）较多。每年正月初一到十五，陆续有各村组织的玩船队进村表演，有的还提前约定时间和地点进行汇演。进入 21 世纪，人们的经济和文化生活不断改善。伴随着电视、手机的普及，农民娱乐的内容和方式更加丰富多样，包括玩船在内的传统文化娱乐活动逐渐减少。

玩船之"船"，兼有船和轿的特征。一般使用竹子仿造船的外形制成船体的架子，在船舱四角用四根竹竿连接并支撑轿顶和船体。船体正中间有一镂空长方体，供"船娘子"（船娘）站立其中。船体四周用布或纸糊住，绘上莲花等图案；轿顶以红绸、纸花等装饰。在旱船前半部分箱体上方有一方孔，用来塞入住家给的香烟。

玩船表演中，"船娘子"最辛苦。他们既要负荷旱船的重量，又要双手执船、绕八字走快速碎步来维持船身平稳，还要配合"撑船的"多次转身和表演。故"船娘子"一般由男性青年扮装。"撑船的"可以一人，也可以两人。他（们）一手拿快板，一手持连厢。快板用来增强节奏，连厢用作撑船工具。若一人撑船，船歌从头至尾由一人演唱；若两人撑船，船歌演唱由两人交替进行。

玩船表演很讲规矩，如村上每一户不得遗漏，玩到孝家门上要全程低首等。所谓"孝家"，指家有亡者尚未满孝的住家。一般通过住家所贴对联用纸的颜色进行判断。"河南人"重视丧葬文化，通常在亡者去世的第一年用火纸（俗称"三六表"）在门上贴成"X"，第二年贴黄纸对联，第三年贴绿纸对联，第四年才贴红纸对联。① 遇到不贴对联或贴火纸、黄纸、绿纸对联的住户，"船娘子"要扶船前倾，人和花船全程做低首动作；"撑船的"手扶花船前杆帮助"船娘子"使船头前倾，全程不得撑船转动，只能在原地演唱，唱词应表达忠孝思想。

玩船的班子一般有6到7人，包括"船娘子"1人、"撑船的"1—2人、锣鼓手4人（锣手1人、镗锣手1人、镲手1人、鼓手1人）等。正月初，人们不用上班，不用干农活，家家户户贺岁拜年，请客团聚。在这个时间段玩船闹新春，气氛热烈，观赏者众。

苏南各地的玩船形式基本相同，船歌调子和歌词内容也大致相同。船歌一般采用叙述方式，讲述经典历史故事或有意义的典故，通过唱词宣传一些富有教育意义和道德价值的内容，表达对住家美好的祈愿和祝福。"桃园三结义"、忠臣杨家将、古代爱情故事等都是典型的船歌题材。船歌歌词以七字格为主，演唱者根据需要可增加一些衬字。20世纪80年代，曾流行手抄船歌唱本。而今，这些手抄本大多因保存不当而散佚。

---

① 有的孝家第一年不贴火纸。据向家龙先生介绍，也有第一年贴白纸联的。

本书记录了金坛区薛埠镇上阮村船友龙德友演唱的船歌，同时附上溧阳、吴江、长兴等地船友演唱的船歌歌词。

二、金坛船歌

（演唱者：龙德友；记录时间：2018年2月27日）

锣鼓列个一 打着响嘻呀 嘻呀， 玩友那个来了着
lo ku lie ko i tɑ tso ɕiaŋ ɕi iɑ ɕi iɑ, van iɯ lɑ ko lai lo tso

是啊稀呀客 耶。 我本人着今天着 来接呀
sɿ zɑ ɕi iɑ kʰie ie。 ŋo pən sən tso tɕin tʰian tso lai tɕie iɑ

你 耶。 首先我身体 不大 好， 唱得着不好
ni ie。 sɤɯ ɕian ŋo sən tʰi pu tɑ xɯ, tsʰaŋ tie tso pu xɯ

多多咧原谅 欸。 说不那个唱歌着 又唱欸
to to lie yan liaŋ ŋe。 ɕye pu lɑ ko tsʰaŋ ko tso iɯ tsʰaŋ ŋe

歌 呐， 说不那个打鼓着 又 打 锣 列。
ko ne, ɕye pu lɑ ko tɑ ku tso iɯ tɑ lo lie。

说不着唱歌着唱船歌, 说 不着打锣着手兜锣①。
ɕye pu tso tsʰaŋ ko tso tsʰaŋ tɕʰyan ko, ɕye pu tso ta lo tso səɯ təɯ lo。

我今天啦身体着不 大呐好 喂,唱得那个不好着
ŋo tɕin tʰian la sən tʰi tso pu ta ne xaɯ ve, tsʰaŋ tie la ko pu xaɯ tso

莫 怪 耶 我 呐。你 那个不来着 我 又 哇
mo kuai ie ŋo ne。ni la ko pu lai tso ŋo iəɯ ua

来 呀, 刘备着出世卖 草 鞋 耶。
nai ia, liəɯ pei tso tɕʰy sʅ mai tsʰaɯ ɕiai ie。

关公着出世 磨豆腐, 张飞着出世 又把屠墩开, 他
kuan koŋ tso tɕʰy sʅ mo təɯ fu, tsaŋ fei tso tɕʰy sʅ iəɯ pa tʰəɯ tən kʰai, tʰa

---

① 敲锣时,锣手根据需要在敲击后迅速用手捂住锣面,将音止住。又称"捂音"或"顿击"。

弟 兄 三 人 霸 占 了 一 市 长 街 哟。
ti ɕioŋ san zən pa tsan liaɯ i sɿ tshaŋ tɕiai io。

我本身那个今天着 不 来 呀 的 呀, 舍不得我桃园着
ŋo pən sən la ko tɕin thian tso pu lai ia tie ia, se pu tie ŋo thaɯ yan tso

三 士 的 结 呀 义 耶。 舍不得着大 哥着 叫 刘 喂
san sɿ tie tɕie ia i ie。 se pu tie tso ta ko tso tɕiaɯ liəɯ vei

备 耶, 舍不得着二哥着 叫 关 羽, 舍不得着三 哥着
pei ie, se pu tie tso ər ko tso tɕiaɯ kuan y, se pu tie tso san ko tso

张 翼 德, 三 兄 四 弟 着 赵 子 龙。 舍啦不得你呐,
tsaŋ i tie, san ɕioŋ sɿ ti tso tsaɯ tsɿ loŋ。 se la pu tie ni ne,

舍啦不得他。 薛丁山着舍不得着 樊 梨 花。 高俊宝着 舍不得着
se la pu tie tha。 ɕye tin san tso se pu tie tso fan li fa。 kaɯ tɕyn paɯ tso se pu tie tso

刘 金 定。杨宗保着舍不得着 穆氏桂 英。 许 仙 舍不得着
liɯ tɕin tin。iaŋ tsoŋ paɯ tso se pu tie tso mu sɿ kuei in。 ɕy ɕian se pu tie tso

白 娘 子。萧 何着舍不得着 小 韩 卿。 湘 子 舍不得
pie liaŋ tsɿ。 ɕiaɯ xo tso se pu tie tso ɕiaɯ xan tɕʰin。 ɕiaŋ tsɿ se pu tie

小 林 英。王 三 公 子 着 下 南 京，时 时 舍不得着
ɕiaɯ lin in。 vaŋ san koŋ tsɿ tso ɕia lan tɕin, sɿ sɿ se pu tie tso

玉氏堂 春。只 有 着我们 着 无 啥 耶 舍 耶，
y sɿ tʰan tɕʰyn。tsɿ iəɯ tso ŋo mən tso vu sa ie se ie,

爱 玩 着舍不得 爱 是 玩 啰 人 呐。我 唱 罢着 一 个 着
ŋai uan tso se pu tie ŋai sɿ van lo zən ne。 ŋo tsʰan pa tso i ko tso

又 一 耶 个 啦，我 再 唱 那 一 个 那 奉 侍 列 陪 耶
iəɯ i ie ko la, ŋo tsai tsʰan la i ko la foŋ sɿ lie pʰei ie

着　　　　　勒。上 唱 着 妻 子 着　团 圆 嘞　　会　　　耶，
tso　　　　le。 saŋ tsʰaŋ tso tɕʰi tsɿ tso tʰan yan le　xuei　　ie,

再 唱 个 五 子　早 登 科，　　家 和 列 人 和 着 万 事 嘞
tsai tsʰaŋ ko vu tsɿ　tsaɯ təŋ ko,　tɕia xo lie zən xo tso van sɿ　le

和　　　嘞。我 小 小 的 龙 船 着 将 来　耶　　到　　喂，
xo　　le。 ŋo ɕiaɯ ɕiaɯ tie noŋ tɕʰyan tso tɕiaŋ lai ie　taɯ　　ve,

主 东 着 放 了 着 好 事 响 欻 炮　　勒。放 三 列 炮 来 着
tɕy toŋ tso faŋ liaɯ tso xaɯ sɿ ɕiaŋ ŋe pʰaɯ　　le。 faŋ san lie pʰaɯ lai tso

留 三　炮，留 不 到 列 下 部 年 着 报 子 到。报 到 着 大　哥 着
liəɯ san pʰaɯ, liəɯ pu taɯ lie ɕia pu nian tso paɯ tsɿ taɯ。 paɯ taɯ tso ta　ko tso

做 知 府，报　到 着 二 哥 着 做 国　老，报　到 着 三 哥 着
tsəɯ tsɿ　fu, paɯ taɯ tso ər ko tso tsəɯ ko　laɯ, paɯ　taɯ tso san ko tso

中　状　元。对那子列锣，　对那子列号，　舞起的札子①着
tsoŋ tsaŋ yan。te lɑ tsʅ lie lo,　te lɑ tsʅ lie xaɯ,　vu tɕʰi tie tsɑ　tsʅ tso

空　中　绕。"扑通、　扑通"着 三 大 炮。 状　元的娘子
kʰoŋ tsoŋ zaɯ。"pʰu tʰoŋ、pʰu tʰoŋ"tso san tɑ pʰaɯ。 tsaŋ　yan tie liaŋ tsʅ

出来呀瞧，　欢　天列喜地　该多么热耶　闹　　　勒。
tɕʰy lai iɑ tɕʰiaɯ,　xuan tʰian lie ɕi ti　kai to mən ye ie laɯ　　　le。

注：演唱者演唱时，"玩"呈现 uan/van 两种形式，n、l 相混。

三、船歌的曲调特征

从旋律上看，"河南话"船歌的旋律起伏不大，以五声音阶为主，基本在一个八度以内运行。整体上，曲调结构显得均衡、对称，旋律色彩清晰、明朗。一般以两句为一个旋律单元，由多个旋律单元组成一个唱段。旋律单元的上句旋律走势总体上扬，旋律单元的下句旋律走势总体下降，通过一升一降的变化推动旋律运行。

从节奏上看，船歌节奏鲜明，以"××××""×××"的节奏型居多。有时也通过增加少量的切分音或附点音符，提高旋律的表现力。

从伴奏上看，玩船的锣鼓伴奏较有特色。下面分进村、跑船、间奏、结束 4 个部分介绍。

---

① 札子，古代的一种公文。经与章明富先生探讨，此处的札子"舞起"概为报子报喜的公文展开后随风卷起貌。

1. 进村

花船进村后，镲先起音，然后锣鼓起音。锣鼓的节奏为：

×× × | ×× ×× × | ×× ×× | ×× ×× × | ×× ×× × | ×× × ×× × |

镲镲镲　哐哐 哐咚咚　哐叮 哐哐　叮哐叮 哐哐　叮哐叮 哐哐　叮哐叮 哐哐叮叮

×× ×× × | ×× × 0 |

哐哐叮 哐哐　叮哐叮

2. 跑船

花船到住家门口后，"撑船的"引领花船碎步转三圈儿，"河南话"称"跑船"。其锣鼓节奏为：

×× ×× | ×× ×× × | ×× ×× × | ×× ×× × | ×× × ×× × |

哐哐 哐哐　哐叮叮 哐叮叮　哐叮叮 哐叮叮　哐叮叮 哐哐　叮哐叮 哐哐叮哐

×× × × 0 |

叮叮哐 叮

3. 间奏

锣鼓声休止后，"撑船的"开始唱船歌。一般唱完两句，用锣鼓间奏。也可唱完一句就用锣鼓间奏。例如：

（唱：那家儿玩到列家儿那来呀，列家儿财门大大开呀）

×× ×× ×× |

哐哐叮叮　哐叮

（唱：今儿开门着招财喂宝喂）

×× ×× | ×× ×× × | × 0 0 |

哐哐 叮哐叮　哐哐叮哐 叮叮哐　叮

（唱：今朝开门招财来，一年四季总呀发财嘚）

唱完后，"撑船的"引领花船跑船，锣鼓声伴奏：

×× ×× ×× ×× | ×× ×× × | ×× ×× × | ×× ×× × | ×× ×× × × |

哐哐叮叮 哐哐叮叮　哐哐 叮哐叮　哐哐 叮哐叮　哐哐 叮哐叮　哐哐叮哐 叮哐

× 0 0 |

叮

（唱词）

× × × ×　× ×　｜

哐哐叮叮　哐叮

（唱词）

× ×　× × ×　｜× 0 0　｜

哐哐　叮哐叮　　叮

（唱词）

× × × ×　× × ×　｜× 0 0　｜

哐哐叮哐　叮叮哐　　叮

4. 结束

在前一户门口唱完船歌后，玩船队伍开始前往下一户人家。这时的锣鼓节奏跟之前的相比又有所变化。行进中的锣鼓节奏为：

× ×　× × ×　｜× × × ×　× × ×　｜× ×　× × ×　｜× × × ×　× × ×　｜

哐哐　叮哐叮　　哐哐叮叮　哐哐叮　　哐哐　叮哐叮　　哐哐叮哐　叮叮哐

× × × ·　× × ×　｜× × ×　× ×　｜× × ×　× ×　｜× × × ×　× ×　｜× × ×　× × ×　｜

哐哐叮叮　叮叮哐　　哐哐叮叮　哐哐　　叮哐叮　哐哐　　叮哐叮　哐哐　　哐哐　哐叮叮

四、各地船歌歌词

（一）溧阳船歌

1. 船歌组合（一）

（演唱者：吴魁；记录时间：2015 年 11 月 1 日）

锣鼓（列）一打喜盈（嘞）盈（嘞），主东本是劳动（啊）人（嘞）。

你的劳动亦还（耶）好（哇），你的劳动亦可行。

收的粮食上万担，卖的钞票银行存。

人人说你万元（嘞）户（喂），劳动模范你有（哟）名（嘞）。

你谢烟来我谢（耶）茶（哟），茶叶里头有根（啰）芽（耶）。

茶是南山青紫（囗[zə]）叶（耶），水是老龙口吐花。
柴是南山丙丁火，火是老龙老炭牙。
烧茶娘子多囗[ɕya]瓜_能干_，上穿绫罗下穿纱。
要是老者烧的茶，彭祖要活八百八。
要是嫂子烧的茶，头不昏来眼不花。
要是小姑娘烧的茶，挑花绣朵就是她。
要是学生烧的茶，头顶状元就是他。
要是放牛伢儿烧的（哟）茶（哟），骑到牛身上打（列）哈哈（嘞）。

转个弯来抹个脚，脚脚踩到老龙窝。
踩到龙头生贵子，踩到龙尾状元多。
五子（囗[zə]）登科（耶）。

那家玩到列家来（哟），列家财门大大开（哟）。
白日开门招财宝（喂），夜里开门招船来。
一年四季总是发财。

高高山上一棵葱，一刀切开两头空。
你们好汉对好汉，我们金松对金松。
好汉金松大不同（欤）。

2. 船歌组合（二）
（演唱者：吴魁；记录时间：2015年11月1日）
你要不来我又来（耶），胸抱胸来怀抱怀。
胸抱胸来梁山伯，怀抱怀来祝英台。
我唱一个你再来。

小小龙船两头尖，又装银子又装钱。

你要问我装到哪去，走云南到四川。

转来再跟你拜个年——寿比南山。

那家玩了到列家，玩了多少好人家。

那家还有千担稻，列家还有万担麻。

荣华富贵就到你的家。

玩友来了是稀客，磕头打滚我来（耶）接。

昨日接你五条路，今天接你五道河。

不接玩友接谁个？

3. 十二月放羊歌

（演唱者：吴魁；记录时间：2015年11月1日）

正月放羊正月正，小奴家放羊动了身。羊儿赶到前面走，小奴家拖腿随后跟。

二月放羊二月八，小奴家放羊带采茶。等到羊儿吃饱了，赶着羊儿好回家。

三月放羊三月三，小奴家放羊绣牡丹。牡丹绣到头上戴，看花容易绣花难。

四月放羊四月八儿，娘娘庙里把香插。人人都把庙堂进，保佑奴家生一娃。

五月放羊是端阳，小奴家放羊在山上。家家都把端阳过，赶着羊儿回家乡。

六月里来是伏天，热得小奴家汗不干。羊儿热得不吃草，小奴家热得心发烦。

七月里来七月七，牛郎织女配夫妻。牛郎披着黄牛皮，隔着天河两分离。

八月里来是中秋，小奴家放羊在山头。看着羊儿吃饱了，赶着羊儿转回头。

九月里来菊花黄，小奴家放羊在山上。羊儿吃了百样草，又长高来又长膘。

十月里来小阳春，小奴家放羊在山顶。羊儿不吃霜枯草，赶着羊儿转回程。

冬月放羊冬月冬，老天又起东北风。冻得羊儿不吃草，冻得小奴家脸通红。

腊月里来腊月腊，家家都把羊来杀。提起杀来就将杀，杀了羊儿不放它。

（二）吴江船歌

吴江区横扇街道菀坪社区基本讲"河南话"。使用"河南话"演唱的菀坪船歌目前是苏州市吴江区非物质文化遗产。据苏州市吴江区横扇街道诚心村党总支书记李庆平介绍，菀坪船歌在当地很受人们喜爱，当地政府十分重视对其进行传承和保护，当地的艺人还创作了一些富有时代气息的歌词，例如：

"锣鼓一打喜洋洋，江南苏杭美名扬。"

"高效农业收入多，多种经营富农民。"

在李庆平的帮助下，笔者联系到了吴江区横扇街道菀坪社区锦绣江南小区的李祖仁先生。李祖仁对"河南话"口传文化非常热爱。他多才多艺，懂音乐、会乐器，对吴江船歌的锣鼓、曲谱等进行了整理，并和周广福先生共同创作了富有吴江地方特色的船歌歌词。

本书附上李祖仁提供的一首《旱船歌》（见下页）。该作品的锣鼓、曲谱整理人是李祖仁，作词是周广福、李祖仁。

（三）长兴船歌

据李祖仁介绍，菀坪船歌从长兴一带传入。为考察菀坪船歌跟长兴船歌的异同，笔者专程赴长兴县泗安镇一带进行调查，采集了部分泗安船歌的资料。经比较，长兴"河南话"船歌跟苏南船歌基本相同。此处收录两首长兴县泗安镇船歌，一首以历史事件为主要内容，一首以白蛇与许仙的传说为主要内容。

1. 泗安船歌（一）

（演唱者：项先忠；记录时间：2021年8月7日）

提古文来唱古（列呀）文（呐），我把那（个）历史又往下明（呐）。

我古又（列）今用（列）人人（呐）敬（呐），洋为（列）中用个个能行。

百花齐放大发展，推陈出新（哪）万年春。

今天又唱（那）一（耶）段，我把历史明（那）一明。

从小没把学堂进，很多历史说不（欤）清。

斩关过将唱错了，同志们治病来救人。

人无错误不算君子，改正错误是好（欤）人。

自从盘古到现在，三皇五帝治（个）乾坤。

唐尧访禹让天下，虞尧访禹让（那）乾坤。

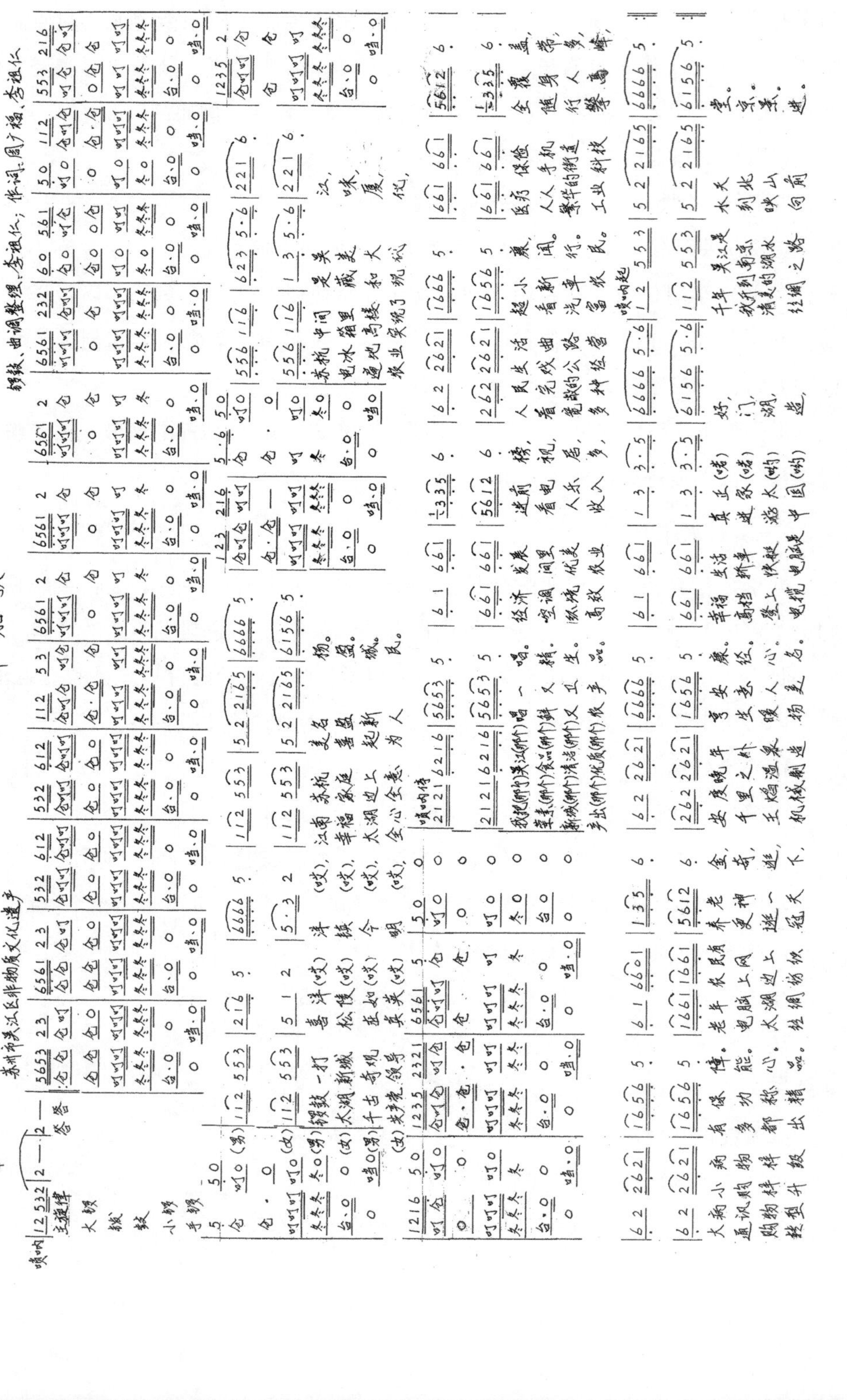
旱船歌
苏州市吴江区非物质文化遗产
锣鼓、曲调整理：李祖仁；作词：周广福、李祖仁
1=D 2/4

上有宇就下有（列）坤。

夏朝禹皇把国建，初建国号把（个）位登。

商朝传位（着）六百代，纣王无道乱江春。

周朝武王把位坐，春秋战国（就）等（啊）到今。

幽王收到（列）褒姒女，七八（列个）藩王把国争。

五霸七雄（他）不归正（啦），秦始皇又把（着）六国吞。

赶山掖海力量大，开通运河造长城。

陈胜吴广来起义，手拿竹竿来斗争。

起义不过（你着）一月整，全国扩大几万人。

列是（我的）革命第一（耶）次（若），吴国（列）霸王又出（了）兵（啰）。

我（就）提古文（呐）唱古（列欸）文（呐），我把（那个）历史（又）往下明（呐）。

汉初出个（着）汉高（喂）祖（喂），汉楚二国出（个）了（喂）兵。

韩信摆下（着）蜜蜂阵，逼死霸王（就）落（个）江心。

刘邦开国为西汉，王莽篡位反朝廷。

传位到（那个）汉献帝，魏蜀（着）吴（列）三国来（列）相争。

东晋西晋十六国，（我）宋齐梁陈南北分。

隋朝昏君出杨广，唐朝又出（着）李世（欸）民。

南唐五代无正主，宋朝建都（着）在东京。

上有（列）唐宋和元明，（我的）朱洪武坐在（着）南京城。

后来的福王把位坐，儿女百姓苦伤心。

税款加重荒年到，农民吃草和树（欸）根。

生活（列）越来越艰苦，还比（那个）黄连苦三分。

人不（得）该死（列）总有（喂）救（喂），出了（那个）闯王李（哟）自成（啰）。

我（就）提古文（来）唱古（列耶）文（呐），唱唱（我的）闯王李自（啊）成（呐）。

（我）家住陕西米脂（欸）县（呐），家庭出身（啦）是（个）农民。

陕西（列）北部起了义，高迎祥（欸）总（啊）调兵。

杀了福王离了恨，救苦救难救人民。

崇祯吊死在煤山上，闯王除旧又翻新。

革命首将刘宗敏，骄傲自满太粗心。

到了（着）河北通山县，察望战场牺（了）牲。

二十几（列）年老革（列欸）命（呐），（唉）（我列）朝中（着）又出了奸臣（啰）。

闯王（列）革命二十多（哟）年（呐），吴三桂（列）叛变又叫内奸（呐）。

勾引（列）清兵中原（呐）进（呐），英法美国来串联。

来到中国开烟店，大量运进鸦片烟。

害人身体少康健，白银（列）外流加负担。

清朝政府无法办，为了自己（着）统治权。

林则徐一看事不好，他在广州（着）命令下（耶）。

公元一八三九年，虎门（列）海滩烧鸦片。

鸦片战争就到滩。

英国船舰广州来造反，杀人放火又（啊）强奸。

三元里（列）农民起（了）义，组织抗战（着）平英团。

打到（列）清朝无法办，清朝卖国（着）定（了）条件。

（唉）赔款两千（着）一百万，（我）让出香港好地盘。

福建广州（列）厦门岛，中国（列）失了政（个）治权。

生活（着）越来越艰（嘞）。

人不（得）该死（列）有救，出（了）个英雄洪（啊）秀全（哪）。

2. 泗安船歌（二）

（演唱者：陈海根[①]；记录时间：2021年8月7日）

---

① 陈海根是长兴县非物质文化遗产"玩旱船"的传人。

松山云岭继（唷）千（欤）秋（喂），银色的高空水（耶）直（列）流（欤）。万里长江飘如（欤）带，一轮（列）明月滚金球。

眼观河北三千界，脚踏江南十二（嘞）州。美景儿一时观不尽，世上的伟人几时休。

杭州西湖有十六景儿，名山古今在里头。桃红柳绿花为径儿，许仙游玩到了杭州。

白蛇（列）娘子掐指算，许仙来到断桥头。二人断桥会了一面，花红的世界谁肯丢。

小青念动了云水路，陡然老天起了云头。恶风（那）暴雨来得快，连天大雨往下流。

小姐列衣裳打湿透，许仙送伞赶路途。小青说要送不能（嘞）走，送我们（列）二人回家（唷）。

三人就把船来上，船夫摇船到（个）虎丘。三人就上岸往前（嘞）走（喂），花园现起了一座（列）高（喂）楼（喂）。万丈的高楼平（了）地（来）修（喂）。

三人就把一个红楼（欤）进（呐），红楼里头观春秋。小姐开口把公子问，问到（那个）公子听从头。

家住何州并何县，姓甚（列）名谁住到哪州。今年的年纪有多大，青春年幼把亲收。

许仙听了这句话，叫声（那）小姐听从头。家住杭州五里路，钱塘许家庄里头。一双（列）父母早亡故，一无（列）弟兄二无朋友。住在我的姐姐家中里，苦读寒窗过春秋。今年的年纪二十岁，哪有（那）银钱把亲收。

白蛇听了这句话，恩爱的情意在心头。小青上前把眉皱，白蛇跟许仙交了朋友。灯红灯绿花烛夜，白蛇跟许仙共了枕头。

但无忧患雄黄酒，酒过三杯不自由。白蛇就把一个原形现，吓坏了许仙命难有。

白蛇扑在郎身上，大把的白水往下流。小青一看使不得，叫声（那个）小姐听从头。

莫伤心莫流泪，快到仙山把仙丹偷。能把那仙丹偷到手，恩爱的情意能到头。

白蛇听了这句话,驾起了云头飞(了)杭州。昆仑(列)山上盗药草,白鹤(列)童儿作对头。

二人(列)山上会了一战,打得(一个)白蛇内伤留。白蛇跪在雷兵里,千言万语把情求。

二位(列)仙童饶了我,恩报恩来仇报仇。许郎死在我的家中里,身怀娇儿我肚里头。

寿星高山一声叫,我的徒儿赶快把手丢。开口就把一个小姐喊,白蛇(列)姑娘听从头。此地仙丹下山坳,赶快回去把丈夫救。

多谢(列)仙长来保佑。白蛇把仙丹拿在手,驾起了云头回了杭州。

来去(了)白蛇我且不(欤)表(欤),我再唱法海来作对头(欤)。

第二节 狮子"喊彩"

一、玩狮子与"喊彩"

20世纪80年代,苏南农村每逢春节都会有玩狮子(舞狮)这项表演。

作为一种民间习俗,人们认为玩狮子可以驱邪祈福,同时能增加节日气氛。玩狮子使用的道具,外形跟真狮酷似,由狮头、狮身、狮尾组成。狮头庞大威武、目光炯炯,血盆大口可张可合。狮身由红色和绿色两层厚布缝制,上面缀满了用苎麻染成的绿色或金黄色狮毛。狮尾通常用布缝制,上面缀满狮毛。狮子的脖子上挂着一串铜铃,声音清脆响亮,"喊彩"时可随着节奏摇动振响。

玩狮子的队伍,一般需要7人,包括引狮者1人、舞狮者2人、锣鼓手4人(锣手1人、镗锣手1人、镲手1人、鼓手1人)。引狮者负责引导舞狮者的行进路线,并通过"喊彩"的方式向住家祈福表达吉祥。舞狮者的2人中,通常按照一高一矮搭配。舞狮者的4条腿,正好扮作狮子的4条腿。通常,由高个子执狮头,模仿狮子的各种神态和头部动作;由矮个子作狮尾,配合狮头起舞或跳跃,并用手托住狮尾不停地抖动。在玩耍中，狮子会做出各种动作，如匍匐前行、摇头摆尾、咬虱、朝拜、翻滚、跳跃等。因此，两位舞狮者要动作协调、配合默契。

玩狮子一般在住家的客厅进行。地方大的话，舞狮的动作可以大一些；地方小的话，舞狮的动作幅度只能小一些。狮子进门后，住家的主人通常会在供桌上点燃蜡烛和香，表示对青狮的敬畏和欢迎。在苏南农村，狮子被视作吉祥兽，被赋予神灵般的力量。人们希望在舞狮过后获取一撮狮毛，系在上衣纽扣或小孩儿的帽子上，以避邪纳福。因此，住家的主人通常会在给玩狮者的香烟上，放上一把剪刀。引狮者看到后，立刻明白住家的用意，会在表演结束后用剪刀从狮身上剪下一撮"狮毛"（一般是用麻线染色的）放在供桌上，然后把香烟拿走。

挨家挨户拜门子时，若遇到孝家（判断标准同玩船），狮子必须趴着进门，进门后一直匍匐在地，不可起舞或跳跃。碰到这种情况，引狮者要调整"喊彩"内容，兼顾孝家的特点和感受。

玩狮子对舞狮者的技术要求很高。在村上住户家玩耍，对舞狮者的技术要求并不高。逢正月十五，有的地方会举行舞狮汇演或狮子比武，"河南话"称"狮子打场儿"。"狮子打场儿"的内容或项目主要有：狮子顶绣球、狮子顶板凳、狮子爬八仙桌等。这些都是高难度的动作，对舞狮者的技术要求很高。通过竞技比武，展示各路舞狮队伍的实力和风采。

狮子"喊彩"又叫"喊段头"，是一种介于说白和演唱之间的口头表达形式。引狮者"喊彩"的内容，通常以七字格为主，节奏呈现"×× ×× ××× (×)——"的特点，括号里的衬字通常要拖音延长。"喊彩"唱词多押韵，节律感很强。

二、溧阳狮子"喊彩"

（发音人：吴魁；记录时间：2015 年 11 月 1 日）

（锣鼓进场）

(×× × ××× | ×× × ××× | ×× × ××× | ×××× ××× |
咚咣咚，咣咚咣，咚咣咚，咣咚咣，咚咚咣，咚咚咣，咚咣咚咣 咚咚咣

×× × ××× |
咚咚咣，咚咚咣，

```
× × × ×  × × ×  |  × × × ×  × ×  |  × × ×  × × ×  |  × ×  × × ×  |
咚咣咚咣 咚咚咣，  咚咚咚咚，咣咣，  咚咣咚，咣咚咣，  咚咚，咣咚咣，

× × × ×  × × ×  |
咚咣咚咣 咚咚咣，

× × × ×  × × ×  |  × × ×  × × ×  |  × × × ×  × × ×  |  × × ×  × × × ×  |
咣咣咚咣 咚咚咣，咚咚咣，咚咚咣，  咣咣咚咣 咚咚咣，  咚咚咣，咣咚咚咣

× × ×  × × ×  |
咚咚咣，咚咣咚，

× × × ×  |  × × × ×  |  × × × ×  |  × × × ×  |  × × × ×  |  × × ×  |
咣咚咣，咚咣咚，咚咣咣，咣咚咚咣 咚咚咣，咚咚咚，咣咣，咚咣咚咣 咚咚咣，

× × × ×  |
咣咚咣咚

× × × ×  × × ×  |  × × × ×  |  × × × × × ×  |  × × × ×  | )
咣咚咣咚 咚咚咚，咣咚，咣咣，咚咣咚，咣咣咚咣 咚咚 咣，咚）
```

狮子头 上   三 点 黄 啊,（咣） 东家 住 的
sɿ tsɿ tʰəɯ saŋ   san tian faŋ ŋa,（×） toŋ tɕia tɕy tie

好 楼 房。（咣） 高 头 又 盖 琉 璃 瓦 耶,
xau ləɯ faŋ。（×） kau tʰəɯ iəɯ kai liəɯ li va ie,

（咣） 地 下 金 砖 扣 咧 墙。（咣）
（×） ti ɕia tɕin tɕyan kʰəɯ lie tɕʰiaŋ。（×）

金石磙嘞，（咣）　银稻场；（咣）
tɕin sɿ kuən lei,（×）in tau tsʰaŋ;（×）

金柱子啊，（咣）　银搁梁；（咣）
tɕin tɕy tsɿ za,（×）in ko liaŋ;（×）

日头一出就放豪光。（咣）我把青狮
ər tʰəu i tɕʰy tsəu faŋ xau kuaŋ.（×）ŋo pa tɕʰin sɿ

请起身嘞，（咣）荣华富贵万年青。
tɕʰin tɕʰi sən lei,（×）zoŋ fa fu kuei vai n̠ian tɕʰin.

（咣）狮子头上三点黑呀，（咣）
（×）sɿ tsɿ tʰəu saŋ san tian xie ia,（×）

贤东住咧有点儿窄。（咣）打滚打不下
ɕian toŋ tɕy lie iəu tiai tse.（×）ta kuən ta pu ɕia

耶，（咣）咬虱儿① 咬不得。（咣）只等八月
ie,（×）ŋaɯ ser ŋaɯ pu tie.（×）tsɿ tən pa ye

秋收了喂，（咣）把你房子盖宽些。
tɕʰiəɯ səɯ liaɯ vei,（×）pa ni fa tsɿ kai kʰuan ɕie.

（咣）我们青狮多玩些。（咣）
（×）ŋo mən tɕʰiŋ sɿ to van ɕie.（×）

我把青狮请起身嘞，（咣）富贵荣华着
ŋo pa tɕʰin sɿ tɕʰin tɕʰi sən lei,（×）fu kuei zoŋ fa tso

一满门。（咣）狮子头上三点黄啊，
i man mən.（×）sɿ tsɿ tʰəɯ saŋ san tian faŋ ŋa,

（咣）贤东门口一个塘。（咣）
（×）ɕian toŋ mən kʰəɯ i ko tʰaŋ.（×）

① 咬虱儿，玩狮子的主要动作。

今年鲢子 九斤半嘞，（咣） 明年鲤鱼
tɕin n̠ian lian tsʅ tɕiəu tɕin pan lei, （×） mən n̠ian ni y

扁担 长， （咣） 留 到 下 年 着 盖 楼 房。
pian tan tsʰaŋ, （×） liəu tau ɕia n̠ian tso kai ləu faŋ。

（咣） 我 把 青 狮 请 起 身 嘞,（咣）
（×） ŋo pa tɕʰin sʅ tɕʰin tɕʰi sən lei, （×）

富 贵 荣 华 着 万 年 青。 （咣） 狮 子 头 上
fu kuei zoŋ fa tso van n̠ian tɕʰin。 （×） sʅ tsʅ tʰəu saŋ

三 点 青 喽, （咣） 主 东 门 口 一 棵 椿。
san tian tɕʰin ləu, （×） tɕy toŋ mən kʰəu i kʰo tɕʰyn。

（咣） 人 家 椿 树 结 椿 籽 欸,（咣）
（×） zən tɕia tɕʰyn ɕy tɕie tɕʰyn tsʅ ze, （×）

你的椿树　　结金银。（咣）　隔了三天
n̩ tieʻ tɕʰyn ɕy　tɕie tɕin in。（×）　kie lo san tʰian

没打　扫喔，（咣）　金银又落　　几　尺　深。
mei ta　saɯ vəɯ,（×）　tɕin in iəɯ lo　tɕi tsʰɿ tsʰən。

（咣）　我　把　青狮　请　起　身　喽，（咣）
（×）　ŋo　pɑ　tɕʰin sɿ　tɕʰin tɕʰi　sən ləɯ,（×）

富贵荣华着万万　青。（咣）　狮子头　上
fu kuei zoŋ fa tso van van tɕʰin。（×）　sɿ tsɿ tʰəɯ saŋ

三点青嘞，（咣）　得见嫂子抱一个小学
san tian tɕʰin lei,（×）　tie tɕian saɯ tsɿ pɑɯ i ko ɕiaɯ ɕio

生。（咣）　只有我们　玩友　眼睛　钝　嘞,（咣）
sən。（×）　tsɿ iəɯ ŋo mən　van iəɯ　ian tɕin　tən lei,（×）

不知男生是女生。（吭）　一岁二岁着
pu tʂ lan sən　sʐ ny sən。（×）　i sei ər sei tso

吃娘奶耶，（吭）　三岁四岁着离娘身。
tsʰʅ niaŋ lai ie，（×）　san sei sʐ sei tso li niaŋ sən。

（吭）　五岁六岁　成人长喔，（吭）
（×）　vu sei ləɯ sei　tsʰən zən tsaŋ ŋeɯ，（×）

七岁八岁　送到学堂　攻书文。（吭）
tɕʰi sei pɑ sei　soŋ tau ɕio tʰaŋ　koŋ ɕy vən。（×）

读书要读　三字经喽，（吭）　写字要写
təɯ ɕy iaɯ təɯ　san tsʐ tɕin ləɯ，（×）　ɕie tsʐ iɑ ɕie

上大人。（吭）　我把青狮请起身嘞，
saŋ tɑ zən。（×）　ŋo pɑ tɕʰin sʐ tɕʰin tɕʰi sən lei，

(咣)　　富贵荣华着万万青。　　(咣)
(×)　　fu kuei zoŋ fɑ tso vɑn vɑn tɕʰin。　(×)

狮子头上　　三点青嘞,　(咣)　　贤东本是
sʅ tsʅ tʰəɯ sɑŋ　sɑn tiɑn tɕʰin lei, (×)　ɕiɑn toŋ pən sʅ

爱玩人。　(咣)　　你爱玩来　　我爱玩嘞,
ŋɑi vɑn zən。　(×)　　n ŋɑi vɑn lɑi　　ŋo ŋɑi vɑn lei,

(咣)　　二人爱玩　合一班。　(咣)
(×)　　ər zən ŋɑi vɑn　xo i pɑn。　(×)

你们爱玩常在外耶,(咣)　　我们爱玩
ni mən ŋɑi vɑn tsʰɑŋ tɑi vɑi ie, (×)　　ŋo mən ŋɑi vɑn

家里玩。　(咣)　　你倒拐①长毛是老手喂,
tɕiɑ li vɑn。　(×)　　ni tɑɯ kuɑi tsɑŋ mɑɯ sʅ lɑɯ səɯ vei,

① 倒拐：胳膊肘。

（吰）　眉毛跳齿　是能　人。　（吰）
（×）　mi maɯ tʰiaɯ tsʰɿ　sɿ lən　zən。　（×）

站到肩膀　打楞　楞喽，（吰）　这才混得
tsan taɯ tɕiaŋ paŋ　ta lən　lən ləɯ,（×）　tse tsʰai fən tie

人上　人。　（吰）　我把青狮　请起身嘞，
zən saŋ　zən。　（×）　ŋo pa tɕʰin sɿ　tɕʰin tɕʰi sən lei,

（吰）　富贵荣华　万　万青。　（吰）
（×）　fu kuei zoŋ fɑ　van　van tɕʰin。　（×）

（锣鼓退场）

(××× ××× | ××× ××× | ××× ××× | ××× ××× |
（吰咚吰，咚吰吰，　吰咚吰，咚吰吰，　吰咚吰，咚吰吰，　吰咚吰，咚吰吰，
××× ××× |)
吰咚吰，咚吰吰）

三、"喊彩"的曲调特征

从旋律上看，狮子"喊彩"带有较强的宣叙性，旋律主要由唱词的声调构成，如同诉说。曲调的结构整齐、对称，一般以两句为一个单元，且两句的旋律走势

均从高到低。

从节奏上看,"喊彩"节奏鲜明,以"×× ××× ｜ ××× ×× ｜"的节奏型和节奏组合居多。切分音和变化节奏较少,显得比较单一。这种单一稳定的节奏,配上铿锵的唱词,增加了"喊彩"的雄浑气势。

从内容上看,"喊彩"唱词的应景成分较多。引狮者通常会根据住家的住宅、身份等情况选取或编唱一些段头,将对住家的称赞和吉祥的祝福明确地以"金银满屋""荣华富贵""盖楼房"等表达出来,非常贴近老百姓的生活和向往。唱词一般以"狮子头上三点黑(青、黄)呀"作为分段的标记。

从伴奏上看,"喊彩"的锣鼓不同于玩船的锣鼓。可以分为进场锣鼓、间奏锣鼓、退场锣鼓三种情况。进场锣鼓以"××× ××× ｜ ×××× ××× ｜"的节奏型为主。间奏锣鼓比较简单,在引狮者唱完后和一下"咣(×)"即可。狮子"喊彩"的退场锣鼓跟进场锣鼓基本相同,即以"××× ××× ｜ ×××× ××× ｜"的节奏型为主。

第三节　山歌

一、苏南"河南话"山歌

20世纪特别是改革开放前,苏南农民在生产队参加集体劳动、在树下纳鞋底、三五成群在门口乘凉、围在火盆前烤火等生活场景随处可见。劳动之余,人们会传唱一些抒发情怀、娱乐消遣的山歌。"河南人"传唱的山歌主要有:做农活时唱的《打秧草歌》,劳动号子《车水喊双》《顿夯歌》,民间小调《针线歌》等。

《打秧草歌》是在田间打秧草时哼唱的山歌,描写了庄稼汉全天打秧草的生活感受。以前给秧田除草,主要采用两种人工方式:一种是站着用秧草耙子打秧草,一种是俯身用手拔秧田里的杂草。夏天打秧草,既闷热又辛苦。哼唱山歌,能够打发难熬的时光。

《车水喊双》是一种劳动号子。车水，就是使用摇车或水车进行人工排灌。伏旱季节，车水是最常见的取水灌溉方式。苏南农村的水车基本为龙骨水车，主要有大小两种：大的是脚踏龙骨水车，一般为四人合作；小的是手摇龙骨水车，一般为两人合作。龙骨水车的主要部件是水槽、串接木质叶片的脊椎状木榫、木制滚轴（俗称"车拐子"）。车水时，木制叶片随着木榫的传动，入水取水后沿着水槽一直往上"爬"，将水传递至最高点"吐水"后继续向下，重复入水、取水、传递、"吐水"的动作。踏水车时，四位车水者一字排开，手扶胸前横木，脚踩"蹬拐"，步调一致。手摇水车的车拐子较长，两位车水者分站在摇车两边，握着车拐子一送一拉，相互配合着车水。车水动作吃力又单调。车水者通过"喊双"呼号，能够有效排遣车水带来的疲惫与枯燥。

　　《顿夯歌》也是一种劳动号子。打夯较多用于修筑堤坝。顿夯是若干人从不同方向一起用绳索提夯，提夯高度一般不低于40厘米。众人根据《顿夯歌》的节奏，保持一致，用力均匀，确保夯头垂直落地。每夯之间相互接搭——即后一夯需接搭前一夯夯头着地的印迹，这样才夯得平整。顿夯时用力越大，提夯越高，夯头落地的力量越大，夯得越紧。为防提夯握绳时手滑，一般在提夯绳索上结上一个个的绳"疙瘩"。

　　《针线歌》是农妇绣花、纳鞋底时哼唱的小调，描写了一位女孩儿从媒人提亲、嫁入婆家、学做家务、碰到复杂家庭关系到返回娘家的经历和苦恼。这也是之前大多数中国农村妇女的真实生活写照。《针线歌》基本采用七字格加衬字的唱词形式，节奏鲜明、轻快活泼、富有情趣。

二、"河南话"山歌举例

（一）《打秧草歌》

（发音人：吴魁；记录时间：2015年11月1日）

二　十　岁　的　小　伙　嘞　　　不　唱　哦　歌
ər　sʅ　sei　tie　ɕiau　xo　lei　　pu　tshaŋ　ŋeu　ko

5
啊， 留 到 列 个 嘞 心 里 哟 该 如 呦
vɑ， liəɯ taɯ lie ko lei ɕin li io kai y iəɯ
9
何 哦。 人 有 喂 几 个 耶 二 十
xo əɯ。 zən iəɯ vei tɕi ko ie ər sɿ
13
岁 耶？ 人 到 列 个 三 十 欧 往 下 呦
sei ie？ zən taɯ lie ko san sɿ əɯ vaŋ ɕiɑ iəɯ
17
衰 唷， 气 走 列 的 个 容 易 呦 转 不
sai io， tɕʰi tsəɯ lie tie ko zoŋ i iəɯ tɕyan pu
21
哦 来 唷。 太 阳 列 当 顶
əɯ lai io。 tʰai iaŋ lie taŋ tin
25
欸 正 当 哦 间 啦。 望 望 列 个 着
ei tsən taŋ ŋəɯ tɕian lɑ。 vaŋ vaŋ lie ko tso

第三章 苏南"河南话"口传文化

日 头 喂 望 望 哦 天 啦。
ər tʰəɯ vei vaŋ vaŋ əɯ tʰian lɑ。

望 望 列 的 个 日 头 喂 当 了 喂 顶 呐。
vaŋ vaŋ lie tie ko ər tʰəɯ vei taŋ lo vei tin le。

望 望 列 的 个 厨 房 哦 没 冒 哦 烟
vaŋ vaŋ lie tie ko tɕʰy faŋ ŋəɯ mei maɯ əɯ ian

啦。 想 必 是 列 个 厨 房 娘 子 打 脾
lɑ。 ɕiaŋ pie sɿ lie ko tɕʰy faŋ n̠ian tsɿ tɑ pʰi

呦 寒 啦。 叫 我 唱 歌 呐 我 亦 哦
iəɯ xan lɑ。 tɕiaɯ ŋo tsʰaŋ ko le ŋo i əɯ

能 哦, 就 是 列 的 个 嗓 子 欸 不 由 哦
lən əɯ, tsɯ sɿ lie tie ko saŋ tsɿ ei pu iəɯ əɯ

人 啦。 四 两 列 的个 金 鸡 耶 学 开 耶
zən la。 sɿ liaŋ lie tie ko tɕin tɕi ie ɕio kʰai ie

叫 喂, 高 一 声 来 呦 低 一 呦
tɕiau vei, kau i sən lai iəu ti i iəu

声 啦。 时 时 列 个 见 笑 喔
sən la。 sɿ sɿ lie ko tɕian ɕiau ɯe

爱 玩 列 呦 人 啰。 小 小 列 的个 鲤 鱼 耶
ŋai van lie iəu zən ləu。 ɕiau ɕiau lie tie ko li y ie

红 紫 哦 鳃 啊, 上 江 列 个 游 在 呦
xoŋ tsɿ ɯe sai ia, saŋ tɕiaŋ lie ko iəu tsai iəu

下 江 欧 来 哦。 上 江
ɕia tɕiaŋ əu lai ɯe。 saŋ tɕiaŋ

吃的耶　灵芝草喂，下江列的个
tsʰʅ tie ie　lin tsʅ tsʰau vei, ɕia tɕiaŋ lie tie ko

吃的呦　苦青喽苔呀。
tsʰʅ tie iəu　kʰu tɕʰiŋ ləu tʰai ia。

不为列的个仁兄呐　我也不来
pu vei lie tie ko zən ɕin le　ŋo ie pu lai

呦。太阳哦　落土喂
io。tʰai iaŋ ŋəu　lo tʰəu vei

凹地哦黑呀，我留我列个小郎欧
va ti əu xie ia, ŋo liəu ŋo lie ko ɕiau laŋ ŋəu

这里呦歇呦。
tse li iəu ɕie io。

102

稻 草 列 的 个 打 铺 喂　 罗 裙ㄦ 嘞　 垫 嘞,
tɑɯ tsʰɑɯ lie tie ko tɑ pʰu vei　 lo tɕʰyer lei　 tian lei,

106

被 服 里 短 了 哦　 袄 子 喔 接
pei vu li tan lo ɘɯ　 ŋɑɯ tsʅ ɘɯ tɕie

110

呀。 这 里 列 的 个 不 歇 哟　 哪 里
iɑ。 tse li lie tie ko pu ɕie io　 lɑ li

114

哟 歇 哟?
io ɕie io?

（二）劳动号子

1.《车水喊双》

（发音人：吴魁；记录时间：2016 年 8 月 4 日）

一 来 溜,　 一 双 欧,　 一 离 呦。 两 来 溜,　 两 双
i lai liɘɯ,　 i sɑŋ ɘɯ,　 i li iɘɯ。 liaŋ lai liɘɯ,　 liaŋ sɑŋ

第三章　苏南"河南话"口传文化

欸，　　　两离　呦。　　三来　溜，　　三双　欧，　　三离　呦。　　四来
ei,　　　liaŋ li iəɯ.　　san lai liəɯ,　　san saŋ əɯ,　　san li iəɯ.　　sʅ lai

溜，　　　四双　欧，　　四离　呦。　　五来　溜，　　五双　欸，　　五离
liəɯ,　　sʅ saŋ əɯ,　　sʅ li iəɯ.　　vu lai liəɯ,　　vu saŋ ei,　　vu li

呦。　　　六来　溜，　　六双　欸，　　六离　呦。　　七来　溜，　　七双
iəɯ.　　liəɯ lai liəɯ,　　liəɯ saŋ ei,　　liəɯ li iəɯ.　　tɕʰi lai liəɯ,　　tɕʰi saŋ

欧，　　　七离　呦。　　八来　溜，　　八双　欧，　　八离　呦。　　九来
əɯ,　　tɕʰi li iəɯ.　　pɑ lai liəɯ,　　pɑ saŋ əɯ,　　pɑ li iəɯ.　　tɕiəɯ lai

溜，　　　九双　欧，　　九离　呦。　　满了　欧，　　一轴　溜。
liəɯ,　　tɕiəɯ saŋ əɯ,　　tɕiəɯ li iəɯ.　　man lo əɯ,　　i tsəɯ liəɯ.

2.《顿夯歌》

（发音人：吴魁；记录时间：2015年11月1日）

起呀夯啊，嘿作！顿啊夯啊，嘿作！
tɕʰi ia xaŋ ŋa, xei tso! tən ŋa xaŋ ŋa, xei tso!

再顿一夯，嘿作！请过夯啊，嘿作！
tsai tən i xaŋ, xei tso! tɕʰin ko xaŋ ŋa, xei tso!

小夯儿啊，嘿作！四根梃哪，嘿作！
ɕiaɯ xaŋ ər la, xei tso! sɿ kən tʰin la, xei tso!

在我们四人，嘿作！手中拎哪，嘿作！
tsai ŋo mən sɿ zən, xei tso! səɯ tsoŋ lin la, xei tso!

举得高嘞，嘿作！掌得平嘞，嘿作！
tɕy tie kaɯ va, xei tso! tsaŋ tie pʰin lei, xei tso!

打得稳嘞，嘿作！打得个黄鳝，嘿作！
ta tie vən lei, xei tso! ta tie ko faŋ san, xei tso!

和 泥 鳅 哇，嘿 作！ 拱 不 进 嘞，嘿 作！
xo ȵi tɕʰiəɯ va, xei tso! koŋ pu tɕin lei, xei tso!

再 顿 一 夯，嘿 作！ 请 过 夯 啊，嘿 作！
tsai tən i xaŋ, xei tso! tɕʰin ko xaŋ ŋa, xei tso!

同 志 们 嘞，嘿 作！ 你 听 清 哪，嘿 作！
tʰoŋ tsɿ mən lei, xei tso! n̩ tʰin tɕʰin na, xei tso!

四 个 人 哪，嘿 作！ 要 一 条 心 哪，嘿 作！
sɿ ko zən na, xei tso! iaɯ i tʰiaɯ ɕin na, xei tso!

七 扯 八 拉，嘿 作！ 打 不 平 嘞，嘿 作！
tɕʰi tsʰei pa la, xei tso! ta pu pʰin lei, xei tso!

打 到 脚 嘞，嘿 作！ 尬 手 摸 呀，嘿 作！
ta tɑɯ tɕio lei, xei tso! ka səɯ mo ia, xei tso!

打 到 头 哇, 嘿 作! 眼 泪 流 哇, 嘿 作!
tɑ tau tʰəɯ vɑ, xei tso! iɛn li liəɯ vɑ, xei tso!

四 个 人 啦, 嘿 作! 顿 小 夯 啊, 嘿 作!
sʅ ko zən lɑ, xei tso! tən ɕiau xaŋ ŋɑ, xei tso!

毛 板① 上 嘞, 嘿 作! 要 当 心 哪, 嘿 作!
mau pan saŋ lei, xei tso! iau taŋ ɕin nɑ, xei tso!

同 志 们 哪, 嘿 作! 要 学 习 呀, 嘿 作!
tʰoŋ tsʅ mən lɑ, xei tso! iau ɕio ɕi iɑ, xei tso!

刘 伯 温 哪, 嘿 作! 筑 东 坝 吔, 嘿 作!
liəɯ pie vən lɑ, xei tso! tso toŋ pɑ ie, xei tso!

好 比 列 列, 嘿 作! 铁 水 淋 哪, 嘿 作!
xau pi lie lie, xei tso! tʰie sei lin nɑ, xei tso!

---

① 毛板,上面长有铁板根(一种牵藤茅草)等的被切成方形的土块儿。

万古千年，嘿作！到如今哪，嘿作！
van ku tɕʰian ȵian, xei tso! tau y tɕin na, xei tso!

再顿一夯，嘿作！请过夯啊，嘿作！
tsai tən i xaŋ, xei tso! tɕʰin ko xaŋ ŋa, xei tso!

古代人嘞，嘿作！谈古经哪，嘿作！
ku tai zən lei, xei tso! tʰan ku tɕin na, xei tso!

小小咧溧呀阳啊，嘿作！终究有不
ɕiau ɕiau lie li ia iaŋ ŋa, xei tso! tsoŋ tɕiəu iəu pu

长啊，嘿作！东坝一倒哇，
tsʰaŋ ŋa, xei tso! toŋ pa i tau va,

嘿作！扬子大江啊，嘿作！
xei tso! iaŋ tsɿ ta tɕiaŋ ŋa, xei tso!

要想东坝开呀，嘿 作！三岁咧娃儿
iaɯ ɕiaŋ toŋ pa kʰai ia, xei tso! san sei lie va ər

背锹来呀，嘿 作！停一停嘞，嘿 作！
pei tɕʰiaɯ lai ia, xei tso! tʰin i tʰin lei, xei tso!

歇个荫哪，嘿 作！
ɕie ko in na, xei tso!

（三）《针线歌》

（发音人：周世娣；记录时间：2015年11月1日）

小花狗喂， 你看家哟， 我在后园 采梅花哟。
ɕiaɯ fa kəɯ vei, ni kʰan tɕia io, ŋo tsai xəɯ ɥan tsʰai mei fa io.

三朵梅花 没采了喂， 两个媒人 到我家哟。
san to mei fa mei tsʰai liaɯ vei, liaŋ ko mei zən taɯ o tɕia io.

媒人媒人 上去坐耶， 我洗里锅 炒芝麻哟。
mei zən mei zən saŋ tɕʰy tso ie, ŋo ɕi li ko tsʰaɯ tsɿ ma io.

芝麻芝麻　　你莫炸耶，　　我跟媒人　　说句话哟。
tsɿ ma tsɿ ma　　ni mo tsa ie,　　ŋo kən mei zən　　ɕye tɕy fa io。

媒人媒人　　做什么耶，　　我跟小女　　说婆家哟。
mei zən mei zən　　tsəu sən mo ie,　　ŋo kən ɕiaɯ ny　　ɕye pʰo tɕia io。

小女还没得　十七八耶，　缎子鞋耶　　做不到　喂，
ɕiaɯ ny xai mei tie　sɿ tɕʰi pa ie,　tan tsɿ xai ie　　tsəu pu taɯ vei,

棉布鞋哟　　窝成巴哟。　　芝麻芝麻　　你莫抠喂，
mian pu xai io　　ŋo tsʰən pa io。　　tsɿ ma tsɿ ma　　ni mo ŋɯ vei,

我陪媒人　　喝盅酒喂。　　洗把手喂，　和白面喽，
ŋo pʰei mei zən　　xo tsoŋ tɕiəu vei。　ɕi pa səu vei,　xo pie mian ləɯ,

拿起擀杖　　一大片喽。　　拿起刀子　　一条线呐。
la tɕʰi kan tsaŋ　　i ta pʰian ləɯ。　la tɕʰi taɯ tsɿ　　i tʰiaɯ ɕian le。

37

放到锅里　　团团转呐。　　公一碗呐　　婆一碗呐。
faŋ tau ko lie　tʰan tʰan tɕyan le。　koŋ i van le　pʰo i van le。

41

两个小姑　　两半碗啰。　　嫂没得耶　　舔锅铲呐，
niaŋ ko ɕiau ku　niaŋ pan van lo。　sau mei tie ie　tʰian ko tsʰan le,

45

猫子大了嫂的脸呐。　　嫂在灶门口气得哭喂，火钳落了
mau tsɿ tɑ lo sau tie lian le。　sau tsai tsau mən kʰəu tɕʰi lie kʰu vei, xo tɕʰian lo lo

嫂咧婆梁骨喔。嫂在后塘洗了洗耶，狗子咬了　嫂的腿耶。
sau lie pʰo liaŋ ku əu。 sau tsai xəu tʰaŋ ɕi lo ɕi ie, kəu tsɿ ŋau lo sau tie tʰi ie。

53

董董浮①喂　　满塘漂哇，　　小乌龟哟　　要我教喔。
toŋ toŋ pʰu vei　man tʰaŋ pʰiau vɑ, ɕiau vu kuei io　iau ŋo tɕiau əu。

57

向左看呐　　是个塘呢，　　看右边呐　　是个冲呢。
ɕiaŋ tso kʰan le　sɿ ko tʰaŋ ŋei,　kʰan iəu pian le　sɿ ko tsʰoŋ ŋei。

① 董董浮，浮萍的一种，体稍大、叶子圆形。

朝前看喽　　大路通门前喽，一进屋喂　　婆打　姑喂。
tsʰau tɕʰian kʰan ləɯ　ta ləɯ tʰoŋ mən tɕʰian ləɯ, i tɕin vu vei　pʰo ta　ku vei。

哥嫂吓得　　直发抖喂。　　问个清白　　不容易耶，
ko sau ɕia tə　tsʅ fa təɯ vei。　vən ko tɕʰin pie　pu zoŋ i ie,

嫂在后塘　　洗一洗耶。　　鲤鱼咬了　　嫂的腿哟。
sau tsai xəɯ tʰaŋ　ɕi i ɕi ie。　li y ŋau lo　sau tie tʰi io。

嫂在后阳沟气得哭　喂，　　狗子咬了　　嫂的脊梁骨喂。
sau tsai xəɯ iaŋ kəɯ tɕʰi tə kʰu vei,　kəɯ tsʅ ŋau lo　sau tie tɕi liaŋ ku vei。

拿起包袱　　走出门喽，　　我问嫂子　　几昝来耶，
la tɕʰi pau fu　tsəɯ tɕʰy mən ləɯ,　ŋo vən sau tsʅ　tɕi tsan lai ie,

铁树开花　　我再来哟。
tʰie ɕy kʰai fa　ŋo tsai lai io。

三、"河南话"山歌的曲调特征

"河南话"山歌以哼唱为主。从旋律上看,音高的起伏不是很大,音域基本在一个八度以内,前后音之间的音程以二度、三度居多。

在田间劳动时唱的小调,由于空间开阔,演唱时更加舒展和抒情,音高起伏相对更大,滑音更多,婉转而悠扬,例如《打秧草歌》。

《车水喊双》《顿夯歌》属于劳动号子,旋律相对比较简单,同一个旋律多次反复。做针线活时唱的《针线歌》小调,旋律行进非常稳健。其旋律单元通常由四个小节构成,行进特点为前两小节趋升、后两小节趋降。

从节奏来看,《打秧草歌》节奏自由,以"× × × × × | × × × | × × × × | × × |"等节奏型为主。《车水喊双》的节奏比较单一,主要采用"0 × × | × - |"的节奏型。《顿夯歌》基本采用"× × × × | × × |"的节奏型,也比较单一。《针线歌》的节奏很稳定,基本采用"× × × × × | × × × × × |"的节奏型,带有轻松的摇曳感。

第四节 唱道

一、"河南人"的唱道仪式

自古以来,中国就有厚葬的习俗。苏南"河南人"注重孝道,丧葬仪式也特别讲究。在遭遇亲人亡故后,他们会请民间道士来家里做斋、唱道,为亡故的亲人进行超度。民间道士一般以法坛为单位,携手同坛道友承接唱道的任务。在此过程中,他们以念白和吟唱的方式对死者进行良好评价,对失去亲人之痛进行诉说,并勉励后人继承前辈事业,心怀对亲人的思念,对死者进行超度。

从逝者去世到安葬,唱道者主要按照取水、借地、发行、资荐、安灵、建幡、望乡台、饯行等科仪的内容和要求进行说白和演唱。

唱道的主要目的是由道士请来各路的菩萨为亡者超生。上述科仪的取水、借地、资荐均与各路菩萨来救苦、帮着超生有关。取水的水源应选择洁净的池塘。取水时，道士念经，男孝女孝手捧灵牌，水边跪求。取完水，道士用洁净之水在道场、厨房、灵前轻洒，请求各路菩萨帮助亡人免罪超度。借地是指各路菩萨循声（锣鼓声）前来救苦，借用道场帮着超度。发行指将亡人的亲友请过来陪伴的科仪。"资荐亡者早超生，随愿往生神仙界。"资荐是各路菩萨前来救苦，帮助亡者超生的科仪。目前很少有人安灵，主要原因是比较烦琐。安灵后，每天要打点清水、盛一碗饭，供在灵位所在的供桌上。须供周年或三年，每天如此。建幡，一般用在做三天以上的大斋。后人在亡人去世后，将其睡过的席子卷起斩断，伴以亡人生前穿过的旧衣服等，在很少有人行走的地方搭建望乡台。道教认为，亡者三天之内不知道自己已去世。因此后人在道士唱完望乡台经后才可以啼哭，否则亡人看不到后人。出棺时道士要念经，这是饯行的科仪。

"河南人"唱道有罗山道和光山道之分。据溧阳市上兴镇荡形天尊杨福鼎先生介绍，罗山道和光山道的主要区别在于：罗山道使用高腔，唱音洪亮高亢。高腔对演唱者的嗓音是一种考验。唱道者唱完几段经后，嗓音沙哑是常有的事。与这种高腔相适应，罗山道的锣鼓节奏和气势也给人振奋感。光山道使用的是平腔，唱音相对低缓。唱道者在唱经时，不需像唱高腔那样费力，音高和音量控制较为自如，即使唱上一整天，嗓子也不至于沙哑或难受。与平腔演唱相适应，光山道的锣鼓节奏和气势不如罗山道那么铿锵响亮，总体表现较为平实。

由此可见，罗山道和光山道的风格存在一定的差异。在苏南农村，有的道士唱罗山道，有的道士唱光山道。道士所在法坛不同，唱腔也有不同。乡镇之间也有差异。据说溧阳市上兴镇的道士一般唱罗山道，溧阳市社渚镇的道士一般唱光山道。本书记录了溧阳市上兴镇"太乙真人"徐家勇先生的唱腔，属于罗山道。

二、"河南话"唱道举例

《幽冥卷》（节选）

（演唱者："太乙真人"徐家勇；记录时间：2019年5月7日）

1
幽 冥 宝 卷 宣 哪， 亡 魂 近 坛 前。
iəɯ min paɯ tɕyan ɕyan nɑ， vaŋ fən tɕin tʰan tɕʰian。
5
仔 耳 细 啼 听 嘞， 无 碍 出 重 啊 泉。
tsɿ ər ɕi tʰi tʰin lei， vu ŋai tɕʰy tsʰoŋ ŋɑ tɕʰian。
9
超 喂 度 三 界 难， 地 呀 狱 五 哇 苦 的 阶 呀。
tsʰaɯ vei təɯ san tɕiai nan， ti iɑ y vu vɑ kʰu tie tɕiai iɑ。
13
悉 呀 皈 太 上 尊， 尽 哪 念 稽 呀 首 的 礼 呀。
ɕi iɑ kuei tʰai saŋ tsən， tɕin nɑ nian tɕi iɑ səɯ tie li iɑ。
17
伏 以 冥 冥 亡 魂， 迳 过 若 痴 愚。
fu i min min vaŋ fən， tɕin ko zo tsʰɿ y。
21
既 如 呀 此 也， 可 不 悲 与。 叹 亡 有
tɕi y iɑ tsʰɿ ie， kʰo pu pei y。 tʰan vaŋ iəɯ

偈， 谨 为 宣 扬 啊。 命 啊 中 的 事 啊，
ɕie, tɕin vei ɕyan iaŋ ŋɑ。 min ŋɑ tsoŋ tie sʅ zɑ,

到 阴 曹 喂， 阎 喽 君 哪
tau in tsʰau vei, ian ləu tɕyn nɑ

欣 羡 嘞。 或 呀 为 的 神 哪， 啊
ɕin ɕian lei。 fei iɑ vei tie sən nɑ, ɑ

或 为 呀 人 哪， 即 时 的 高
fei vei iɑ zən nɑ, tɕi sʅ tie kau

迁 喽。 成 那 正 的 果 呀， 少 不
tɕʰian ləu。 tsʰən nɑ tsən tie ko iɑ, sau pu

了 喂， 修 哇 真 喽 实 啊 练
liau vei, ɕiau vɑ tsən ləu sʅ zɑ lian

嘞。太哟极的体哟，　　无极呀
lei。 tʰai io tɕi tie tʰi io,　vu tɕi ia

用啊，复还的先　　天　啰。
ioŋ ŋa, fu fan tie ɕian　tʰian　no。

那哟时的节哟，见老姥　喂，
la io sɿ tie tɕie io, tɕian lau mu vei,

才呀有哇封赠　呐。
tsʰai ia iɤu va foŋ tsən nei。

注呀册的榜，与后哇世啊，
tɕy ia tsʰe tie paŋ, y xɤu va sɿ za,

万古的标　　　名　　啰。使啊大的
van ku tie piɑu　　min　　no。 sɿ za ta tie

地呀，男共女欸，齐呀
ti ia, laŋ koŋ ny ei, tɕʰi ia

发哟猛醒嘞。知啊回的
fɑ io moŋ ɕin lei。 tsʅ za fei tie

头哇，诚其意哟，正那
tʰəu va, tsʰən tɕʰi i io, tsən na

心那修哇身嘞。性那复的
ɕin na ɕiəu va sən lei。 ɕin na fu tie

初哇，居其所哟，还啰
tsʰəu va, tɕy tɕʰi so io, fan no

原啰还本嘞。
yan no fan pən lei。

三、唱道的曲调特征

从旋律上看，唱道的音高变化起伏不大，旋律的音域范围不超过一个八度，基本保留了唱词的声调。唱道的旋律运行基本以降为主，进而形成一种如诉如泣的效果，增加了悼念哀伤的色彩。

从节奏上看，唱道的节奏较缓慢，接近行板。演唱时，一般以"×× ×× ｜×× 0 ｜"起首，后面续接带有拖腔（使用连音或延音）的旋律。这种旋律单元多次重复，构成了一个又一个音乐段落。

四、唱道的科仪

根据溧阳市上兴镇刘宣诚法坛手抄本《杂录》，"河南话"唱道的科仪主要有：取水科、借地科、发行科、资荐、安灵、建幡科、望乡台、饯行等。下面节选相关科仪经文：

（一）取水科（节选）

香烟飘渺，灯烛荣煌。羽士升坛，宣扬妙偈。道在人间理自然，经声响彻大罗天。师尊跨鹤千秋仰，宝虚空中往下宣。元始鸿蒙生太极，始从混沌立先天。万方有请随即应，神威诚心在目前。三尊玉女持花节，一双童子捧金炉。

伏以，清净之水，白鹤之香。水可荡除妖气，香可迎真迓圣。水香混合，诚意交浮之胜。铙钹扣合，法鼓连搥。臣等前行，（孝/善）信后随。法乐出坛，依科阐事。

（至水边取水）

……

（二）借地科（节选）

混沌初开不计年，略略知书二三千。生我之时无日月，普天星斗未周全。南山采药南山尽，北海烧丹北海干。皇王问我年多大，先有吾神后有天。碧洛瑶台春色早，太宁宫内步虚无。

伏以，莫非土莫非尘，理必归于主宰。无不报无不答，虔诚仰赖于鈎镕。巍巍三江之涛，容借一方之大地。恭叩（慈/皇）坛请称法职。

（臣说上清）

伏闻，立极开科，威仪肇启于皇坛。借地投枕，预告莫逃于洞鉴。恭叩（慈/皇）坛皈命上启。

……

（三）发行科（节选）

（下追亡牒）

慈尊救苦妙难酹，身披霞衣累劫休。五色莲花扶宝座，九头狮子捧金炉。盂中甘露常时洒，手执杨柳不计秋。千家有请千家应，潦河常作度亡舟。三极三慈离五苦，十宫十殿判生方。

伏以，幽关重闭，今日开荐拔之门。黑暗生辉，亡人得超生之路。恭叩慈坛请称法职。

（臣说上清三洞经录九天）

右臣伏闻，巍巍虎狍之关；撺开金锁，嘅嘅龙鸾之驾。暂别玉阶，恭叩慈坛。右臣引领奉道，应冥王内请旨修斋。诵经救苦，架立仙桥。焚钱化袄，济度交功，资冥拔泣血报本。

恭对慈坛，皈命上启。

……

（四）资荐

暑往寒来春复春，一朝天子一朝臣。长江后浪催前浪，一代新人换旧人。暑往寒来春复夏，人生在世休看誇。不信但看池中藕，红莲改作白莲花。暑往寒来夏复秋，夕阳桥下水东流。将军骥马今何在？一朝鲜花满地狙。暑往寒来秋复冬，人生在世一场空。燕子啣泥空费力，蚕儿作茧枉劳功。

……

一魂去世，两隔幽冥。哀叩慈尊，提登仙界。等情，由是卜今良旦乞建，命我道众一班人等，举动乐音，来至灵前，对灵资荐。初热明魂香，初伸资荐。二热返魂香，二伸资荐。三热得道真香，三伸资荐。资荐四意，兴亡闻知。化奠散纸钱财，清香美酒，上悼亡过故先人。冥中收用，领果生方。四时周礼黄金殿，圣登白玉街。日日礼慈仁，时时听经诰。不堕地中之地，早登天上之天。逍遥无挂碍，径上大罗天。

（五）安灵

香，清风远近香。献给亡者，纯瑞得翱翔。荣荣光照夜，盏盏灿金莲，星斗垂光下九天。

灯，分衢照夜泉。献给亡者，离暗早生天。源泉长有本，滚滚往东流，大海潮中永不休。

水，从春又到秋。献给亡者，一滴遍咽喉。谷雨发青芽，斟来味更佳，写将盏内起浮花。

茶，雀舌与茗芽。献给亡者，自在到仙家。酒是杜康兴，酿成竹叶青，能与李白赏金珍。

酒，醉倒杏花村。献给亡者，筵乐上蓬瀛。滋味常充满，舌中巧安排，造酒盘中捧献来。

食，清香美味哉。献给亡者，饱满任徘徊。世人心贪爱，无厌亦无休，忙忙碌碌苦追求。

钱，国实与源流。献给亡者，到底少人数。香灯水茶酒食钱，七献已周完。辞谢绵绵，去时容易见时难。流水落花归去也，天上人间。赞叹不已，花落归台。

……

（六）建幡科

历代孤魂归逝远，未曾荐拔堕沉沦。幸逢今日法筵开，普请十类孤魂来。
初杯酒，叹孤魂，久卧荒村。四生六道并寒怜，同仗良因皆解脱，各自超生。
二杯酒，叹孤遗，久卧荒堆。昼夜凄凉受孤恤，今日同沾闻妙法，早步云梯。
三杯酒，叹孤忧，久卧荒圻。春秋那问人荐修，今日同赴斋筵会，早步云洲。
初杯酒，车夫尔听知，切莫挨迟。搬运袱子莫推辞，遇水过河须谨慎，及早收拾。
二杯酒，车夫尔听着，切莫蹉跎。搬运袱子莫移挪，逢山见庙须谨慎，及早妆罗。

三杯酒，车夫尔听言，小心向前。官君差尔到坛前，随亡送诣朱陵府，及早回还。

（七）望乡台

稽首皈依道，道在玉经山。玉经仙山常说法，说法度亡人。往生神仙界。稽首皈依经，经在鹤鸣山。鹤鸣仙山常词诵，词诵度亡人。往生神仙界。稽首皈依师，师在龙虎山。龙虎仙山常演教，演教度亡人。往生神仙界。亡人本是上方仙，降下人间数十年。前日天宫传信到，身乘白鹤上丹天。亡人死去见阎罗，牛头马面勒身过。善恶到头躲不脱，大限到了留不住。无及奈何。一日行到鬼门关，牛头马面把路拦。只说活到要钱用，谁知死后也要钱。二日行到潦河桥，潦河桥来修的高。七寸宽来万丈高，这头踩来那头翘。行善之人桥上过，作恶之人水中涝。三日行到望乡台，众多孝信哭哀哀。儿女哭的肝肠断，哪见阎王放转来。

（八）钱行

稽首东极慈悲主，寻声救苦大天尊。若人称念一声尊，上品并上圣。东极界救苦尊，寻声救苦大天尊。稽首南极慈悲主，朱陵度命大天尊。若人称念二声尊，中品并中圣。南极界度命尊，朱陵度命大天尊。稽首西极慈悲主，黄华荡形大天尊。若人称念三声尊，下品并下圣。西极界荡形尊，黄华荡形大天尊。亡人今日又添颜，门外一只度亡船。不用艄公并舵手，乘风送上九重天。四生六道声叫苦，牛头马面总向前。普仗此时功德力，成功脱化上丹田。

……

请灵

（撒五谷）

伏以伏以，从头说起，一撒东方甲乙木，子孙后代都有福。二撒南方丙丁火，家和人和万事和。三撒西方庚辛金，子孙后代中翰林。四撒北方壬癸水，子孙后代生贤辈。再把五谷撒四方，家有金缸和银缸。说的好，讲的好，五路财神又到了。大财神身背一缸金，二财神身背一缸银，三财神背个摇钱树，四财神背个聚宝盆。五路财神年纪轻，珍珠玛瑙带一身，带到子孙后代不受贫。

祝龙经

（安葬撒米）

日吉时良，天地开张。帝星到座，已判四方。孝心殷勤伏墓台，听我吩咐上金阶。珍珠布满黄金斗，子孙富贵要安排。远远寻龙到此间，青龙白虎两湾湾。前头有个金星案，后头有个进宝山。金星案，进宝山，子孙后代做高官。阴阳二仙来点穴，白鹤仙人选日时。我是中天白鹤仙，山山水水听我言。喝山山要旺人丁，喝水水要旺财源。奉请龙公、龙母、龙子、龙孙、两边龙虎听分明，踏住龙门安一坟。……地脉龙神听分明，后代发达要均匀。不问儿子、姑娘、侄男、侄女和外甥，房房发达一般均。龙神龙神，听我叮咛，从今葬后，家富万春。孝子起身，亡者得地。拿了孝手巾，各转回程。大吉大利！

第五节　唱春

一、苏南农村的唱春

在苏南农村，过年时偶尔还能看到民间艺人用渔鼓简板伴奏，用"河南话"演唱的表演，"河南人"称之为"唱春"。在有些地方，唱春也叫"唱道情""渔鼓"，其在各地的表演不尽相同。苏南的"唱道情"，一般由两个人表演，多使用吴语演唱，如常州道情。"河南人"的唱春，一般只有一个人演唱，使用"河南话"，其实质就是一种渔鼓表演。

唱春的艺人在演唱时，道具只有渔鼓和简板两件伴奏工具，"河南话"叫"渔鼓简子"。演唱时，艺人使用简板打拍子；演奏唱春调子的过门儿或间奏时，用渔鼓和简板配合。

唱春的渔鼓采用竹筒制作。制作时将竹筒掏空，两头蒙上猪皮或羊皮，筒长一般在60—80厘米。简板用竹片制成，长约50—60厘米、宽约2厘米。简板由两块竹片构成一副，两块竹片的一端相连。演奏时，演奏者捏住两块竹片相连的一端，一摁一松，即能产生富有节奏感的响声。演唱者通常左手竖抱渔鼓，边演唱边用左手夹住简板有节奏地打拍子。唱完一段后，用右手击拍鼓面，配上简板节奏，共同形成唱春的间奏。

唱春表演的时间一般在正月初。演唱者到了一个村上，会挨家挨户地演唱。演唱的内容除了向住家道一些恭贺的吉祥话，也会在唱词中摆事实、讲道理，宣传中国传统文化中的忠孝仁义等思想，例如：知恩图报、敬重父母、赡养老人、兄弟相助、夫妻和睦等。当然，这其中也会有一些封建传统的思想。

唱春作为传统的民间表演艺术，在苏南并未得到足够的重视，其目前的生存处境非常尴尬，会表演的艺人也越来越少，主动学习和传承者更少。造成这种局面的原因主要来自两个方面：

其一，苏南农村抢救性保护民间传统艺术的意识普遍不强。在农村，像唱春这样的口传文化基本处于自生自灭状态，大家对这些珍贵的口传文化缺乏主动传承和保护的共识。

其二，农民对唱春表演存在一些偏见。有些人认为唱春表演是一种高级乞讨，因此对表演者的演唱，认真欣赏或感兴趣者并不多。住家的主人通常在表演者唱完之后，给一包香烟或几块钱了事；更有甚者，表演者刚到其门上或刚唱罢几句，主人就快速拿出几个硬币让其离开。

保护唱春等传统民间口传文化，需要社会各界特别是文化部门和民间组织共同支持和帮助，加强宣传教育、培养新生力量、给予相关支持、开展保护和研究等。

二、溧阳唱春《十劝父子》

（发音人：姜长生；记录时间：2016年2月8日）

正 月 梅 花 都　正 那 当　　生，　呃 我 得 劝 一 劝 都　父　母 才 不 可 相
tsən ye mei xuɑ təu tsən lɑ tɑŋ sən,　ei ŋo te tsʰɣan i tsʰɣan təu fu mu tsʰai pu kʰo ɕiaŋ

争 哪。 娘 是 天 来 都 爹 是 　　 地, 父 母 的 个 恩 情 才
tsən la。 ŋian sʅ tʰian lai təɯ tie sʅ　ti, fu mu tie ko ŋən tɕʰin tsʰai

比 个 海 　深 嘞。呃 我 们 人 　人 养 儿 都 为 防 　　老 哇,
pi ko xai tsʰən lei。ei o mən zən　zən iaŋ ər təɯ vei faŋ　laɯ va,

人 人 都 要 报 着 　父 哇 母 的 恩 哪。儿 女 不 报 着 　父 哇 母 的 恩,
zən zən təɯ iaɯ paɯ tso fu va mu tie ŋən na。ər ŋy pu paɯ tso fu va mu tie ŋən,

树 啊 大 都 根 深 才 　柱 啊 为 　人 啊。　　二 啦 月 都 杏 花 都
ɕy ia ta təɯ kən tsʰən tsʰai vaŋ ŋa vei zən na。　ər la ye təɯ xən xua təɯ

正 哪 当 生, 劝 一 劝 都 父 子 才 不 可 相 　争 嘞。上 啊 山 都 打 虎 都
tsən na taŋ sən, tsʰyan i tsʰyan təɯ fu tsʅ tsʰai pu kʰo ɕiaŋ tsən lei。saŋ ŋa san təɯ ta xu təɯ

亲 哪 兄 　弟, 　　　　正 啊 宗 都 交 战 才 父 啊 子 的 兵 啊。
tɕʰin na ɕioŋ　ti, 　　　　tsən na tsoŋ təɯ tɕiaɯ tsan tsʰai fu va tsʅ tie pin na。

三 月 桃 花 都 正 啊 当 生，劝 一 劝 都 兄 妹 才 不 可 相 争 嘞。
san ye tʰɑɯ xuɑ təɯ tsən nɑ taŋ sən, tsʰɥan i tsʰɥan təɯ ɕioŋ mei tsʰai pu kʰo ɕiaŋ tsən lei。

哥 哥 应 看 在 父 哇 母 面，千 啊 朵 朵 桃 花 才 一 树 呃 生 哪。
ko ko in kʰan tsai fu vɑ mu mian, tɕʰian nɑ to to tʰɑɯ xuɑ tsʰai i ɕy ei sən nɑ。

四 月 蔷 薇 都 正 啊 当 生，劝 一 劝 着 婆 媳 才 不 可 相 争 嘞。
sɿ ye tɕʰiaŋ vi təɯ tsən nɑ taŋ sən, tsʰɥan i tsʰɥan tso pʰo ɕi tsʰai pu kʰo ɕiaŋ tsən lei。

婆 婆 待 着 媳 妇 是 亲 哪 生 女 啊，媳 妇 待 着 婆 婆 要
pʰo pʰo tai tso ɕi fu sɿ tɕʰin nɑ sən ȵy iɑ, ɕi fu tai tso pʰo pʰo iaɯ

亲 那 娘 亲 那。清 早 打 一 盆 着 洗 啊 脸 咧 水，孝 啊 敬 咧 儿 子 要
tɕʰin nɑ ȵiaŋ tɕʰin nɑ。tɕʰin tsɑɯ ta i pʰən tso ɕi iɑ lian lie sei, ɕiaɯ ɑ tɕin lie ər tsɿ iaɯ

拿 个 手 巾 嘞。五 月 石 榴 都 正 啊 当 生，劝 一 劝 都 弟 兄 都
lɑ ko səɯ tɕin lei。vu ye sɿ liəɯ təɯ tsən nɑ taŋ sən, tsʰɥan i tsʰɥan təɯ ti ɕioŋ təɯ

不可相争啊。三兄 四弟都 一条 心，步 步 踩的都
pu kʰo ɕiaŋ tsən na. san ɕioŋ sɿ ti təɯ i tʰiaɯ ɕin, pu pu tsʰai tie təɯ

是个黄 金哪。三 兄四弟要 数啊条心，万 贯家 财也
sɿ ko xuaŋ tɕin na. san ɕioŋ sɿ ti iaɯ su va tʰiaɯ ɕin, van kuan tɕia tsʰai ie

不够 分嘞。六 月 荷花都 正啊当 生，劝一劝都夫妻都
pu kəɯ fən lei. ləɯ ye xo xua təɯ tsən na taŋ sən, tsʰʏan i tsʰʏan təɯ fu tɕʰi təɯ

不可相 争哪。丈夫 不可嫌都 妻啊子的丑，妻 子是不嫌着
pu kʰo ɕiaŋ tsən na. tsaŋ fu pu kʰo ɕian təɯ tɕʰi ia tsɿ tie tsʰəɯ, tɕʰi tsɿ sɿ pu ɕian tso

家呀寒 贫哪。这夫妻 二人 一条啊 心，脚 踩 楼梯都
tɕia ia xan pʰin na. tse fu tɕʰi ər zən i tʰiaɯ va ɕin, tɕio tsʰai ləɯ tʰi təɯ

步啊步升嘞。七啊月都樱花都 正啊当生，劝一劝都姑嫂才
pu va pu sən lei. tɕʰi ia ye təɯ in xua təɯ tsən na taŋ sən, tsʰʏan i tsʰʏan təɯ ku saɯ tsʰai

不可相 争哪。小姑姑都本是我 堂啊前咧客, 贤惠的嫂嫂是
pu kʰo ɕiaŋ tsən na。ɕiau ku ku təɯ pən sɿ ŋo tʰaŋ na tɕʰian lie kʰie, ɕian xuei tie sau sau sɿ

当啊家 人嘞。 从前 有一个都 包啊文 正哪,
taŋ ŋa tɕia zən lei。 tsʰoŋ tɕʰian iəɯ i ko təɯ pau va vən tsən na,

全靠他的嫂嫂才 带呀成 人哪。八月桂花都 正啊当 生,
tɕʰyan kʰau tʰa tie sau sau tsʰai tai ia tsʰən zən na。pa ye kuei xua təɯ tsən na taŋ sən,

劝一劝都叔嫂才 不可相 争哪。水缸里头无 水 小叔叔就挑啊几列
tsʰyan i tsʰyan təɯ sau sau tsʰai pu kʰo ɕiaŋ tsən na。sei kaŋ li tʰəɯ vu sei ɕiau səɯ səɯ tsəɯ tʰiau va tɕi lie

担, 灶门口都无柴列 小叔叔要搬个几 捆嘞。
tan, tsau mən kʰəɯ təɯ vu tsʰai lie ɕiau səɯ səɯ iau pan ko tɕi kʰuən lei。

九 月 菊花都正啊当 生, 呃我的姑啊舅都
tɕiəɯ ye tɕy xua təɯ tsən na taŋ sən, ei ŋo te ku va tɕiəɯ təɯ

表亲才不可相　　争哪。除了一蔸栗柴　都无啊好　火，
piaɯ tɕʰin tsʰai pu kʰo ɕiaŋ tsən na。tɕʰy liaɯ i təɯ li tsʰai　təɯ vu va xaɯ　xo,

去掉那都母舅是　没得好　亲哪。十　月　芙　蓉都　正啊当的生，
tɕʰy tiaɯ la təɯ mu tɕiəɯ sʐ mei tie xaɯ tɕʰin na。sʐ ye　fu　zoŋ təɯ tsən na taŋ tie sən,

隔壁都邻舍呀　不可相　争哪。小　孩　打　架　经啊常的事，
kie pi təɯ lin sa ia　pu kʰo ɕiaŋ tsən na。ɕiaɯ xai　ta　tɕia　tɕin na tsʰaŋ tie sʐ,

大呀人都和气要　一条呃　心啊。从　前　有一个都　张啊公的禹，
ta ia zən təɯ xo tɕʰi iaɯ i tʰiaɯ ei　ɕin na。tsʰoŋ tɕʰian　iəɯ i ko təɯ tsaŋ ŋa koŋ tie y,

那个张啊公的禹，仁心　仁义都　仁　得　好，仁义都头上才
la ko tsaŋ ŋa koŋ tie y, zən ɕin　zən i təɯ zən　tie　xaɯ, zən i təɯ tʰəɯ saŋ tsʰai

得个金　人哪。
tie ko tɕin　zən na。

注：演唱者的唱词读音中，"人"的读音出现 zən/zən 两种形式，可能是受到普通话的影响。"蔷薇"的"薇"读 vi，可能受到溧阳话的影响。

三、唱春的曲调和唱词特征

唱春的曲调以八句为一个段落。前四句带有铺垫性，后四句是前四句的递进和升华。从旋律上呈现低起首，逐渐上行，中间行稳，逐渐下行的特点。整个旋律的起伏不大，带有鲜明的宣叙性特征。

从节奏上来看，唱春使用的节奏以"× × ×、× × × ×、× · ×、× ×"为主。整个旋律主要围绕"× · × × × × | × × × × × | × × × × × × | × × × ×
× × |"这一节奏组合进行。通过这一节奏组合的重复和串接，将以花名起首的十个片段有机地串接在一起。简洁清晰，节奏明快。

唱春的唱词一般为七字格，其中夹杂着一些衬字。《十劝父子》每一段的内容，均采用下列结构：

（1）花名起首。将月份和代表花种结合，以花名起首。既有铺垫渲染作用，又能起到分割层次的作用。

（2）教育说理。主要围绕知恩图报、家庭伦理、亲邻关系等内容进行教育说理，涉及父母、父子、兄妹、婆媳、弟兄、夫妻、姑嫂、叔嫂、姑舅表亲、邻里等各种关系，有较好的规劝和教育意义。

（3）引典强化。通过引用史上一些讲究仁义的典型，加强思想品德教育。

第六节　花鼓戏

一、苏南花鼓戏

花鼓戏并非苏南本地剧种，其随鄂豫移民迁入而传入。清末民初，大量鄂豫客民来到江南，聚居一片。在宣州、广德、郎溪、宁国一带，湖北移民传入的湖北花鼓戏，豫南移民传入的信阳地灯曲，跟皖南当地的歌舞相结合，逐渐形成一种富有特色的皖南花鼓戏。皖南花鼓戏"由湖北民间花鼓调，和河南民间的灯曲，随移民传入皖南，与当地的民间歌舞合流而成"（刘永濂，1989：1），这是目前学界比较支持的观点。

皖南花鼓戏的第一代艺人基本是河南人或湖北人。苏浙皖交界地区的花鼓戏有上路和下路之分。皖南花鼓戏，通常被称为上路或宁国路。苏南花鼓戏，通常被称为下路或南京路。下路主要受上路影响，师承、演出是主要方式或途径。苏皖相邻，人际和社会交往频繁。皖南花鼓戏的知名艺人中，有较多的苏南人。下路花鼓戏的代表人物，通常认为是原句容南乡庆胜花鼓戏班班主方元庆及其成员陈金山、杨光荣、杜庆荣、陈兰英等（句容县地方志编纂委员会，1994：663）。下路花鼓戏在发展过程中，融入了一些苏南民歌民乐的成分。

苏南花鼓戏，均采用"河南话"演唱。唱词字数以九字、十字居多，衬字使用频繁。花鼓戏部分唱词由演唱者自编创作，故苏南民间有"花鼓戏，狗子屁，扯得圆盘①过得去"的俗语。

目前会唱苏南花鼓戏的人已很少，句容、溧水、金坛等地尚有少数花鼓戏艺人。金坛区薛埠镇上阮花鼓戏有一定的代表性，但目前只有刘定德、刘定道、胡云国等几位艺人会唱，女艺人更少。上阮花鼓戏据说由溧水戏曲爱好者、河南移民后裔陈万友传授。

根据"常州市非物质文化遗产网"②公布的调查情况，上阮花鼓戏主要剧目有《上桑柳》《蓝丝草》《药茶记》《珍珠塔》等。其剧本内容与同名传统戏剧大同小异，主要是戏曲腔调上的区别。上阮花鼓戏的声腔有《淘腔》《北扭子》《悲腔》《花腔》等。其中，《淘腔》板式较多，例如"起板""落板""慢板""快板"等。

花鼓戏的角色和乐器基本相同。一个花鼓戏班通常有20多人，主要行当是生、旦、净、末、丑。伴奏乐器有二胡、中胡、琵琶、三弦、竹笛等，打击乐以锣、板鼓等四大件为主。

本书的发音人胡云国，在戏里经常男扮女装饰演丫鬟，其唱腔饱满、曲调优美、富有江南特色。

---

① "扯得圆盘"意思是"编得像，能自圆其说"。
② 参见常州市非物质文化遗产网：http://www.changzhou.gov.cn/ns_news/111134388756602。

二、金坛花鼓戏《何氏嫂劝姑》（选段）

（发音人：胡云国；记录时间：2019年5月3日）

张　秀　英　　　坐在列东楼上
tsaŋ ɕiɤɯ iŋ　　tso tsai lie toŋ lɤɯ ʂaŋ

描　花　　绣　朵。绣的那是
miɤɯ xua　　ɕiɤɯ to。ɕiɤɯ tie na ʂɿ

龙　和　　凤　啊　牡那丹那娑那罗那。
loŋ xo　　foŋ ŋa　mu na tan na ʂo na lo na。

绣　一　个　　　那泰呀山那
ɕiɤɯ i ko　　　la tʰai ia ʂan na

未曾那　结顶呐；绣哇一呀个
vei tsʰən la　tɕie tiŋ ne；ɕiɤɯ va i ia ko

那 凤　　　凰 啊　未 绣 那 眼　那 睛 那;
la foŋ　　faŋ ŋa　vei ɕiɯ na ian　na tɕiŋ na;

绣 一 座　　那 大　　　桥 哇
ɕiɯ i tso　　la ta　　　tɕʰiɯ va

未 呀 曾 啊 结 顶;　绣 哇 一 棵
vei ia tsʰoŋ ŋa tɕie tiŋ;　ɕiɯ va i kʰo

那 古 树　未 啦 曾 啦 盘 啦 根 那。莲 蓬
la ku ɕy　vei la tsʰoŋ la pʰan la kən na。lian pʰoŋ

花　　绣 得　　好,　　没 把
xua　　ɕiɯ tə　　xaɯ,　　mei pa

叶 托。你 听 那 见　　何 氏 嫂
ie tʰo。ər tʰin na tɕian　　xo ʂʅ ʂaɯ

嫂哇 请那下了 楼哇阁那, 放啊下
ʂɑɯ vɑ tɕʰiŋ nɑ ɕiɑ liɑɯ ləɯ vɑ ko nɑ, fɑŋ ŋɑ ɕiɑ

了哇 花啦不哇绣哇, 二堂啊 走哇
liɑɯ vɑ xuɑ lɑ pu vɑ ɕiɑɯ vɑ, ər tʰɑŋ ŋɑ tsəɯ vɑ

过 啦 来。
ko lɑ lai。

何 氏 嫂 嫂 请 出 了 为 妹
xo ʂʅ ʂɑɯ ʂɑɯ tɕʰin tɕʰy liɑɯ vei mei

来 呀　　　　　　 却 那 是 那 为　　 何？
lai iɑ　　　　　　tɕʰio nɑ ʂʅ nɑ vei　 xo？

注：演唱者的唱词读音将"嫂"读成 ʂɑɯ，可能是误读。因为"河南话"和普通话均无"嫂"读翘舌音的情况。演唱者的前后鼻音相混且不稳定，故歌词中"英、顶、睛、听、请"等的韵母标音不统一。

三、苏南花鼓戏的唱腔特点

1. 苏南花鼓戏起调较高,唱腔高亢激越,有高腔的特点。

2. 女腔善用真假声演唱进行叙述和抒情,假声落腔多滑音装饰。

3. 演唱时多用"呀、那、哇、呐"等衬字,既能调节节奏,又能丰富唱腔的表现力和贴近感。

第七节 吟诵

一、"河南话"吟诵

吟诵是中国古代传统的诵读方式,即采用抑扬顿挫的腔调进行诗文诵读。历史上,先有诵,后有吟。《诗经》云:"诵言如醉。"《说文解字》:"诵,讽也。讽,诵也。"二字互训,本义均为朗读。《周礼·春官·大司乐》:"倍文曰讽,以声节之曰诵。"(李学勤,1999)吟比较自由,是一种声音似歌唱的朗读。

20 世纪,一些读过私塾的老年人经常用"河南话"吟诵《百家姓》《三字经》等。而今,这种吟诵越来越少。只有少数老年人还能哼上几句。

二、"河南话"吟诵《神童诗》

(吟诵者:吴魁;记录时间:2015 年 11 月 1 日)

天 子 重 英 豪 欧, 文 章 教 尔 曹;
tʰian tsɿ tsoŋ in xaɯ əɯ, vən tsaŋ tɕiaɯ ɚ tsʰaɯ;

万般皆下品嘞， 惟有读书高。
van pan tɕie ɕia pʰin lei, vei iəu təɯ ey kaɯ。

少小须勤学欧， 文章可立身；
saɯ ɕiaɯ ey tɕʰin ɕio əɯ, vən tsaŋ kʰo li sən；

满朝朱紫贵哟， 尽是读书人。
man tsʰaɯ tɕy tsʅ kuei io, tɕin sʅ təɯ ey zən。

第八节　划拳令

　　划拳又称"猜拳"，是农村酒桌上常见的助兴游戏。划拳一般由甲方和乙方面对面进行。这种游戏的规则是：甲乙双方同时伸出一只手，同时说出（猜测）两人所出数字之和；两人均猜对或猜错则不分胜负，一人猜对一人猜错时猜错者罚酒。

　　划拳时，可以用两言、三言、四言表示数字。各地的情况有所不同。例如：

　　两言：一定、两好、三元、四喜、五魁、六顺、七巧、八仙、九长、全福。

　　三言：一定终、两相好、三元郎、四发财、五经魁、六六顺、七巧图、八匹马、九久长、全福寿。

　　四言：一定终身、两相情愿、三星高照、四季发财、五子登科、六六大顺、七巧成图、八仙过海、九九长寿、全家福禄。

"河南话"里，一般用如下的吉利说法分别表示一到十的数字：一定高（升）、二家有喜、三星照、四喜来财、五魁（首）、六个六（六六大顺）、七巧（到）、八匹马、九子登科、满堂（宝一对）。其对使用二言、三言、四言，无明确的规定。现举例如下：

（一）猜拳口诀

（发音人：吴斌；记录时间：2016年10月2日）

拳法——一定高（升）。

tɕʰyan²¹² fɑ⁴²——i⁴² tin²⁴ kaɯ⁵（sən⁴²）。

拳法——二家有喜。

tɕʰyan²¹² fɑ⁴²——ər²¹² tɕiɑ⁴² iəɯ⁵ ɕi²⁴。

拳法——三星照。

tɕʰyan²¹² fɑ⁴²——san⁴² ɕin² tsaɯ²¹²。

拳法——四喜来财。

tɕʰyan²¹² fɑ⁴²——sʅ²¹ ɕi²⁴ lai⁵ tsʰai⁵。

拳法——五子登科。

tɕʰyan²¹² fɑ⁴²——vu²⁴ tsʅ⁵ tən⁵ kʰo⁴²。

拳法——六个六（六六大顺）。

tɕʰyan²¹² fɑ⁴²——ləɯ⁴² ko⁵ ləɯ⁴²（ləɯ⁴² ləɯ² ta⁵ ɕyn²¹²）。

拳法——七巧到。

tɕʰyan²¹² fɑ⁴²——tɕʰi⁴² tɕʰiaɯ²⁴ taɯ²¹²。

拳法——八匹马。

tɕʰyan²¹² fɑ⁴²——pɑ⁴² pʰi² mɑ²⁴。

拳法——九子登科。

tɕʰyan²¹² fɑ⁴²——tɕiəɯ²⁴ tsʅ⁵ tən⁵ kʰo⁴²。

拳法——宝一对。

tɕʰyan²¹² fɑ⁴²——paɯ²⁴ i⁵ tei²¹²。

拳法——五魁。

tɕʰyan²¹² fɑ⁴²——vu²⁴ kʰuei⁵。

拳法——满堂。

tɕʰyan²¹² fɑ⁴²——man²⁴ tʰaŋ⁵。

（二）划拳比拼

（发音人：吴斌；记录时间：2016 年 10 月 2 日）

甲方：拳法——八匹马。（甲方出四指）

甲方：tɕʰyan²¹² fɑ⁴²——pɑ⁴² pʰi² mɑ²⁴。

乙方：拳法——四喜。（乙方出四指）

乙方：tɕʰyan²¹² fɑ⁴²——sʅ²¹ ɕi²⁴。

（结果：甲方赢）

甲方：拳法——五子登科。（甲方出四指）

甲方：tɕʰyan²¹² fɑ⁴²——vu²⁴ tsʅ⁵ tən⁵ kʰo⁴²。

乙方：拳法——一定高升。（乙方出一指）

乙方：tɕʰyan²¹² fɑ⁴²——i⁴² tin²⁴ kaɯ⁵ sən⁴²。

（结果：甲方赢）

甲方：拳法——六个六。（甲方出两指）

甲方：tɕʰyan²¹² fɑ⁴²——ləɯ⁴² ko⁵ ləɯ⁴²。

乙方：拳法——七巧到。（乙方出五指）

乙方：tɕʰyan²¹² fɑ⁴²——tɕʰi⁴² tɕʰiaɯ²⁴ taɯ²¹²。

（结果：乙方赢）

甲方：拳法——三星照。（甲方出三指）

甲方：tɕʰyan²¹² fɑ⁴²——san⁴² ɕin² tsaɯ²¹²。

乙方：拳法——五经魁首。（乙方出两指）

乙方：tɕʰyan²¹² fɑ⁴²——vu²⁴ tɕin⁵ kʰuei⁵ səɯ²⁴。

（结果：乙方赢）

甲方：拳法——二家有喜。（甲方出两指）

甲方：tɕʰyan²¹² fɑ⁴²——ər²¹² tɕiɑ⁵ iəɯ⁵ ɕi²⁴。

乙方：拳法——四喜来财。（乙方出两指）

乙方：tɕʰyan²¹² fɑ⁴²——sʅ² ɕi²⁴ lai⁵ tsʰai⁵。

（结果：乙方赢）

甲方：拳法——五魁。（甲方出拳头）

甲方：tɕʰyan²¹² fɑ⁴²——vu²⁴ kʰuei⁵。

乙方：拳法——五魁。（乙方出拳头）

乙方：tɕʰyan²¹² fɑ⁴²——vu²⁴ kʰuei⁵。

（结果：双方均猜对。无输赢）

甲方：拳法——宝一对。（甲方出拳头）

甲方：tɕʰyan²¹² fɑ⁴²——paɯ⁴² i² tei²¹²。

乙方：拳法——五经魁首。（乙方出五指）

乙方：tɕʰyan²¹² fɑ⁴²——vu²⁴ tɕin⁵ kʰuei⁵ səɯ²⁴。

（结果：乙方赢）

第九节　童谣

　　"河南话"童谣在20世纪经常听见，而今已基本消亡。目前70岁往上的老人，经过努力回忆，还能说出一些。本书采集了10多首笔者幼时经常听到的童谣，记录如下：

（一）呱哥呱哥

（发音人：周世娣；记录时间：2019 年 5 月 18 日）

呱哥呱哥，早稻发棵。

kua⁵ ko⁴² kua⁵ ko⁴²，tsɑɯ²⁴ tɑɯ² fa⁵ kʰo⁴²。

呱哥呱哥，快黄快割。

kua⁵ ko⁴² kua⁵ ko⁴²，kʰuai²¹ faŋ⁵ kʰuai²¹² ko⁴²。

呱哥呱哥，豌豆饱角。

kua⁵ ko⁴² kua⁵ ko⁴²，van⁴² təɯ² pɑɯ²⁴ ko⁴²。

呱哥呱哥，哪哈儿做窝？

kua⁵ ko⁴² kua⁵ ko⁴²，la⁵ xar² tsəɯ²⁴ ŋo⁴²？

树上做窝，放牛伢儿戳我。

ɕy² saŋ¹ tsəɯ²⁴ ŋo⁴²，faŋ²¹ n̠iəɯ⁵ ŋæ⁵ tsʰo⁵ ŋo⁵²。

呱哥呱哥，哪哈儿做窝？

kua⁵ ko⁴² kua⁵ ko⁴²，la⁵ xar² tsəɯ²⁴ ŋo⁴²？

地下做窝，蚂蚁夹我。

ti² ɕia¹ tsəɯ²⁴ ŋo⁴²，ma²⁴ n̠i⁵ ka⁴² ŋo⁰。

呱哥呱哥，哪哈儿做窝？

kua⁵ ko⁴² kua⁵ ko⁴²，la⁵ xar² tsəɯ²⁴ ŋo⁴²？

河边儿做窝，大水淹我。

xo⁵ piai⁵ tsəɯ²⁴ ŋo⁴²，ta²¹ sei²⁴ ŋan⁴² ŋo⁰。

（二）扯磨，拉磨

（发音人：周世娣；记录时间：2019 年 5 月 18 日）

扯磨，拉磨。拉个馍馍，接个婆婆。

tsʰe²⁴ mo⁵，la⁴² mo⁰。la⁴² ko² mo⁵ mo⁴²，tɕie⁴² ko² pʰo⁵ pʰo⁴²。

拉个粑粑，接个妈妈。

la⁴² ko⁵ pa⁴² pa⁰，tɕie⁴² ko⁵ ma⁴² ma⁰。

拉个豆腐皮，接个小姨。

lɑ⁴² ko² təɯ² fu¹ pʰi⁵，tɕie⁴² ko² ɕiaɯ²⁴ i⁵。

拉个豆腐渣，接个老干妈。

lɑ⁴² ko² təɯ² fu⁵ tsɑ⁴²，tɕie⁴² ko² laɯ²⁴ kan⁵ mɑ⁴²。

（三）月亮走，我亦走

（发音人：周世娣；记录时间：2019 年 5 月 18 日）

月亮走，我亦走。我跟月亮背笆篓。

ye⁴² liaŋ² tsəɯ²⁴，ŋo²⁴ i⁵ tsəɯ²⁴。ŋo²⁴ kən⁵ ye⁴² liaŋ² pei²⁴ pɑ⁴² ləɯ²⁴。

笆篓笆，捡棉花。捡好棉花就回家。

pɑ⁴² ləɯ²⁴ pɑ⁴²，tɕian²⁴ mian⁵ fɑ⁴²。tɕian²⁴ xaɯ⁵ mian⁵ fɑ⁴² tsəɯ²¹ fei⁵ tɕiɑ⁴²。

走走走，上南渡①。买小鱼，打烧酒。

tsəɯ²⁴ tsəɯ⁵ tsəɯ²⁴，saŋ²¹ lan⁵ təɯ²⁴。mai²⁴ ɕiaɯ⁵ y⁵，tɑ²⁴ saɯ⁴² tɕiəɯ²⁴。

往回走，碰到狗子咬一口。狗主人，赔了米三斗。

vaŋ²¹ fei⁵ tsəɯ²⁴，pʰoŋ² taɯ¹ kəɯ²⁴ tsʅ⁵ ŋaɯ⁵ i⁴² kʰəɯ⁵。kəɯ⁵ tɕy²⁴ zən⁵，pʰei⁵ lo⁴² mi²⁴ san⁴² təɯ²⁴。

（四）盘泥巴

（发音人：周世娣；记录时间：2019 年 5 月 18 日）

小板凳，挞一挞。锅里煮个羊尾巴。

ɕiaɯ²⁴ pan⁵ tən²¹²，tɑ⁴² i⁵ tɑ⁴²。ko⁴² lie² tɕy²⁴ ko⁵ iaŋ⁵ i²⁴ pɑ⁵。

老头子吃了去喝茶。老妈子吃了纺棉花。

laɯ²⁴ tʰəɯ⁵ tsʅ⁴² tsʰʅ⁴² lo² tɕʰi²¹² xo⁴² tsʰɑ⁵。laɯ⁵ mɑ²⁴ tsʅ⁵ tsʰʅ⁴² lo² faŋ²⁴ mian⁵ fɑ⁴²。

大人吃了去做活。小伢儿吃了盘泥巴。

tɑ²¹ zən⁵ tsʰʅ⁴² lo² tɕʰi² tsəɯ¹ xo⁵。ɕiaɯ²⁴ ŋæ⁵ tsʰʅ⁴² lo² pʰan⁵ ȵi⁵ pɑ⁴²。

（五）雁鹅雁鹅

（发音人：周世娣；记录时间：2019 年 5 月 18 日）

雁鹅雁鹅扯长，扯到杨树杪上。

---

① 南渡，溧阳乡镇名。

ian²¹ ŋo⁵ ian²¹ ŋo⁵ tsʰei²⁴ tsʰaŋ⁵，tsʰei²⁴ tau⁵ iaŋ⁵ ɕy²¹ miau²⁴ saŋ⁵。

雁鹅雁鹅收长，收到杨树菀上。

ian²¹ ŋo⁵ ian²¹ ŋo⁵ səɯ⁴² tsʰaŋ⁰，səɯ⁴² tau² iaŋ⁵ ɕy²¹² təɯ⁴² saŋ⁰。

（六）风来了

（发音人：周世娣；记录时间：2019 年 5 月 18 日）

风来了，雨来了，小伢儿吓到屎来了。

foŋ⁴² lai⁵ lo⁴²，y²⁴ lai⁵ lo⁴²，ɕiau²⁴ ŋæ⁵ ɕia⁴² tau⁰ sɿ⁵ lai⁵ lo⁴²。

（七）茅厕缸里放大炮

（发音人：周世娣；记录时间：2021 年 5 月 13 日）

一哈儿哭，一哈儿笑，茅厕缸里放大炮。

i⁴² xæ⁵ kʰu⁴²，i⁴² xæ² ɕiau²¹²，mau⁵ sɿ⁵ kaŋ⁴² lie⁰ faŋ² ta⁵ pʰau²¹²。

（八）好哭佬

（发音人：吴魁；记录时间：2021 年 5 月 13 日）

好哭佬，背稻草，背到后园烧火烤。

xau²⁴ kʰu⁴² lau²⁴，pei²⁴ tau²¹ tsʰau²⁴，pei²⁴ tau⁵ xəɯ²¹ yan⁵ sau⁴² xo²⁴ kʰau²⁴。

（九）个个嗒

（发音人：周世娣；记录时间：2021 年 5 月 13 日）

个个嗒——个个嗒——

ko⁴² ko² tɑ⁵——ko⁴² ko² tɑ⁵——

个嗒一个蛋，个嗒两个蛋，个嗒三个蛋……

ko⁴² tɑ⁵ i⁴² ko² tan²¹²，ko⁴² tɑ⁵ liaŋ²⁴ ko⁵ tan²¹²，ko⁴² tɑ⁵ san⁴² ko² tan²¹²……

（十）天望望，地望望

（发音人：吴魁；记录时间：2021 年 5 月 13 日）

天望望，地望望，我家有个吵儿郎。

tʰian⁴² vaŋ⁵ vaŋ⁴²，ti²¹ vaŋ⁵ vaŋ⁴²，ŋo²⁴ tɕia⁴² iəɯ²⁴ ko⁵ tsʰau²⁴ ər⁵ laŋ⁵。

过路先生念一遍，一觉睡到大天光。

ko²¹ləɯ²⁴ɕian⁴²sən⁰n̠ian²¹i⁵pian²¹²，i⁵tɕiaɯ²sei¹taɯ²⁴tɑ²¹tʰian⁵kuaŋ⁴²。

（十一）朒歌

（发音人：吴魁；记录时间：2021 年 5 月 13 日）

一朒穷，二朒富，三朒四朒开当铺。

i⁴²lo⁵tɕʰiɔŋ⁵，ər²¹lo⁵fu²¹²，san⁴²lo⁵sʅ²¹lo⁵kʰai⁴²taŋ²¹pu²⁴。

（另一种说法）

一朒巧，二朒好，三朒四朒吃不了。

i⁴²lo⁵tɕʰiaɯ²⁴，ər²¹lo⁵xaɯ²⁴，san⁴²lo⁵sʅ²¹lo⁵tsʰʅ⁴²pu²¹liaɯ²⁴。

（十二）一二三四五

（发音人：周世娣；记录时间：2021 年 5 月 13 日）

一二三四五，上山打老虎。

i⁴²ər²¹²san⁴²sʅ²vu²⁴，saŋ²¹²san¹tɑ²⁴laɯ⁵fu²⁴。

老虎不在家，一个舅母呱嗒呱①。

laɯ⁵fu²⁴pu⁴²tai⁵tɕiɑ⁴²，i⁴²ko²tɕiəɯ²¹mu²⁴kuɑ⁴²tɑ⁵kuɑ⁴²。

一二三四五，蚵蟆打金鼓。

i⁴²ər²¹²san⁴²sʅ²vu²⁴，kʰie⁵mɑ⁴²tɑ⁵tɕin⁴²ku²⁴。

哪个先说话，烂他狗下巴。

lɑ²⁴ko⁵ɕian⁴²ɕye²fɑ²¹²，lan²¹tʰɑ²⁴kəɯ⁵ɕiɑ²¹pʰɑ²⁴。

哪个先做声儿，烂他尾巴根儿。

lɑ²⁴ko⁵ɕian⁴²tsəɯ⁵ser⁴²，lan²¹tʰɑ²⁴i²⁴pɑ⁵ker⁴²。

一二三四五，上山打老虎。

i⁴²ər²¹²san⁴²sʅ²vu²⁴，saŋ²¹²san¹tɑ²⁴laɯ⁵fu²⁴。

---

① "呱嗒呱"指孤独一人。

老虎不在家，放屁就是他。

lau⁵ fu²⁴ pu⁴² tai⁵ tɕiɑ⁴²，faŋ⁵ pʰi²¹² tsəɯ²¹ sʅ²⁴ tʰɑ⁴²。

（十三）一把金，二把银①

（发音人：周世娣；记录时间：2019 年 5 月 18 日）

一把金，二把银。

i⁴² pɑ²⁴ tɕin⁴²，ər²¹ pɑ²⁴ in⁵。

三把不笑，四把是好人。

san⁴² pɑ²⁴ pu⁵ ɕiaɯ²¹²，sʅ²¹ pɑ²⁴ sʅ² xaɯ²⁴ zən⁵。

（十四）车水呦

（发音人：周世娣；记录时间：2019 年 5 月 18 日）

车水呦，栽秧欧，糯米干饭淘汤欧。

tsʰe⁴² sei²⁴ iəɯ⁵，tsai⁵ iaŋ⁴² ŋəɯ²，lo²¹ mi²⁴ kan⁴² fan² tʰaɯ⁵ tʰaŋ⁴² ŋəɯ⁰。

（十五）婆婆是个鼓

（发音人：周世娣；记录时间：2019 年 5 月 18 日）

婆婆是个鼓，背后谈媳妇。

pʰo⁵ pʰo⁴² sʅ² ko¹ ku²⁴，pei²¹² xəɯ¹ tʰan⁵ ɕi⁴² fu⁰。

媳妇是个锣，背后谈婆婆。

ɕi⁴² fu⁰ sʅ² ko¹ lo⁵，pei²¹² xəɯ¹ tʰan⁵ pʰo⁵ pʰo⁴²。

（十六）不认字

（发音人：周世娣；记录时间：2019 年 5 月 18 日）

一个字，两个叉。它认得我，我认不到它。

i⁴² ko² tsʅ²¹²，liaŋ²⁴ ko⁵ tsʰɑ⁴²。tʰɑ⁴² zən⁴² tie² ŋo²⁴，ŋo² zən² pu¹ taɯ²⁴ tʰɑ⁴²。

---

① 这首童谣是大人为了逗小孩儿开心或闹着玩儿，用手轻挠小孩儿肚皮或膝盖等易痒处时说唱的。通常是说一句轻挠一下，小孩儿因怕痒会"咯咯"地笑或手舞足蹈。"一把金"是"（抓）一把不笑是金"的省略形式。

第十节　上梁祝词

上梁是建房过程中最重要的仪式。"河南人"盖新房非常重视上梁。上梁一般有两层意义：其一，中梁安置到位，预示着房屋即将建成；其二，期盼中梁牢固地支撑新屋，祈愿人、事、物吉祥顺利。"河南人"的上梁仪式，一般包括浇梁、上梁、接宝、抛梁、待匠几个环节。

浇梁即祭梁。浇梁前，先将贴上红纸或红绸的正梁抬进新屋堂前，然后摆上祭品，由瓦匠和木匠等边说吉语边敬酒浇梁。

浇梁结束后，匠人们要将正梁抬上屋顶、摆放平稳。这个环节叫上梁。假如是一层的平房（带顶的），一般用绳子拴住正梁的两头，由匠人们将正梁悬空平稳地拉上去。农村的住房，门向一般是东南向。因此，正梁的一头朝东，另一头朝西。上梁时，木匠在东侧（大首边），瓦匠在西侧（小首边）。梁的东端应高于梁的西端，因为东首是青龙座，西首为白虎座，白虎要低于青龙。通常的做法是，先让梁的东端入榫，梁的西端晚些时候再入榫，这样就能产生东高西低的效果。二层以上的楼房，要先经楼梯将正梁抬上楼，然后再悬拉至屋脊。

正梁摆放好以后，匠人将主人亲戚送来的装有馒头、果品的笋筐等放在梁的正中，做好接宝和抛梁的准备。农村恭贺上梁用的馒头，通常用一副担子（两只笋筐）挑着庆贺。抛梁时，通常是木匠抓一只笋筐，瓦匠抓一只笋筐，一个在东边，一个在西边。馒头、果品等象征五谷丰登。在诸多的馒头中，有几只大馒头，上面分别写有"东""南""西""北""宝"。这些大馒头里包有硬币。抢到大馒头者，预示着财运亨通、幸运吉祥。

接宝，是匠人将写有"宝"的大馒头抛入主人用来接宝的粉红床单（一般是亲友送的）。

主人接宝后，匠人开始向新屋内外四周抛撒馒头和果品。大馒头一般按照东、西、南、北的顺序抛。通常先由木匠抛东方馒头，然后由瓦匠抛西方馒头。南方馒头和北方馒头则视情况，馒头在谁的筐里就由谁抛，没有明确的规定。抛梁过程中，匠人要说吉利话。在抢上梁馒头的过程中，东、西、南、北几只大馒头的争抢，最为激烈。因为抢到这几只大馒头，预示着吉祥和发财。

抛梁结束后，主人要设宴款待匠人、帮工和亲友，并给匠人分发红包，整个上梁仪式结束。上梁过程中，鞭炮声声，人声鼎沸，甚是热闹。下面选取"河南人"上梁过程中的浇梁、上楼梯、接宝、抛馒头几个环节，记录上梁祝词。

上梁祝词

（发音人：余全国；记录时间：2018年2月）

（一）浇梁

双手接过主家壶，

saŋ⁴² səɯ²⁴ tɕie⁴² ko² tɕy²⁴ tɕiɑ⁴² fu⁵，

金银八宝满地铺。

tɕin⁴² in⁵ pɑ⁴² paɯ²⁴ man⁵ ti²¹² pʰu⁴²。

左踏金，右踏银，

tso²⁴ tʰɑ⁵ tɕin⁴²，iəɯ² tʰɑ¹ in⁵，

脚踏荷花大聚瓶。

tɕio⁴² tʰɑ² xo⁵ fɑ⁴² tɑ² tɕy¹ pʰin⁵。

双脚踏在金银上，

saŋ⁴² tɕio² tʰɑ² tsai¹ tɕin⁴² in⁵ saŋ²¹²，

千年富贵万年青。

tɕʰian⁴² n̠ian⁵ fu²¹² kuei¹ van²¹ n̠ian⁵ tɕʰin⁴²。

酒酒酒，家家有。

tɕiəɯ²⁴ tɕiəɯ⁵ tɕiəɯ²⁴，tɕiɑ⁴² tɕiɑ² iəɯ²⁴。

此酒不是凡人造，

tsʰɻ⁵ tɕiəɯ²⁴ pu⁴² sɻ² fan⁵ zən⁵ tsaɯ²¹²，

杜康造酒我浇梁。

təɯ²¹² kʰaɯ⁴² tsaɯ²¹ tɕiəɯ²⁴ ŋo²⁴ tɕiaɯ⁴² liaŋ⁵。

一敬天，与天同庚；

i⁴² tɕin²¹² tʰian⁴²，y²¹² tʰian⁴² tʰoŋ⁵ kən⁴²；

二敬地，与地同生；

ər²¹ tɕin⁵ ti²¹²，y²¹² ti¹ tʰoŋ⁵ sən⁴²；

三敬姜太公，百无禁忌。

san⁴² tɕin² tɕiaŋ⁴² tʰai²¹² koŋ⁴²，pie⁴² vu² tɕin⁵ tɕi²¹²。

滴滴金，滴滴银。

ti⁴² ti⁵ tɕin⁴²，ti⁴² ti² in⁵。

滴滴东家造花厅。

ti⁴² ti² toŋ⁴² tɕiɑ² tsau̜²¹ fɑ⁵ tʰin⁴²。

为人浇梁，造敬八方。

vei²¹ zən⁵ tɕiau̜⁴² liaŋ⁵，tsau̜²¹ tɕin⁵ pɑ⁴² faŋ⁰。

一敬东方甲乙木。

i⁴² tɕin² toŋ⁴² faŋ² tɕiɑ⁴² i⁵ mu⁴²。

二敬南方笑呵呵。

ər²¹² tɕin¹ lan⁵ faŋ⁴² ɕiau̜²¹ xo⁵ xo⁴²。

三敬西方庚申①金。

san⁴² tɕin² ɕi⁴² faŋ⁰ kən⁴² sən⁵ tɕin⁴²。

又敬北方清如水。

iəu̜²¹² tɕin¹ pie⁴² faŋ⁰ tɕʰin⁴² y⁵ sei²⁴。

再敬门神在此。

tsai²¹² tɕin¹ mən⁵ sən⁴² tsai²¹ tsʰɿ²⁴。

站得高，望得远。

tsan²¹ lie⁵ kau̜⁴²，vaŋ⁴² lie² yan²⁴。

生下子孙做高官。

sən⁴² ɕia² tsɿ²⁴ sən⁴² tsəu̜²¹² kau̜⁴² kuan⁰。

---

① "申"应为"辛"。可能是讹误。

再敬神仙在此。

tsai²¹² tɕin¹ sən⁵ ɕian⁴² tsai²¹ tsʰʅ²⁴。

耳听八面眼看四方，

ər²⁴ tʰin²¹² pɑ⁴² mian⁰ ian²⁴ kʰan⁵ sʅ²¹² faŋ⁴²，

胜过七子保朝纲。

sən² ko¹ tɕʰi⁴² tsʅ²⁴ pauɯ²⁴ tsʰauɯ⁵ kaŋ⁴²。

再敬灶神在此。

tsai²¹² tɕin¹ tsauɯ²¹ sən⁵ tsai²¹ tsʰʅ²⁴。

上天言好语，

saŋ²¹² tʰian⁴² ian⁵ xauɯ⁵ y²⁴，

下界保平安。

ɕiɑ²¹² tɕiai¹ pauɯ²⁴ pʰin⁵ ŋan⁴²。

我领酒壶转过转，

ŋo²⁴ lin²⁴ tɕiəuɯ²⁴ fu⁵ tɕyan²¹ ko⁵ tɕyan²¹²，

好比当今沈万三。

xauɯ⁵ pi²⁴ taŋ⁴² tɕin⁰ sən²⁴ van⁵ san⁴²。

沈万三家中有棵摇钱树，

sən²⁴ van⁵ san⁴² tɕiɑ⁴² tsoŋ⁰ iəuɯ²⁴ kʰo⁴² iauɯ⁵ tɕʰian⁵ ɕy²¹²，

日出黄金千万两。

ər⁴² tɕʰy⁰ faŋ⁵ tɕin⁴² tɕʰian⁴² van² liaŋ²⁴。

夜出黄金八百两，

ie²¹² tɕʰy⁴² faŋ⁵ tɕin⁴² pɑ⁴² pie² liaŋ²⁴，

金银八宝何处用？

tɕin⁴² in⁵ pɑ⁴² pauɯ²⁴ xo⁵ tɕʰy⁵ zoŋ²¹²？

置田，置地，造花厅。

tsʅ²¹ tʰian⁵，tsʅ⁵ ti²¹²，tsauɯ²¹ fa⁵ tʰin⁴²。

浇梁先浇中厅柱，

tɕiauɯ⁴² liaŋ⁵ ɕian⁴² tɕiauɯ² tsoŋ⁴² tʰin⁵ tɕy²¹²，

又浇紫金梁。

iəɯ²¹² tɕiaɯ⁴² tsʅ²⁴ tɕin⁴² liaŋ⁵。

浇来又浇去，

tɕiaɯ⁴² lai⁵ iəɯ²¹ tɕiaɯ⁵ tɕʰi²¹²，

代代子孙穿朝衣，

tai² tai¹ tsʅ²⁴ sən⁴² tɕʰyan⁴² tsʰaɯ⁵ i⁴²，

浇去又浇来，

tɕiaɯ⁴² tɕʰi² iəɯ²¹² tɕiaɯ⁴² lai⁵，

荣华富贵福寿齐。

zoŋ⁵ fɑ⁵ fu²¹² kuei¹ fu⁴² səɯ² tɕʰi⁵。

小小木头广木香，

ɕiaɯ²⁴ ɕiaɯ⁵ mu⁴² tʰəɯ⁰ kuaŋ²⁴ mu⁵ ɕiaŋ⁴²，

木头出在紫金山。

mu⁴² tʰəɯ⁰ tɕʰy⁴² tai² tsʅ²⁴ tɕin⁵ san⁴²。

八月十五起了瓢泼大水，

pɑ⁴² ye² sʅ⁵ vu²⁴ tɕʰi²⁴ lo⁵ pʰiaɯ⁵ pʰo⁴² tɑ²¹ sei²⁴，

飘飘荡荡经镇江。

pʰiaɯ⁴² pʰiaɯ⁰ taŋ²¹² taŋ¹ tɕin⁴² tsən²¹² tɕiaŋ⁴²。

再经溧阳木排港，

tsai²¹² tɕin⁴² li⁴² iaŋ⁵ mu⁴² pʰai⁵ kaŋ²⁴，

小港取回木头放到场上。

ɕiaɯ⁵ kaŋ²⁴ tɕʰy⁰ fei⁵ mu⁴² tʰəɯ⁰ faŋ²¹ taɯ²⁴ tsʰaŋ⁵ saŋ⁴²。

用丈尺搭搭，

zoŋ⁵ tsaŋ²¹² tsʰʅ⁴² tɑ⁴² tɑ⁰，

用短尺量量。

zoŋ²¹ tan²⁴ tsʰʅ⁴² liaŋ⁵ liaŋ⁴²。

不长不短正好，

pu⁴² tsʰaŋ⁵ pu⁴² tan²⁴ tsən²¹ xaɯ²⁴，

取下一根紫金大梁。

tɕʰy²⁴ ɕia⁵ i⁵ kən⁴² tsʅ²⁴ tɕin⁴² ta²¹ liaŋ⁵。

上有金龙盘玉柱，

saŋ²¹ iɯ²⁴ tɕin⁴² loŋ⁵ pʰan⁵ y⁵ tɕy²¹²，

下有黄金造花厅。

ɕia²¹ iɯ²⁴ faŋ⁵ tɕin⁴² tsau²¹ fa⁵ tʰin⁴²。

吉日吉时，大梁高升。

tɕie⁴² ər⁰ tɕie⁴² sʅ⁵，ta²¹ liaŋ⁵ kau⁵ sən⁴²。

（二）上楼梯

手托方盘起，

səɯ²⁴ tʰo⁴² faŋ⁴² pʰan⁵ tɕʰi²⁴，

东家贵客来。

toŋ⁴² tɕia⁰ kuei²¹² kʰie⁴² lai⁵。

恭喜恭喜！

koŋ⁴² ɕi²⁴ koŋ⁴² ɕi²⁴！

主家造新屋，

tɕy²⁴ tɕia⁴² tsau²¹² ɕin⁴² vu²¹²，

走到金银地。

tsəɯ²⁴ tau⁵ tɕin⁴² in⁵ ti²¹²。

脚踏福禄门，

tɕio⁴² tʰɑ² fu⁴² ləɯ² mən⁵，

脚踏楼梯步步高。

tɕio⁴² tʰɑ² ləɯ⁵ tʰi⁴² pu²¹ pu²⁴ kau⁴²。

手托方盘采仙桃。

səɯ²⁴ tʰo⁴² faŋ⁴² pʰan⁵ tsʰai²⁴ ɕian⁴² tʰau⁵。

仙桃不是凡人造，

ɕian⁴² tʰau⁵ pu⁵ sʅ²¹² fan⁵ zən⁵ tsau²¹²，

王母娘娘采仙桃。

vaŋ⁵ mu⁴² ȵiaŋ⁵ ȵiaŋ⁴² tsʰai²⁴ ɕian⁴² tʰaɯ⁵。

要问仙桃送何处,

iaɯ²¹² vən¹ ɕian⁴² tʰaɯ⁵ soŋ²¹ xo⁵ tɕʰy²¹²,

送到贵府造楼房。

soŋ²¹ taɯ²⁴ kuei²¹ fu²⁴ tsaɯ²¹ ləɯ⁵ faŋ⁵。

脚踏二梁头,

tɕio⁴² tʰɑ² ər²¹ liaŋ⁵ tʰəɯ⁵,

家中造高楼。

tɕiɑ⁴² tsoŋ⁰ tsaɯ²¹² kaɯ⁴² ləɯ⁵。

二梁头上转个弯,

ər²¹ liaŋ⁵ tʰəɯ⁵ saŋ⁴² tɕyan²⁴ ko⁵ van⁴²,

好比当今沈万三。

xaɯ²⁴ pi⁵ taŋ⁴² tɕin² sən²⁴ van⁵ san⁴²。

脚踏梁台,代代富贵。

tɕio⁴² tʰɑ² liaŋ⁵ tʰai⁵,tai²¹ tai²⁴ fu⁵ kuei²¹²。

(三)接宝

一匹绫罗一匹纱,

i⁴² pʰi² lin⁵ lo⁵ i⁴² pʰi⁵ sɑ⁴²,

五湖四海带到家。

vu²⁴ fu⁵ sʅ²¹ xai²⁴ tai²¹ taɯ²⁴ tɕiɑ⁴²。

吉日吉时高梁架,

tɕie⁴² ər² tɕie⁴² sʅ⁵ kaɯ⁴² liaŋ⁵ tɕiɑ²¹²,

架到江南第一家。

tɕiɑ²¹ taɯ²⁴ tɕiaŋ⁴² lan⁵ ti²⁴ i⁴² tɕiɑ⁰。

八面神仙走过来,

pɑ⁴² mian² sən⁵ ɕian⁴² tsəɯ²⁴ ko²¹ lai⁵,

我问神仙欲何来？

ŋo²⁴ vən² sən⁵ ɕian⁴² y²¹ xo⁵ lai⁵ ?

八仙齐说送子来。

pɑ⁴² ɕian² tɕʰi⁵ ɕye⁴² soŋ²¹ tsɿ²⁴ lai⁵。

昨日东风来上寿，

tso⁵ ər⁴² toŋ⁴² foŋ⁰ lai⁵ saŋ⁵ səɯ²¹²，

今日南风又送财，

tɕin⁴² ər⁰ lan⁵ foŋ⁴² iəɯ²¹² soŋ¹ tsʰai⁵，

却看西风送贵子，

tɕʰye²¹ kʰan⁵ ɕi⁴² foŋ⁰ soŋ⁵ kuei²¹ tsɿ²⁴，

北风吹来万年福。

pie⁴² foŋ⁰ tsʰei⁴² lai⁵ van²¹ ȵian⁵ fu⁴²。

叫声东家来接宝，

tɕiaɯ²¹ sən⁵ toŋ⁴² tɕiɑ⁰ lai⁵ tɕie⁴² paɯ²⁴，

东家接宝笑呵呵。

toŋ⁴² tɕiɑ⁰ tɕie⁴² paɯ²⁴ ɕiaɯ²¹ xo⁵ xo⁴²。

身穿凤纶满地拖，

sən⁴² tɕʰyan² foŋ²¹² kuan⁴² man²⁴ ti²¹² tʰo⁴²，

拖在前面生贵子，

tʰo⁴² tsai² tɕʰian⁵ mian⁴² sən⁴² kuei²¹ tsɿ²⁴，

拖在后面状元郎。

tʰo⁴² tsai² xəɯ²¹ mian²⁴ tsaŋ² yan¹ laŋ⁵。

东家先生要富要贵？

toŋ⁴² tɕiɑ⁰ ɕian⁴² sən⁰ iaɯ²¹² fu¹ iaɯ²¹² kuei¹ ?

［应］富贵都要。

fu²¹² kuei¹ təɯ⁴² iaɯ²¹²。

富贵双全万万年。

fu²¹² kuei¹ saŋ⁴² tɕʰyan⁵ van² van¹ ȵian⁵。

一宝一品当朝，

i⁴² pɑɯ²⁴ i⁴² pʰin²⁴ taŋ⁴² tsʰɑɯ⁵，

二宝成双富贵，

ər²¹ pɑɯ²⁴ tsʰən⁵ saŋ⁴² fu⁵ kuei²¹²，

三宝三元及第，

san⁴² pɑɯ²⁴ san⁴² yan⁵ tɕie⁴² ti²¹²，

双宝双双如意，

saŋ⁴² pɑɯ²⁴ saŋ⁴² saŋ² y⁵ i²¹²，

五宝五子登科，

vu²⁴ pɑɯ²⁴ vu²⁴ tsɿ⁵ tən⁵ kʰo⁴²，

六宝六六大顺，

ləɯ⁴² pɑɯ²⁴ ləɯ⁴² ləɯ² tɑ⁵ ɕyn²¹²，

七宝七子保朝纲，

tɕʰi⁴² pɑɯ²⁴ tɕʰi⁴² tsɿ²⁴ pɑɯ²⁴ tsʰɑɯ⁵ kaŋ⁴²，

八宝八仙齐会，

pɑ⁴² pɑɯ²⁴ pɑ⁴² ɕian² tɕʰi⁵ fei²¹²，

九宝九子满堂生，

tɕiəɯ²⁴ pɑɯ²⁴ tɕiəɯ²⁴ tsɿ²⁴ man²⁴ tʰaŋ⁵ sən⁴²，

十宝十全十美。

sɿ⁵ pɑɯ²⁴ sɿ⁵ tɕʰyan⁵ sɿ⁵ mei²⁴。

一添丁，

i⁴² tʰian⁵ tin⁴²，

二添财，

ər²¹² tʰian⁴² tsʰai⁵，

三添王母娘娘送子来，

san⁴² tʰian² vaŋ⁵ mu⁴² n̠ian⁵ n̠ian⁴² soŋ²¹ tsɿ²⁴ lai⁵，

再来添下次做楼房再来。

tsai²¹ lai⁵ tʰian⁴² ɕiɑ²¹² tsʰɿ¹ tsəɯ²¹ ləɯ⁵ faŋ⁵ tsai²¹ lai⁵。

（四）抛馒头

一对馒头抛到东，

i⁴² tei² man⁵ tʰɘɯ⁴² pʰaɯ⁴² taɯ⁵ toŋ⁴²，

日出东方一点红。

ər⁴² tɕʰy² toŋ⁴² faŋ⁰ i⁴² tian²⁴ xoŋ⁵。

一对馒头抛到西，

i⁴² tei² man⁵ tʰɘɯ⁴² pʰaɯ⁴² taɯ⁵ ɕi⁴²，

凤凰落地变金鸡。

foŋ²¹ vaŋ²⁴ lo⁵ ti²¹² pian²¹ tɕin⁵ tɕi⁴²。

一对金鸡往里飞。

i⁴² tei² tɕin⁴² tɕi⁰ vaŋ²¹ li²⁴ fei⁴²。

一对馒头抛到南，

i⁴² tei² man⁵ tʰɘɯ⁴² pʰaɯ⁴² taɯ⁵ lan⁵，

南海观音送儿郎。

lan⁵ xai²⁴ kuan⁴² in⁰ soŋ²¹ ər⁵ laŋ⁵。

送来七个娇生子，

soŋ²¹ lai²⁴ tɕʰi⁴² ko⁰ tɕiaɯ⁴² sən² tsʅ²⁴，

代代儿孙状元郎。

tai²¹ tai²⁴ ər⁵ sən⁴² tsaŋ² yan¹ laŋ⁵。

一对馒头抛到北，

i⁴² tei² man⁵ tʰɘɯ⁴² pʰaɯ⁴² taɯ⁵ pie⁴²，

北京城里配鸳鸯。

pie⁵ tɕin⁴² tsʰən⁵ lie⁴² pʰei²¹² yan⁴² iaŋ⁰。

上有珍珠无价宝，

saŋ²¹ iəɯ²⁴ tsən⁴² tɕy⁰ vu⁵ tɕiɑ²¹² paɯ²⁴，

下有玉女配成双。

ɕiɑ²¹ iəɯ²⁴ y²¹ ȵy²⁴ pʰei²¹ tsʰən⁵ saŋ⁴²。

第十一节　谚语

（发音人：吴魁；记录时间：2019 年 5 月）

A

矮子矮，肚子<u>拐</u>。

ŋai²⁴ tsʅ⁵ ŋai²⁴，təɯ²⁴ tsʅ⁵ kuai²⁴。

B

八九不离十。

pɑ⁴² tɕiəɯ²⁴ pu⁴² li⁵ sʅ⁵。

八十岁老妈儿砍黄蒿，一日不死要柴烧。

pɑ⁴² sʅ² sei²¹ laɯ⁵ mæ²⁴ kʰan²⁴ faŋ⁵ xaɯ⁴²，i² ər² pu⁴² sʅ²⁴ iaɯ²¹ tsʰai⁵ saɯ⁴²。

八仙过海，各显神通。

pɑ⁴² ɕian² ko²¹ xai²⁴，ko²¹ ɕian²⁴ sən⁵ tʰoŋ⁴²。

八月蚊虫死钻子，不咬婆娘咬汉子。

pɑ⁴² ye² vən⁵ tsʰoŋ⁴² sʅ²⁴ tsan² tsʅ²⁴，pu⁴² ŋaɯ²⁴ pʰo⁵ ȵiaŋ⁴² ŋaɯ²⁴ xan² tsʅ²⁴。

拔根汗毛当令箭。

pɑ⁵ kən⁴² xan⁵ maɯ⁵ taŋ⁴² lin² tɕian²¹²。

霸倒茅缸不屙屎。

pɑ²¹ taɯ²⁴ maɯ⁵ kaŋ⁴² pu⁵ ŋo⁴² sʅ²⁴。

白猫黑猫，逮住老鼠就是好猫。

pie⁵ maɯ⁴² xie⁴² maɯ⁰，tai²⁴ tɕy⁵ laɯ²⁴ tɕʰy⁵ tsəɯ² sʅ¹ xaɯ²⁴ maɯ⁴²。

半路上出来个程咬金。

pan²¹² ləɯ¹ saŋ²⁴ tɕʰy⁴² lai² ko⁵ tsʰən⁵ iaɯ⁴² tɕin⁰。

半夜起来上扬州，走来走去屋后头。

pan⁵ ie²¹² tɕʰi²⁴ lai⁵ saŋ²¹ iaŋ⁵ tsəɯ⁴²，tsəɯ²⁴ lai⁵ tsəɯ⁵ tɕʰi²¹² vu⁵ xəɯ²¹ tʰəɯ²⁴。

饱人不知饿人饥。

pɑɯ²⁴ zən⁵ pu⁵ tsʅ⁴² ŋo²¹ zən⁵ tɕi⁴²。

比上不足，比下有余。

pi²⁴ saŋ²¹² pu⁵ tsəɯ⁴²，pi²⁴ ɕiɑ²¹² iəɯ²⁴ y⁵。

编筐编篓，全靠收口。

pian²⁴ kʰuaŋ⁴² pian²¹ ləɯ²⁴，tɕʰyan⁵ kʰɑɯ² səɯ⁴² kʰəɯ²⁴。

冰冻三尺，不是一日之寒。

pin⁴² toŋ²¹² san⁴² tsʰʅ²，pu⁴² sʅ² i⁴² ər² tsʅ²⁴ xan⁵。

病来如山倒，病去如抽丝。

pin²¹ lai⁵ y⁵ san⁴² tɑɯ²⁴，pin²¹² tɕʰi¹ y⁵ tsʰəɯ⁵ sʅ⁴²。

病人不戒嘴，跑断医生腿。

pin²¹ zən⁵ pu⁵ kai²¹ tsei²⁴，pʰɑɯ²⁴ tan² i⁴² sən² tʰei²⁴。

病人房里无孝子。

pin²¹ zən⁵ faŋ⁵ lie⁴² vu⁵ ɕiɑɯ²¹ tsʅ²⁴。

不吃亏，不叫乖。

pu⁴² tsʰʅ⁵ kʰuei⁴²，pu⁴² tɕiɑɯ²¹² kuai⁴²。

不打不成材。

pu⁴² tɑ²⁴ pu⁴² tsʰən⁵ tsʰai⁵。

不当家不知柴米贵，不养儿不知父母恩。

pu⁴² taŋ⁵ tɕiɑ⁴² pu⁵ tsʅ⁴² tsʰai⁵ mi²⁴ kuei²¹²，pu⁴² iaŋ²⁴ ər⁵ pu⁵ tsʅ⁴² fu²¹ mu²⁴ ŋən⁴²。

不到黄河不死心。

pu⁴² tɑɯ²¹² faŋ⁵ xo⁵ pu⁴² sʅ²⁴ ɕin⁴²。

不防君子，防小人。

pu⁴² faŋ⁵ tɕyn⁴² tsʅ²⁴，faŋ⁵ ɕiɑɯ²⁴ zən⁵。

不见棺材不流泪。

pu⁵ tɕian²¹² kuan⁴² tsʰai⁰ pu⁴² liəɯ⁵ lei²¹²。

不见兔子不放鹰。

pu⁵ tɕʰian²¹² tʰəɯ²¹ tsʅ²⁴ pu⁴² faŋ²¹² in⁴²。

不看僧面看佛面。

pu⁴² kʰan²¹² sən⁴² mian² kʰan²¹² fu⁴² mian²¹²。

不怕不识货，就怕货比货。

pu⁴² pʰɑ²¹² pu⁴² sʅ⁵ xo²¹²，tsɤɯ²¹² pʰɑ¹ xo²¹ pi²⁴ xo²¹²。

不怕慢，就怕站。

pu⁴² pʰɑ² man²¹²，tsɤɯ²¹ pʰɑ⁵ tsan²¹²。

不怕一万，就怕万一。

pu⁴² pʰɑ² i⁵ van²¹²，tsɤɯ²¹² pʰɑ¹ van²¹² i⁴²。

不听老人言，吃亏眼面前。

pu⁴² tʰin² lɑɯ²⁴ zən⁵ ian⁵，tsʅ⁵ kʰuei⁴² ian²⁴ mian²¹ tɕʰian²⁴。

不要算，不要数，冬至进九。

pu⁴² iɑɯ² san²¹²，pu⁵ iɑɯ²¹ sɤɯ²⁴，toŋ⁴² tsʅ²¹² tɕin²¹ tɕiɤɯ²⁴。

C

财主说穷话，光棍说熊话。

tsʰai⁵ tɕy²⁴ ɕye⁴² tɕʰioŋ⁵ fɑ²¹²，kuaŋ⁴² kuən²¹² ɕye⁴² ɕioŋ⁵ fɑ²¹²。

苍蝇叮了一粒米，撵了十里到八里。

tsʰaŋ⁴² in⁰ tiɑɯ⁴² lo⁰ i⁵ li⁴² mi²⁴，ȵian⁵ lo⁵ sʅ⁵ li²⁴ tɑɯ²¹² pɑ⁴² li²⁴。

草字不离格，离格神仙认不得。

tsʰɑɯ²⁴ tsʅ²¹² pu⁴² li⁵ kie⁴²，li⁵ kie⁴² sən⁵ ɕian⁴² zən²¹ pu⁵ tie⁴²。

茶要人烧，水要人挑。

tsʰɑ⁵ iɑɯ⁴² zən⁵ sɑɯ⁴²，sei²⁴ iɑɯ⁴² zən⁵ tʰiɑɯ⁴²。

拆东墙，补西墙，扯了裤子补衣裳。

tsʰe²⁴ toŋ⁴² tɕʰian⁵，pu²⁴ ɕi⁴² tɕʰian⁵，tsʰe²⁴ lo⁵ kʰu²¹ tsʅ²⁴ pu²⁴ i⁴² saŋ⁰。

长木匠，短铁匠。

tsʰaŋ⁵ mu⁴² tɕian⁰，tan²⁴ tʰie⁴² tɕian⁰。

朝中无人莫做官，家中无人莫种田。

tsʰɑɯ⁵ tsoŋ⁴² vu⁵ zən⁵ mo⁴² tsɤɯ²¹² kuan¹，tɕiɑ⁴² tsoŋ² vu⁵ zən⁵ mo⁴² tsoŋ²¹ tʰian⁵。

车到山前必有路。

tsʰe⁴² tau⁰ san⁴² tɕʰian⁵ pie⁴² iəɯ²⁴ ləɯ²¹²。

成人不自在，自在不成人。

tsʰən⁵ zən⁵ pu⁵ tsɿ²¹ tsai²⁴，tsɿ²¹ tsai²⁴ pu⁴² tsʰən⁵ zən⁵。

乘天由命，富贵在身。

tsʰən⁵ tʰian⁴² iəɯ⁵ min²¹²，fu²¹² kuei¹ tsai²⁴ sən⁴²。

秤不离砣，公不离婆。

tsʰən²¹ pu⁵ li²¹ tʰo⁵，koŋ⁴² pu² li²¹ pʰo⁵。

吃不尽咧亏，占不尽咧便宜。

tsʰɿ⁴² pu² tɕin²¹ lie²⁴ kʰuei⁴²，tsan²¹ pu⁵ tɕin²¹ lie²⁴ pʰian⁵ i⁴²。

吃不穷，喝不穷，算计不到一世穷。

tsʰɿ⁴² pu² tɕʰioŋ⁵，xo⁴² pu² tɕʰioŋ⁵，san²¹² tɕi¹ pu⁴² tau²⁴ i⁵ sɿ²¹ tɕʰioŋ⁵。

吃到碗里，霸到锅里。

tsʰɿ⁴² tau² van²⁴ lie⁵，pɑ²¹ tau²⁴ ko⁴² lie⁰。

吃了苦中苦，才混人上人。

tsʰɿ⁴² lo⁰ kʰu²⁴ tsoŋ⁴² kʰu²⁴，tsʰai⁵ fən²¹ zən⁵ saŋ²¹ zən⁵。

吃人家咧嘴软，拿人家咧手短。

tsʰɿ⁴² zən⁵ tɕiɑ⁴² lie⁰ tsei²⁴ yan²⁴，lɑ⁵ zən⁵ tɕiɑ⁴² lie⁰ səɯ²⁴ tan²⁴。

吃水不忘掏井人。

tsʰɿ⁴² sei²⁴ pu⁵ vaŋ²¹² tʰaɯ⁵ tɕin²⁴ zən⁵。

吃一回亏，叫一回乖。

tsʰɿ⁴² i² fei⁵ kʰuei⁴²，tɕiau² i¹ fei⁵ kuai⁴²。

重打锣鼓重开台。

tsʰoŋ⁵ tɑ²⁴ lo⁵ ku²⁴ tsʰoŋ⁵ kʰai⁴² tʰai⁵。

重阳无雨看十三，十三无雨一冬干。

tsʰoŋ⁵ iaŋ⁴² vu⁵ y²⁴ kʰan²¹ sɿ⁵ san⁴²，sɿ⁵ san⁴² vu⁵ y²⁴ i⁴² toŋ⁵ kan⁴²。

丑媳妇早晏要见公婆面。

tsʰəɯ²⁴ ɕi⁴² fu² tsau²⁴ ŋan² iau²¹² tɕian¹ koŋ⁴² pʰo⁵ mian²¹²。

出九三天黑，高山冈儿上不要筑田缺。

tɕʰy⁴² tɕiəɯ²⁴ san⁴² tʰian⁵ xie⁴²，kaɯ⁴² san² kæ²¹ saŋ²⁴ pu⁴² iaɯ²¹² tso⁴² tʰian⁵ tɕʰye⁴²。

出门观天色，进门观颜色。

tɕʰy⁴² mən⁵ kuan⁵ tʰian⁴² se⁰，tɕin²¹ mən⁵ kuan⁴² ian⁵ se⁴²。

初一晚黑儿唎火，十五晚黑儿唎灯。

tsʰəɯ⁵ i⁴² væ⁵ xo⁴² lie² xo²⁴，sʅ⁵ vu²⁴ væ⁵ xo⁴² lie⁵ tən⁴²。

处暑白露节，夜寒白日热。

tɕʰy²¹ ɕy²⁴ pie⁵ ləɯ⁵ tɕie⁴²，ie²¹ xan⁵ pie⁵ ər⁵ ye⁴²。

处暑处暑，热死老鼠。

tɕʰy²¹ ɕy²⁴ tɕʰy²¹ ɕy²⁴，ye⁴² sʅ²⁴ laɯ²⁴ tɕʰy⁵。

船到桥中自然直。

tɕʰyan⁵ taɯ⁴² tɕʰiaɯ⁵ tsoŋ⁴² tsʅ²¹ zan⁵ tsʅ⁵。

船载千斤，掌舵一人。

tɕʰyan⁵ tsai²¹² tɕʰian⁴² tɕin⁰，tsaŋ²⁴ to²¹² i⁴² zən⁵。

春打六九头，黄豆胀死牛；春打五九末，种田发了作。

tɕʰyn⁴² ta²⁴ ləɯ⁴² tɕiəɯ²⁴ tʰəɯ⁵，faŋ⁵ təɯ² tsaŋ²¹ sʅ²⁴ ȵiəɯ⁵；tɕʰyn⁴² ta²⁴ vu²⁴ tɕiəɯ²⁴ mo⁴²，tsoŋ²¹ tʰian⁵ fɑ⁴² lo⁵ tso⁴²。

春天雨是油，秋天雨有毒。

tɕʰyn⁴² tʰian⁰ y²⁴ sʅ² iəɯ⁵，tɕʰiəɯ⁴² tʰian⁰ y²⁴ iəɯ²⁴ təɯ⁵。

春雪映大水，一百二十天还原。①

tɕʰyn⁴² ɕie² in⁵ tɑ⁴² sei²⁴，i⁵ pie² ər²¹ sʅ⁵ tʰian⁴² fan⁵ yan⁵。

聪明一时，糊涂一世。

tsʰoŋ⁴² min⁰ i⁴² sʅ⁵，fu⁵ təɯ⁴² i⁵ sʅ²¹²。

从小看大，三岁知老。

tsʰoŋ⁵ ɕiaɯ²⁴ kʰan⁵ tɑ²¹²，san⁴² sei²¹² tsʅ⁴² laɯ²⁴。

D

打虎要有亲兄弟，打仗要有父子兵。

---

① 到五月初四、初五左右，通常要发大水（洪水）。

tɑ⁵ fu²⁴ iaɯ²¹ iəɯ²⁴ tɕʰin⁴² ɕioŋ² ti²¹²，tɑ²⁴ tsaŋ²¹² iaɯ²¹ iəɯ²⁴ fu²¹ tsɿ²⁴ pin⁴²。

打开窗子说亮话。

tɑ²⁴ kʰai⁴² tsʰaŋ⁴² tsɿ⁰ ɕye⁴² liaŋ²¹² fɑ¹。

打了狗子欺了主。

tɑ²⁴ lo⁵ kəɯ²⁴ tsɿ⁵ tɕʰi⁴² lo² tɕy²⁴。

打是爱，惯是害。

tɑ²⁴ sɿ⁵ ŋai²¹²，kuan²¹ sɿ⁵ xai²¹²。

打一冬柴不够一灶烧。

tɑ²⁴ i⁵ toŋ⁴² tsʰai⁵ pu⁵ kəɯ²¹² i⁵ tsaɯ²¹² saɯ⁴²。

打肿脸充胖子。

tɑ²⁴ tsoŋ⁵ lian²⁴ tsʰoŋ⁵ pʰaŋ²¹ tsɿ²⁴。

大河有水小河满，大河无水小河干。

tɑ²¹ xo⁵ iəɯ²⁴ sei²⁴ ɕiaɯ²⁴ xo⁵ man²⁴，tɑ²¹ xo⁵ vu⁵ sei²⁴ ɕiaɯ²⁴ xo⁵ kan⁴²。

大家一条心，黄土变成金。

tɑ²¹ tɕiɑ²⁴ i⁴² tʰiaɯ⁵ ɕin⁴²，faŋ⁵ tʰəɯ²⁴ pian²¹ tsʰən⁵ tɕin⁴²。

大梁不正二梁歪，三梁不正倒下来。

tɑ²¹ liaŋ⁵ pu⁵ tsən²¹² ər²¹ liaŋ⁵ vai⁴²，san⁴² liaŋ⁵ pu⁵ tsən²¹² taɯ²⁴ ɕiɑ²¹ lai⁵。

大路朝天，各走一边。

tɑ²¹² ləɯ¹ tsʰaɯ⁵ tʰian⁴²，ko⁴² tsəɯ²⁴ i⁵ pian⁴²。

大人不记小人过。

tɑ²¹ zən⁵ pu⁵ tɕi²¹² ɕiaɯ²⁴ zən⁵ ko²¹²。

大人瞧戏，小伢儿闻屁。

tɑ²¹ zən⁵ tɕʰiaɯ⁵ ɕi²¹²，ɕiaɯ²⁴ ŋæ⁵ vən⁵ pʰi²¹²。

大人望种田，小伢儿望过年。

tɑ²¹ zən⁵ vaŋ² tsoŋ²¹ tʰian⁵，ɕiaɯ²⁴ ŋæ⁵ vaŋ² ko²¹ ȵian⁵。

大事化小事，小事化了事。

tɑ²¹² sɿ¹ fɑ²¹ ɕiaɯ²⁴ sɿ²，ɕiaɯ²⁴ sɿ² fɑ²¹ liaɯ²⁴ sɿ²。

大树底下好歇荫。

tɑ²¹² ɕy¹ ti²⁴ ɕiɑ⁵ xaɯ²⁴ ɕie⁵ in⁴²。

大鱼吃小鱼，小鱼吃蟆虾，蟆虾吃泥巴。

tɑ²¹ y⁵ tsʰɿ⁴² ɕiaɯ²⁴ y⁵，ɕiaɯ²⁴ y⁵ tsʰɿ⁴² mɑ⁵ ɕiɑ⁴²，mɑ⁵ ɕiɑ⁴² tsʰɿ⁴² n̩i⁵ pɑ⁴²。

当面是人，背后是鬼。

taŋ⁴² mian²¹² sɿ²¹ zən⁵，pei⁵ xəɯ² sɿ¹ kuei²⁴。

当面笑呵呵，背后捞家伙。

taŋ⁴² mian²¹² ɕiaɯ²¹ xo⁵ xo⁴²，pei⁵ xəɯ²¹² laɯ⁵ tɕiɑ⁴² xo⁰。

刀子嘴，豆腐心。

taɯ⁴² tsɿ² tsei²⁴，təɯ²¹ fu²⁴ ɕin⁴²。

到处老鸹一样黑。

taɯ²¹ tɕʰy²⁴ laɯ²⁴ kuɑ⁵ i⁵ iaŋ²¹² xie⁴²。

到哪个山，砍哪个柴。

taɯ²¹ lɑ²⁴ ko⁵ san⁴²，kʰan²⁴ lɑ²⁴ ko⁵ tsʰai⁵。

得了便宜唱雅调。

te⁴² lo² pʰian⁵ i⁴² tsʰaŋ²¹ iɑ²⁴ tiaɯ²。

得一尺，进一丈。

te⁴² i⁵ tsʰɿ⁴²，tɕin²¹ i⁵ tsaŋ²¹²。

东方不亮西方亮，一转儿不亮中间还有大月亮。

toŋ⁴² faŋ² pu⁵ liaŋ²¹² ɕi⁴² faŋ² liaŋ²¹²，i⁴² tɕyai²⁴ pu⁵ liaŋ²¹² tsoŋ⁴² kan²⁴ xæ⁵ iəɯ²⁴ tɑ²¹ ye⁵ liaŋ²¹²。

东虹日头西虹雨，南虹北虹卖儿女。

toŋ⁴² kaŋ²¹² ər⁴² tʰəɯ⁰ ɕi⁴² kaŋ²¹ y²⁴，lan⁵ kaŋ²¹² pie⁴² kaŋ²¹² mai²¹ ər⁵ n̩y²⁴。

端人家咧碗，受人家咧管。

tan⁴² zən⁵ tɕiɑ⁴² lie² van²⁴，səɯ²¹ zən⁵ tɕiɑ⁴² lie² kuan²⁴。

多一事不如少一事。

to⁴² i² sɿ²¹² pu⁴² y⁵ saɯ⁴² i⁵ sɿ²¹²。

躲得过初一，跑不了十五。

to²⁴ lie⁵ ko²¹² tsʰəɯ⁵ i⁴²，pʰaɯ²⁴ pu⁵ liaɯ²⁴ sɿ⁵ vu²⁴。

E

屙不出屎来怨土地。

ŋo⁴² pu² tɕʰy² sʅ²⁴ lai⁵ yan²¹ tʰəɯ²⁴ ti⁵。

饿狗记得千年屎。

ŋo²¹ kəɯ²⁴ tɕi²¹ lie²⁴ tɕʰian⁴² ȵian⁵ sʅ²⁴。

恶有恶报,现(善)有现(善)报,倘一时不报,时辰没到。

ŋo⁴² iəɯ²⁴ ŋo⁴² pɑɯ²¹², ɕian²¹ iəɯ²⁴ ɕian²¹² pɑɯ¹, tʰaŋ²⁴ i⁴² sʅ⁵ pu⁴² pɑɯ²¹², sʅ⁵ tsʰən⁴² mei⁴² tɑɯ²¹²。

儿生母苦。

ər⁵ sən⁴² mu²⁴ kʰu²⁴。

儿子莫嫌母丑。

ər⁵ tsʅ⁴² mo⁴² ɕian⁵ mu²⁴ tsʰəɯ²⁴。

耳不听,心不烦。

ər²⁴ pu⁵ tʰin²¹², ɕin⁴² pu² fan⁵。

二四八月乱穿衣。

ər²¹² sʅ¹ pɑ⁴² ye² lan²¹ tɕʰyan⁵ i⁴²。

F

放长线,下大鱼。

faŋ²¹ tsʰaŋ⁵ ɕian²¹², ɕiɑ⁵ tɑ²¹ y⁵。

风不动,草不摇。①

foŋ⁴² pu² toŋ²¹², tsʰɑɯ²⁴ pu⁴² iɑɯ⁵。

风来了,雨来了,小伢儿吓到屎来了。

foŋ⁴² lai⁵ lo⁴², y²⁴ lai⁵ lo⁴², ɕiaɯ²⁴ ŋæ⁵ ɕia⁴² tɑɯ² sʅ²⁴ lai⁵ lo⁴²。

夫妻不记隔夜仇,睡到半夜头靠头。

fu⁴² tɕʰi⁰ pu⁵ tɕi²¹² kie⁴² ie²¹ tsʰəɯ⁵, sei²¹ tɑɯ²⁴ pan⁵ ie²¹ tʰəɯ⁵ kʰɑɯ²¹ tʰəɯ⁵。

富人过年,穷人过难。

---

① 指不放在心上。

fu²¹ zən⁵ ko²¹ n̠ian⁵，tɕʰioŋ⁵ zən⁵ ko⁵ lan²¹²。

横草不动，直草不拈。

fən⁵ tsʰaɯ²⁴ pu⁵ toŋ²¹²，tsʅ⁵ tsʰaɯ²⁴ pu⁵ n̠ian⁴²。

G

各人搬石头砸各人咧脚。

ko⁵ zən⁵ pan⁴² sʅ⁵ tʰəɯ⁴² tsa⁵ ko⁵ zən⁵ lie⁵ tɕio⁴²。

各人表扬一枝花，人家说成豆腐渣。

ko⁵ zən⁵ piaɯ²⁴ iaŋ⁵ i⁴² tsʅ⁵ fɑ⁴²，zən⁵ tɕia⁴² ɕye⁴² tsʰən⁵ təɯ²¹ fu⁵ tsa⁴²。

各人跶倒各人爬。

ko⁵ zən⁵ tɑ⁴² taɯ⁰ ko⁵ zən⁵ pʰɑ⁵。

各人咧怪，各人咧爱。

ko⁵ zən⁵ lie⁴² kuai²¹²，ko⁵ zən⁵ lie⁴² ŋai²¹²。

公说公有理，婆说婆有理。

koŋ⁴² ɕye² koŋ⁴² iəɯ⁵ li²⁴，pʰo⁵ ɕye⁴² pʰo⁵ iəɯ⁵ li²⁴。

狗肉不成席。①

kəɯ²⁴ zəɯ²¹² pu⁴² tsʰən⁵ ɕi⁵。

狗痛人心。

kəɯ²⁴ tʰoŋ²¹ zən⁵ ɕin⁴²。

狗眼看人低。

kəɯ²⁴ ian²⁴ kʰan²¹ zən⁵ ti⁴²。

狗子咬丑咧，人捧有咧。

kəɯ²⁴ tsʅ⁵ ŋaɯ²⁴ tsʰəɯ²⁴ lie⁵，zən⁵ pʰoŋ²⁴ iəɯ²⁴ lie⁵。

鼓不打不响，话不说不明。

ku²⁴ pu⁴² tɑ²⁴ pu⁴² ɕiaŋ²⁴，fɑ²¹² pu⁵ ɕye⁴² pu⁴² min⁵。

谷雨断霜，清明断雪；打过端午，打不过端六。②

---

① 迷信的说法认为狗肉是"厌物"，所以不成席。

② 端午前后通常要发大水，又称"发粽子水"。

ku⁴² y²⁴ tan²¹² saŋ⁴², tɕʰin⁴² min⁰ tan²¹² ɕie⁴²; tɑ²⁴ ko⁵ tan⁴² vu²⁴, tɑ²⁴ pu⁵ ko² tan⁵ ləɯ⁴²。

挂羊头，卖狗肉。

kuɑ⁴² iaŋ⁵ tʰəɯ⁵，mai⁴² kəɯ²⁴ zəɯ²¹²。

管闲落嫌。

kuan²⁴ ɕian⁵ lo⁴² ɕian⁵。

惯子害子。

kuan⁴² tsʅ²⁴ xai²¹ tsʅ²⁴。

光阴如箭，日月如梭。

kuaŋ⁴² in⁰ y⁵ tɕian²¹²，zʅ⁴² ye² y⁵ so⁴²。

棍子头上出孝子。

kuən²¹ tsʅ²⁴ tʰəɯ⁵ saŋ⁴² tɕʰy⁵ ɕiaɯ²¹ tsʅ²⁴。

国有国法，家有家法。

kue⁴² iəɯ²⁴ kue⁴² fɑ²，tɕiɑ⁴² iəɯ²⁴ tɕiɑ⁴² fɑ²。

过了白露节，夜寒白日热。

ko²¹ lo²⁴ pie⁵ ləɯ⁵ tɕie⁴²，ie²¹ xan⁵ pie⁵ ər⁵ ye⁴²。

过了立冬，麦子种了不透风。

ko²¹ lo²⁴ li⁵ toŋ⁴²，mie⁴² tsʅ⁰ tsoŋ²¹ lo²⁴ pu⁴² tʰəɯ²¹² foŋ⁴²。

过了七月半，一天短一线；过了八月中，只有梳头洗碗工。

ko²¹ lo²⁴ tɕʰi⁴² ye² pan²¹²，i⁵ tʰian⁴² tan²⁴ i⁵ ɕian²¹²；ko²¹ lo²⁴ pɑ⁴² ye⁵ tsoŋ⁴²，tsʅ⁴² iəɯ²⁴ səɯ⁴² tʰəɯ⁵ ɕi⁵ van²⁴ koŋ⁴²。

H

害人如害己。

xai²¹ zən⁵ y⁵ xai²¹ tɕi²⁴。

寒从脚起，病从口入。

xan⁵ tsʰoŋ⁵ tɕio⁴² tɕʰi²⁴，pin²¹ tsʰoŋ⁵ kʰəɯ²⁴ y⁴²。

行行里头出状元。

xaŋ⁵ xaŋ⁴² li²⁴ tʰəɯ⁵ tɕʰy⁵ tsaŋ²¹ yan²⁴。

行行有利，行行有弊。

xaŋ⁵ xaŋ⁴² iəɯ²⁴ li²¹², xaŋ⁵ xaŋ⁴² iəɯ²⁴ pi²¹²。

好钢用到刀口上。

xaɯ²⁴ kaŋ⁴² zoŋ²¹ taɯ²⁴ taɯ⁴² kʰəɯ²⁴ saŋ⁵。

好狗不挡路。

xaɯ²⁴ kəɯ²⁴ pu⁴² taŋ²⁴ ləɯ²¹²。

好狗不咬鸡，好汉不打妻。

xaɯ²⁴ kəɯ²⁴ pu⁴² ŋaɯ²⁴ tɕi⁴², xaɯ²⁴ xan² pu⁴² ta²⁴ tɕʰi⁴²。

好汉不吃眼前亏。

xaɯ²⁴ xan² pu⁴² tsʰʅ² ian²⁴ tɕʰian⁵ kʰuei⁴²。

好汉不打上门客，抻手不打笑脸人。

xaɯ²⁴ xan² pu⁴² ta²⁴ saŋ²¹ mən⁵ kʰie⁴², tʂʰən⁴² səɯ²⁴ pu⁴² ta²⁴ ɕiaɯ²¹ lian²⁴ zən⁵。

好记性不如烂笔头。

xaɯ²⁴ tɕi²¹ ɕin²⁴ pu⁴² y⁵ lan²¹² pie⁴² tʰəɯ⁵。

好了疮疤忘了痛。

xaɯ²⁴ lo⁵ tsʰaŋ⁴² pɑ² vaŋ²¹ lo²⁴ tʰoŋ²¹²。

好男莫跟女斗。

xaɯ²⁴ lan⁵ mo⁴² kən² ȵy²⁴ təɯ²¹²。

好人不长寿，祸害活千年。

xaɯ²⁴ zən⁵ pu⁴² tsʰaŋ⁵ səɯ²¹², xo²¹² xai¹ xo⁵ tɕʰian⁴² ȵian⁵。

好事不出门，坏事传天下。

xaɯ²⁴ sʅ² pu⁵ tɕʰy⁴² mən⁵, fai²¹² sʅ¹ tɕʰyan⁵ tʰian⁵ ɕiɑ²¹²。

好心落不到好报。

xaɯ²⁴ ɕin⁴² lo⁴² pu² taɯ²⁴ xaɯ²⁴ paɯ²¹²。

喝卵傻泡。①

xo⁴² lo²⁴ sɑ⁵ pʰaɯ⁴²。

---

① 溜须拍马。

猴子不上树，多打几槌锣。

xəɯ⁵ tsʅ⁴² pu⁴² saŋ⁵ ɕy²¹², to⁴² tɑ²⁴ tɕi²⁴ tsʰei⁵ lo⁵。

猴子手上搣不到枣ㄦ。①

xəɯ⁵ tsʅ⁴² səɯ²⁴ saŋ⁵ mie²⁴ pu⁵ taɯ⁵ tsaɯ²⁴。

话说三遍逗人嫌。

fɑ²¹² ɕye⁴² san⁴² pian² təɯ⁴² zən⁵ ɕian⁵。

荒年饿不死手艺人。

faŋ⁴² n̠ian⁵ ŋo² pu¹ sʅ²⁴ səɯ²⁴ n̠i⁵ zən⁵。

黄金有价药无价。

faŋ⁵ tɕin⁴² iəɯ²⁴ tɕiɑ² io⁴² vu⁵ tɕiɑ²¹²。

黄皮子瞧鸡，越瞧越稀。

faŋ⁵ pʰi⁵ tsʅ⁴² tɕʰiaɯ⁵ tei⁴², ye⁴² tɕʰiaɯ⁵ ye⁵ ɕi⁴²。

黄皮子说ㄦ香，刺猬子说ㄦ光。

faŋ⁵ pʰi⁵ tsʅ⁴² ɕye⁴² ər⁵ ɕiaŋ⁴², tsʰʅ⁴² vei²⁴ tsʅ⁵ ɕye⁴² ər⁵ kuaŋ⁴²。

黄猩子想吃天鹅肉。

faŋ⁵ ɕin⁴² tsʅ⁰ ɕiaŋ²⁴ tsʰʅ⁴² tʰian⁴² ŋo⁵ zəɯ²¹²。

会看戏咧看门道，不会看戏看热闹。

fei²¹ kʰan⁵ ɕi²¹ lie²⁴ kʰan²¹ mən⁵ taɯ⁴², pu⁵ fei² kʰan⁵ ɕi² kʰan²¹² ye⁴² laɯ⁰。

活到老，学到老，还有几样没学到。

xo⁵ taɯ⁴² laɯ²⁴, ɕio⁵ taɯ⁴² laɯ²⁴, xæ⁵ iəɯ²⁴ tɕi⁵ iaŋ²¹² mei²¹ ɕio⁵ taɯ²⁴。

火车跑得快，全靠头来带。

xo²⁴ tsʰe⁴² pʰaɯ²⁴ lie⁵ kʰuai²¹², tɕʰyan⁵ kʰaɯ² tʰəɯ⁵ lai⁵ tai²¹²。

火烧眉毛顾眼前。

xo²⁴ saɯ⁴² mi⁵ maɯ⁴² ku²¹ ian²⁴ tɕʰian⁵。

火越烤越寒，肉越吃越馋。

xo²⁴ ye⁴² kʰaɯ²⁴ ye⁴² xan⁵, zəɯ²¹² ye⁴² tsʰʅ² ye⁴² tsʰan⁵。

---

① 比喻吝啬。

J

机不可失，失不再来。

tɕi⁴² pu² kʰo²⁴ sɿ⁴²，sɿ⁴² pu² tsai²¹ lai⁵。

鸡蛋不能跟石磙碰。

tɕi⁴² tan²¹² pu⁴² lən⁵ kən⁴² sɿ⁵ kuən²⁴ pʰoŋ²¹²。

鸡蛋窠里剥出骨子油来。

tɕi⁴² tan² təɯ²¹ lie²⁴ po⁴² tɕʰy² ku⁴² tsɿ² iɯɯ⁵ lai⁴²。

家丑不可外扬（传）。

tɕiɑ⁴² tsʰəɯ²⁴ pu⁴² kʰo²⁴ vai²¹ iaŋ⁵（tɕʰyan⁵）。

家有黄金，外有吨秤。

tɕiɑ⁴² iəɯ²⁴ faŋ⁵ tɕin⁴²，vai²¹ iəɯ²⁴ tən²⁴ tsʰən²¹²。

家贼难防，偷断搁梁。

tɕiɑ⁴² tsei⁵ lan⁵ faŋ⁵，tʰəɯ⁴² tan²¹ ko⁴² liaŋ⁵。

嫁出去咧姑娘，泼出去咧水。

tɕiɑ²¹² tɕʰy⁴² tɕʰi² lie² ku⁴² n̻iaŋ⁰，pʰo⁴² tɕʰy² tɕʰi² lie² sei²⁴。

嫁汉嫁汉，穿衣吃饭。

tɕiɑ²¹² xan¹ tɕiɑ²¹² xan¹，tɕʰyan⁴² i² tsʰi⁵ fan²¹²。

嫁鸡随鸡，嫁狗随狗。

tɕiɑ²¹² tɕi¹ sei⁵ tɕi⁴²，tɕiɑ²¹ kəɯ²⁴ sei⁵ kəɯ²⁴。

拣了个芝麻，掉了个西瓜。

tɕian²⁴ lo⁵ ko⁵ tsɿ⁴² mɑ⁰，tiaɯ²¹ lo²⁴ ko⁵ ɕi⁵ kuɑ⁴²。

见鳖不捉三分罪。

tɕian²¹² pie⁴² pu⁵ tso⁴² san⁴² fən² tsei²¹²。

见人说人话，见鬼说鬼话。

tɕian²¹ zən⁵ ɕye⁴² zən⁵ fɑ²¹²，tɕian²¹ kuei²⁴ ɕye⁴² kuei²⁴ fɑ²。

嚼过咧馒头没得味儿。

tɕio⁵ ko⁴² lie⁰ man⁵ tʰəɯ⁴² mei²¹ tie⁵ ver²¹²。

脚叉两只船，又想上江北，又想上江南。

tɕio⁴² tsʰa² liaŋ²⁴ tsɿ⁴² tɕʰyan⁵，iəɯ²¹ ɕiaŋ²⁴ saŋ²¹ tɕiaŋ⁵ pie⁴²，iəɯ²¹ ɕiaŋ²⁴ saŋ² tɕiaŋ⁴² lan⁵。

叫唤雀子不长肉。

tɕiaɯ²¹ fan²⁴ tɕʰio⁴² tsɿ⁰ pu⁴² tsaŋ²⁴ zəɯ²¹²。

金窝，银窝，不如个人唎狗窝。

tɕin⁴² ŋo⁰，in⁵ ŋo⁴²，pu⁴² y⁵ ko⁵ zən⁵ lie⁴² kəɯ²⁴ ŋo⁴²。

金银不过手。

tɕin⁴² in⁵ pu⁵ ko²¹ səɯ²⁴。

今朝一天不住点，明朝日头晒破脸。

tɕin⁴² tsaɯ² i⁵ tʰian⁴² pu² tɕy¹ tian²⁴，mən⁵ tsaɯ⁴² ər⁴² tʰəɯ⁰ sai² pʰo¹ lian²⁴。

进门看颜色，出门看天色。

tɕin²¹ mən⁵ kʰan²¹ ian⁵ se⁴²，tɕʰy⁴² mən⁵ kʰan²¹² tʰian⁴² se⁰。

井水不犯河水。

tɕin²⁴ sei²⁴ pu⁴² fan²¹ xo⁵ sei²⁴。

敬酒不吃吃罚酒。

tɕin²¹ tɕiəɯ²⁴ pu⁵ tsʰɿ⁴² tsʰɿ⁴² fɑ⁵ tɕiəɯ²⁴。

揪不死唎鳖。

tɕiəɯ⁴² pu² sɿ²⁴ lie⁵ pie⁴²。

久病无孝子。

tɕiəɯ²⁴ pin²¹ vu⁵ ɕiaɯ²¹ tsɿ²⁴。

酒饭唎朋友，柴米唎妻。

tɕiəɯ²⁴ fan² lie¹ pʰən⁵ iəɯ⁴²，tsʰai⁵ mi²⁴ lie⁵ tɕʰi⁴²。

酒逢知己千杯少，话不投机半句多。

tɕiəɯ²⁴ fən⁵ tsɿ⁴² tɕi²⁴ tɕʰian⁴² pei² saɯ²⁴，fɑ²¹ pu¹ tʰəɯ⁵ tɕi⁴² pan²¹ tɕy⁵ to⁴²。

旧唎不去，新唎不来。

tɕiəɯ²¹ lie²⁴ pu⁵ tɕʰi²¹²，ɕin⁴² lie⁰ pu⁴² lai⁵。

救急不救穷。

tɕiəɯ²¹² tɕi⁴² pu⁴² tɕiəɯ²¹ tɕʰioŋ⁵。

君子报仇，十年不晚。

tɕyn⁴² tsɿ²⁴ pauɯ²¹ tsʰəɯ⁵，sɿ⁵ n̠ian⁵ pu⁴² van²⁴。

君子不念旧过。

tɕyn⁴² tsɿ²⁴ pu⁵ n̠ian² tɕiəɯ²¹² ko¹。

君子一言，驷马难追。

tɕyn⁴² tsɿ²⁴ i⁴² ian⁵，sɿ²¹ mɑ²⁴ lan⁵ tsei⁴²。

K

靠山吃山，靠水吃水。

kʰauɯ²¹² san⁴² tsʰɿ⁵ san⁴²，kʰauɯ²¹ sei²⁴ tsʰɿ⁴² sei²⁴。

客走主人安。

kʰie⁴² tsəɯ²⁴ tɕy²⁴ zən⁵ ŋan⁴²。

L

来得早不如来得巧。

lai⁵ lie⁴² tsauɯ²⁴ pu⁴² y⁵ lai⁵ lie⁴² tɕʰiauɯ²⁴。

来客扫地下，客走烧茶喝。

lai⁵ kʰie⁴² sauɯ²⁴ ti²¹ ɕiɑ²⁴，kʰie⁴² tsəɯ²⁴ sauɯ⁴² tsʰɑ⁵ xo⁴²。

来了不外，外了不来。

lai⁵ lo⁴² pu⁵ vai⁴²，vai⁴² lo²⁴ pu⁴² lai⁵。

来是箭，走是线。①

lai⁵ sɿ⁵ tɕian²¹²，tsəɯ²⁴ sɿ⁵ ɕian²¹²。

懒牛懒马屎尿多。

lan²⁴ n̠iəɯ⁵ lan⁵ mɑ²⁴ sɿ²⁴ n̠iauɯ⁵ to⁴²。

浪子回头饿死狗。②

laŋ⁴² tsɿ²⁴ fei⁵ tʰəɯ⁵ ŋo⁴² sɿ²⁴ kəɯ²⁴。

老虎不吃儿唎肉。

lauɯ⁵ fu²⁴ pu⁵ tsʰɿ⁴² ər⁵ lie⁴² zəɯ²¹²。

---

① 指生病来得快，恢复得慢。

② 指回心转意。

老虎屁股摸不得。

lauɯ⁵ fu²⁴ pʰi²¹ ku²⁴ mo⁴² pu⁵ tie⁴²。

老黄历不能看新问题。

lauɯ²⁴ faŋ⁵ li⁴² pu⁴² lən⁵ kʰan²¹ ɕin⁴² vən²¹ tʰi⁵。

老子英雄儿好汉，老子鳖熊儿鳖蛋。

lauɯ²⁴ tsɿ⁵ in⁴² ɕioŋ⁰ ər⁵ xauɯ²⁴ xan²¹², lauɯ²⁴ tsɿ⁵ pie⁴² ɕioŋ⁵ ər⁵ pie⁴² tan²¹²。

雷打惊蛰前，高山冈儿上好种田。

li⁵ ta²¹² tɕin²¹² tsʰɿ⁵ tɕʰian⁵, kauɯ⁴² san² kæ²¹ saŋ²⁴ xauɯ²⁴ tsoŋ²¹ tʰian⁵。

离了你一棵树不能吊颈。

li² lo¹ n²⁴ i⁵ kʰo⁴² ɕy² pu²¹ lən⁵ tiauɯ²¹ tɕin²⁴。

理通天下书通文。

li²⁴ tʰoŋ⁵ tʰian⁴² ɕiɑ⁰ ɕy⁴² tʰoŋ² vən⁵。

立夏不下，有雨不太怕；小满不满，神仙不管。

li⁴² ɕiɑ² pu⁵ ɕiɑ²¹², iəɯ²⁴ y²⁴ pu⁴² tʰai² pʰɑ²¹²；ɕiauɯ²⁴ man²⁴ pu⁴² man²⁴, sən⁵ ɕian⁴² pu⁴² kuan²⁴。

连毛胡子一把抓。

lian⁵ mauɯ⁴² fu⁵ tsɿ⁴² i⁴² pa²⁴ tsɑ⁴²。

脸皮子老老，肚子饱饱。

lian²⁴ pʰi⁵ tsɿ⁴² lauɯ²⁴ lauɯ⁵, təɯ²⁴ tsɿ⁵ pauɯ²⁴ pauɯ⁵。

两个人吵嘴打架，不怪一个人。

liaŋ²⁴ ko⁵ zən⁵ tsʰauɯ⁵ tsei⁴² ta⁵ tɕiɑ²¹², pu⁴² kuai²¹ i⁵ ko²¹ zən⁵。

两个人穿一条裤子。

liaŋ²⁴ ko⁵ zən⁵ tɕʰyan⁴² i² tʰiauɯ⁵ kʰu²¹ tsɿ²⁴。

两好恰一好，你好我亦好。

liaŋ²⁴ xauɯ²⁴ ko⁴² i² xauɯ²⁴, n²⁴ xauɯ²⁴ ŋo²⁴ i⁵ xauɯ²⁴。

列哈儿点火，那哈儿冒烟。①

---

① 指说长道短，无中生有。

lie² xæ¹ tian⁵ xo²⁴, lɑ²¹ xæ²⁴ mau²¹² ian⁴²。

列山望了那山高。

lie²¹² san⁴² vaŋ²¹ lo⁵ lɑ²¹ san⁵ kau⁵²。

邻居好，等于宝。

lin⁵ tɕy⁴² xau²⁴, tən²⁴ y⁵ pau²⁴。

六月连阴坏了瓜。

ləu⁴² ye² lian⁵ in⁴² fai²¹ lo²⁴ kuɑ⁴²。

龙配龙，凤配凤，官府小姐配书生。

loŋ⁵ pʰei²¹ loŋ⁵, foŋ²¹ pʰei⁵ foŋ²¹², kuan⁴² fu²⁴ ɕiau⁵ tɕie²⁴ pʰei²¹² ɕy⁴² sən⁰。

路是人开咧，树是人栽咧。

ləu² sʅ¹ zən⁵ kʰai⁴² lie⁰, ɕy² sʅ¹ zən⁵ tsai⁴² lie⁰。

萝卜青菜，各有所爱。

lo⁵ po⁴² tɕʰin² tsʰai²¹², ko⁴² iəu²⁴ so²⁴ ŋai²¹²。

萝卜上了街，药店不用开。

lo⁵ po⁴² saŋ²¹ lo⁵ kai⁴², io⁴² tian²¹² pu²¹ zoŋ⁵ kʰai⁴²。

M

麻雀子再小，五脏齐全。

mɑ⁵ tɕʰio⁴² tsʅ⁰ tsai²¹ ɕiau²⁴, vu²⁴ tsaŋ⁴² tɕʰi⁵ tɕʰyan⁵。

卖瓜不说瓜苦。

mai²¹² kuɑ⁴² pu⁵ ɕye⁴² kuɑ⁴² kʰu²⁴。

瞒上不瞒下。

man⁵ saŋ²¹² pu⁴² man⁵ ɕiɑ²¹²。

芒种栽秧分昼夜，小暑栽秧定时辰。

maŋ⁵ tsoŋ²¹² tsai⁵ iaŋ⁴² fən⁴² tsəu⁵ ie²¹², ɕiau²⁴ ɕy²⁴ tsai⁵ iaŋ⁴² tin²¹ sʅ⁵ tsʰən⁴²。

毛狗没打倒，落得一身臊。

mau⁵ kəu²⁴ mei⁴² tɑ⁵ tau²⁴, lo⁴² tie² i⁴² sən⁵ sau⁴²。

没得不透风咧墙。

mei²¹ tie⁵ pu⁴² tʰəu⁵ foŋ⁴² lie² tɕʰiaŋ⁵。

没得高山，哪能现出平地。

mei²¹ tie⁵ kaɯ⁴² san²，lɑ²⁴ lən⁵ ɕian² tɕʰy¹ pʰin⁵ ti²¹²。

没得那个金刚钻，莫钻那个破大碗。

mei²¹ tie⁵ lɑ²¹ ko²⁴ tɕin⁴² kaŋ² tsan²¹²，mo⁴² tsan² lɑ²¹ ko²⁴ pʰo² tɑ¹ van²⁴。

面和心不和。

mian²¹ xo⁵ ɕin⁴² pu² xo⁵。

明人不说暗话，明人不做暗事。

min⁵ zən⁵ pu⁴² ɕye² ŋan²¹² fa¹，min⁵ zən⁵ pu⁴² tsəɯ² ŋan²¹² sʅ¹。

磨刀不误砍柴工。

mo⁵ taɯ⁴² pu⁴² vu² kʰan²⁴ tsʰai⁵ koŋ⁴²。

么事根么事苗，么样儿咧葫芦结么样儿咧瓢。

mo²⁴ sʅ⁵ kən⁴² mo²⁴ sʅ⁵ miaɯ⁵，mo²⁴ iæ⁵ lie⁴² kʰu⁵ ləɯ⁴² tɕie⁴² mo²⁴ iæ⁵ lie⁴² pʰiaɯ⁵。

N

拿个鸡毛当令箭。

lɑ⁵ ko⁴² tɕi⁴² maɯ⁵ taŋ⁴² lin⁵ tɕian²¹²。

哪个有粉不往脸上擦。

lɑ⁵ ko²¹ iəɯ²⁴ fən²⁴ pu⁴² vaŋ² lian²⁴ saŋ⁵ tsʰɑ⁴²。

哪有猫子不吃鱼咧肉。

lɑ²⁴ iəɯ⁵ maɯ⁴² tsʅ⁰ pu⁴² tsʰʅ² y⁵ lie⁵ zəɯ²¹²。

男不露脐，女不露皮。

lan⁵ pu⁴² ləɯ² tɕʰi⁵，n̩y²⁴ pu⁴² ləɯ² pʰi⁵。

男大当婚，女大当嫁。

lan⁵ tɑ²¹ taŋ⁵ fən⁴²，n̩y²⁴ tɑ²¹ taŋ⁴² tɕiɑ²¹²。

嫩姜没得老姜辣。

lən²¹² tɕiaŋ¹ mei²¹ tie⁵ laɯ²⁴ tɕiaŋ⁴² lɑ⁴²。

你能做初一，我能做十五。

n²⁴ lən⁵ tsəɯ²¹ tsʰəɯ⁵ i⁴²，ŋo²⁴ lən⁵ tsəɯ²¹ sʅ⁵ vu²⁴。

你走你咧阳光道，我过我咧独木桥。

n̠²⁴ tsəɯ⁵ n̠²⁴ lie⁵ iaŋ⁵ kuaŋ⁴² taɯ²¹², ŋo²⁴ ko²¹ ŋo²⁴ lie⁵ təɯ⁵ mu⁴² tɕʰiaɯ⁵。

年老不念年轻咧英雄。

n̠ian⁵ laɯ²⁴ pu⁴² n̠ian²¹ n̠ian⁵ tɕʰin⁴² lie⁵ in⁴² ɕioŋ⁰。

年怕中秋月怕半。

n̠ian⁵ pʰɑ²¹² tsoŋ⁴² tɕʰiəɯ⁰ ye⁴² pʰɑ⁵ pan²¹²。

宁养败家子，不养悖种儿。

nin²¹ iaŋ²⁴ pai² tɕiɑ¹ tsʅ²⁴, pu⁴² iaŋ⁵ ɕin²¹ tsoŋ²⁴ ər⁵。

牛头不对马嘴。

n̠iəɯ⁵ tʰəɯ⁵ pu⁴² tei² mɑ²⁴ tsei²⁴。

女大十八变。

n̠y²⁴ tɑ² sʅ⁵ pɑ⁴² pian²¹²。

O

藕断丝不断。

ŋəɯ²⁴ tan²¹² sʅ⁴² pu² tan²¹²。

P

爬得高，跌得重。

pʰɑ⁵ lie⁵ kaɯ⁴², tɑ⁴² lie² tsoŋ²¹²。

跑得了和尚跑不了庙。

pʰaɯ²⁴ lie⁵ liaɯ²⁴ xo⁵ saŋ⁴² pʰaɯ²⁴ pu⁵ liaɯ²⁴ miaɯ²¹²。

朋友不怕多，对头怕一个。

pʰoŋ⁵ iəɯ⁴² pu⁴² pʰɑ²¹² to⁴², tei²¹ tʰəɯ²⁴ pʰɑ²¹ i⁵ ko²¹²。

朋友面前不说假，妻子面前莫说真。

pʰoŋ⁵ iəɯ⁴² mian²¹ tɕʰian²⁴ pu⁴² ɕye² tɕiɑ²⁴, tɕʰi⁴² tsʅ²⁴ mian²¹ tɕʰian²⁴ mo⁴² ɕye⁵ tsən⁴²。

便宜没得好货。

pʰian⁵ i⁴² mei²¹ tie⁵ xaɯ²⁴ xo²¹²。

平时不用功，临时抱佛脚。

pʰin⁵ sʅ⁵ pu⁴² zoŋ²¹² koŋ⁴², lin⁵ sʅ⁵ paɯ²¹ fu⁵ tɕio⁴²。

Q

七十三，八十四，阎王不要各人去。

tɕhi⁴² sʐ⁵ san⁴²，pɑ⁴² sʐ⁵ sʐ²¹²，ian⁵ vaŋ⁴² pu⁵ iaɯ²¹² ko⁵ zən⁵ tɕhi²¹²。

七岁八岁逗狗嫌。

tɕhi⁴² sei² pɑ⁴² sei² təɯ⁴² kəɯ²⁴ ɕian⁵。

七月十五早观天，免得来年问神仙。①

tɕhi⁴² ye² sʐ⁵ vu²⁴ tsaɯ²⁴ kuan⁵ thian⁴²，mian²⁴ tie⁵ lai²⁴ n̠ian⁵ vən²¹ sən⁵ ɕian⁴²。

七月长苗，八月长苕。②

tɕhi⁴² ye² tsaŋ²⁴ miaɯ⁵，pɑ⁴² ye² tsaŋ²⁴ saɯ⁵。

骑不上驴子就坎儿。

tɕhi⁵ pu⁴² saŋ² y⁵ tsʐ⁴² tɕiəɯ²¹ khair²⁴。

千滚豆腐万滚鱼。

tɕhian⁴² kuən²⁴ təɯ²¹ fu²⁴ van²¹ kuən²⁴ y⁵。

千里送鹅毛，礼轻仁义重。

tɕhian⁴² li²⁴ soŋ²¹ ŋo⁵ maɯ⁵，li²⁴ tɕhin⁴² zən⁵ i⁴² tsoŋ²¹²。

钱到手，饭到口。

tɕhian⁵ taɯ²¹ səɯ²⁴，fan² taɯ¹ khəɯ²⁴。

前怕狼，后怕虎。

tɕhian⁵ phɑ²¹ laŋ⁵，xəɯ² phɑ¹ fu²⁴。

前人栽树，后人歇荫。

tɕhian⁵ zən⁵ tsai⁴² ɕy²¹²，xəɯ²¹ zən⁵ ɕie⁵ in⁴²。

枪打出头鸟。

tɕhiaŋ⁴² tɑ²⁴ tɕhy⁴² thəɯ⁵ n̠iaɯ²⁴。

墙倒众人推。

tɕhiaŋ⁵ taɯ²⁴ tsoŋ²¹ zən⁵ thei⁴²。

---

① 根据民间观天经验：早起看到月亮下面有云彩相接，就是好年辰；若无云彩相接，一直红到底，则预示着荒年。

② 指山芋的生长特点。"长苕"即"苕长"，指疯长。

强龙斗不过地头蛇。

tɕʰiaŋ⁵ loŋ⁵ təɯ²¹ pu⁵ ko² ti² tʰəɯ¹ se⁵。

墙上一根草，风吹两面倒。

tɕʰiaŋ⁵ saŋ⁴² i⁵ kən⁴² tsʰaɯ²⁴，foŋ⁴² tsʰei² liaŋ²⁴ mian²¹ taɯ²⁴。

敲锣卖糖，各管各行。

tɕiaɯ⁴² lo⁵ mai²¹ tʰaŋ⁵，ko⁴² kuan²⁴ ko⁴² xaŋ⁵。

桥归桥，路归路。

tɕʰiaɯ⁵ kuei⁴² tɕʰiaɯ⁵，ləɯ²¹ kuei⁵ ləɯ²¹²。

清官难断家务事。

tɕʰin⁴² kuan⁰ lan⁵ tan²¹² tɕia⁴² vu² sɿ²¹²。

穷不当长子，富不当幺儿。

tɕʰioŋ⁵ pu⁴² taŋ² tsaŋ²⁴ tsɿ²⁴，fu²¹ pu⁵ taŋ⁴² iaɯ⁴² ər⁵。

穷莫倒志，富莫癫狂。

tɕʰioŋ⁵ mo⁴² taɯ²⁴ tsɿ²¹²，fu²¹ mo⁵ tian⁴² kʰuaŋ⁵。

穷配穷，富配富，泥巴伢儿伢儿住瓦屋。

tɕʰioŋ⁵ pʰei² tɕʰioŋ⁵，fu²¹ pʰei⁵ fu²¹²，ȵi⁵ pɑ⁴² ŋæ⁵ ŋæ⁴² tɕy²¹ vɑ²⁴ vu²¹²。

穷人不害病，等于交大运。

tɕʰioŋ⁵ zən⁵ pu⁴² xai² pin²¹²，tən²⁴ y⁵ kaɯ⁴² tɑ² yn²¹²。

劝人忠又义，戳事两头空。

tɕʰyan²¹ zən⁵ tsoŋ⁴² iəɯ² ȵi²¹²，tsʰo⁵ sɿ²¹ liaŋ²⁴ tʰəɯ⁵ kʰoŋ⁴²。

R

人比人，气死人。

zən⁵ pi²⁴ zən⁵，tɕʰi²¹ sɿ²⁴ zən⁵。

人不该死总有救。

zən⁵ pu⁴² kai² sɿ²⁴ tsoŋ²⁴ iəɯ⁵ tɕiəɯ²¹²。

人不可貌相，海水不可斗量。

zən⁵ pu⁴² kʰo²⁴ maɯ²¹² ɕiaŋ¹，xai⁵ sei²⁴ pu⁴² kʰo²⁴ təɯ²⁴ liaŋ⁵。

人倒霉，喝凉水牙亦痛。

zən⁵ tau²⁴ mei⁵, xo⁴² liaŋ⁵ sei²⁴ iɑ⁵ i⁵ tʰoŋ²¹²。

人多好种田，人少好过年。

zən⁵ to⁴² xau²⁴ tsoŋ²¹ tʰian⁵, zən⁵ sau²⁴ xau²⁴ ko²¹ ȵian⁵。

人多力量大，柴多火焰高。

zən⁵ to⁴² li⁴² liaŋ² tɑ²¹², tsʰai⁵ to⁴² xo²⁴ ian⁵ kau⁴²。

人怕出名猪怕壮。

zən⁵ pʰɑ²¹ tɕʰy⁴² min⁵ tɕy⁴² pʰɑ² tsaŋ²¹²。

人牵不走，鬼牵直转。①

zən⁵ tɕʰian⁴² pu⁴² tsəu²⁴, kuei²⁴ tɕʰian⁴² tsʅ⁵ tɕyan²¹²。

人穷志不穷。

zən⁵ tɕʰioŋ⁵ tsʅ² pu¹ tɕʰioŋ⁵。

人是铁，饭是钢，油盐小菜是力量。

zən⁵ sʅ⁵ tʰie⁴², fan²¹ sʅ⁵ kaŋ⁴², iəu⁵ ian⁵ ɕiau²¹² tsʰai⁵ sʅ²⁴ li⁴² liaŋ⁰。

人是英雄钱是胆。

zən⁵ sʅ⁵ in⁴² ɕioŋ⁰ tɕʰian⁵ sʅ⁴² tan²⁴。

人往高处走，水往低处流。

zən⁵ vaŋ²¹ kau⁴² tɕʰy² tsəu²⁴, sei²⁴ vaŋ²¹ ti⁴² tɕʰy² liəu⁵。

人为财死，鸟为食亡。

zən⁵ vei²¹ tsʰai⁵ sʅ²⁴, ȵiau²⁴ vei²¹ sʅ⁵ vaŋ⁵。

人无横财不富，马无夜草不肥。

zən⁵ vu⁵ fən⁵ tsʰai⁵ pu⁴² fu²¹², mɑ²⁴ vu⁵ ie⁴² tsʰau²⁴ pu⁴² fei⁵。

人心不足蛇吞象。

zən⁵ ɕin⁴² pu⁵ tsəu⁴² se⁵ tʰən⁴² ɕiaŋ²¹²。

人心都是肉做咧。

zən⁵ ɕin⁴² təu² sʅ¹ zəu²¹² tsəu¹ lie²⁴。

---

① 比喻不听善者言，偏要听不善者言。

人心隔肚皮，虎心隔毛衣。

zən⁵ ɕin⁴² kie⁴² təɯ²⁴ pʰi⁵，fu²⁴ ɕin⁴² kie⁴² maɯ⁵ i⁴²。

人心换人心，五两换半斤。

zən⁵ ɕin⁴² fan²¹ zən⁵ ɕin⁴²，vu²⁴ laŋ⁵ fan²¹ pan²⁴ tɕin⁴²。

人要脸，树要皮。

zən⁵ iaɯ²¹ lian²⁴，ɕy² iaɯ¹ pʰi⁵。

人要人帮衬，树要土围根。

zən⁵ iaɯ⁴² zən⁵ paŋ⁴² tsʰən⁰，ɕy² iaɯ¹ tʰəɯ²⁴ vei⁵ kən⁴²。

人在河边走，不得不湿鞋。

zən⁵ tai²¹ xo⁵ pian⁴² tsəɯ²⁴，pu⁴² tie² pu⁴² sʅ² ɕiai⁵。

人在廊檐下，不得不低头。

zən⁵ tai²¹ laŋ⁵ ian⁵ ɕiɑ²¹²，pu⁴² tie² pu⁵ ti⁴² tʰəɯ⁵。

人在人情在，人走情丢开。

zən⁵ tsai²¹ zən⁵ tɕʰin⁵ tsai²¹²，zən⁵ tsəɯ²⁴ tɕʰin⁵ tiəɯ⁵ kʰai⁴²。

人嘴巴有毒。①

zən⁵ tsei²⁴ pɑ⁵ iəɯ²⁴ təɯ⁵。

人嘴两块皮，要么样儿说就么样儿说。

zən⁵ tsei²⁴ liaŋ²⁴ kʰuai⁵ pʰi⁵，iaɯ²¹ miaŋ⁵⁴² ɕye² tsəɯ² miaŋ⁵⁴² ɕye²。

S

三个臭皮匠，抵个诸葛亮。

san⁴² ko² tsʰəɯ²¹ pʰi⁵ tɕiaŋ⁴²，ti²⁴ ko⁵ tɕy⁴² ko² liaŋ²¹²。

三九天不冷有点儿浸人，三伏天不热有点儿闷人。

san⁴² tɕiəɯ²⁴ tʰian⁴² pu⁴² lən²⁴ iəɯ²⁴ tiai⁵ tɕin²¹ zən⁵，san⁴² fu² tʰian¹ pu⁵ ye⁴² iəɯ²⁴ tiai⁵ mən²¹ zən⁵。

三句话不离本行。

san⁴² tɕy² fɑ²¹² pu⁴² li² pən²⁴ xaŋ⁵。

---

① 指一语成谶。

三人里头有我师。

san⁴² zən² li²⁴ tʰɤɯ⁵ iɤɯ²⁴ ŋo⁵ sʅ⁴²。

三天打鱼，两天晒网。

san⁴² tʰian² tɑ²⁴ y⁵，liaŋ²⁴ tʰian⁴² sai²¹ vaŋ²⁴。

善有善报，恶有恶报。

san²¹ iɤɯ²⁴ san²¹² pɑɯ¹，ŋo⁴² iɤɯ²⁴ ŋo⁴² pɑɯ²。

上不沾天，下不沾地。

saŋ²¹ pu⁵ tsan⁵ tʰian⁴²，ɕiɑ²¹ pu⁴² tsan⁴² ti²¹²。

上山容易下山难。

saŋ²¹² san⁴² zoŋ⁵ i²⁴ ɕiɑ²¹² san⁴² lan⁵。

上水田，下水田，肥水不落人家田。

saŋ²¹ sei²⁴ tʰian⁵，ɕiɑ²¹ sei²⁴ tʰian⁵，fei⁵ sei²⁴ pu⁵ lo⁴² zən⁵ tɕiɑ⁴² tʰian⁵。

上台捧，下台扠。

saŋ²¹ tʰai⁵ pʰoŋ²⁴，ɕiɑ²¹ tʰai⁵ soŋ²⁴。

少吃多有味，多吃活受罪。

sɑɯ²⁴ tsʰʅ⁴² to⁴² iɤɯ²⁴ vei²¹²，to⁴² tsʰʅ⁰ xo⁵ səɯ⁵ tsei²¹²。

折了财，免了灾。

sei⁵ lo⁴² tsʰai⁵，mian²⁴ lo⁵ tsai⁴²。

身大力不亏。

sən⁴² tɑ² li⁴² pu⁵ kʰuei⁴²。

身在福中不知福。

sən⁴² tsai² fu⁴² tsoŋ² pu⁴² tsʅ⁵ fu⁴²。

生成骨头长成肉。

sən⁴² tsʰən⁵ ku⁴² tʰɤɯ⁰ tsaŋ²⁴ tsʰən⁵ zəɯ²¹²。

生米煮成熟饭。

sən⁴² mi²⁴ tɕy²⁴ tsʰən⁵ səɯ⁵ fan²¹²。

虱子多了不咬，债多了不愁。

se⁴² tsʅ⁰ to⁴² lo⁰ pu⁴² ŋɑɯ²⁴，tsai²¹² to⁴² lo⁰ pu⁴² tsʰəɯ⁵。

十个手头有长短，河里放水有高低。

sɿ⁵ ko⁴² səɯ²⁴ tʰəɯ⁵ iəɯ²⁴ tsʰaŋ⁵ tan²⁴, xo⁵ lie⁴² faŋ²¹ sei²⁴ iəɯ²⁴ kaɯ⁵ ti⁴²。

十年河东，十年河西。

sɿ⁵ n̠ian⁵ xo⁵ toŋ⁴², sɿ⁵ n̠ian⁵ xo⁵ ɕi⁴²。

十七、十八不洗街，街上小姐哭到乡下来。我问小姐哭什么？她说没得大米上街来。

sɿ⁵ tɕʰi⁴²、sɿ⁵ pa⁴² pu⁴² ɕi²⁴ tɕiai⁴², tɕiai⁴² saŋ² ɕiaɯ⁵ tɕie²⁴ kʰu⁴² taɯ² ɕiaŋ⁴² ɕia² lai⁵。ŋo²⁴ vən²¹ ɕiaɯ⁵ tɕie²⁴ kʰu⁴² sən²¹ mo²⁴? tʰɑ⁴² ɕye² mei²¹ tie⁵ tɑ²¹ mi²⁴ saŋ²¹² tɕiai⁴² lai⁵。

实根实底。

sɿ⁵ kən⁴² sɿ⁵ ti²⁴。

石磙滚得快，屁眼子在外头；狗子跑得快，卵子在外头。

sɿ⁵ kuən²⁴ kuən²⁴ lie⁵ kʰuai²¹², pʰi²¹ ian²⁴ tsɿ⁵ tai⁵ vai²¹ tʰəɯ²⁴；kəɯ²⁴ tsɿ⁵ pʰaɯ²⁴ lie⁵ kʰuai²¹², lo²⁴ tsɿ⁵ tai⁵ vai²¹ tʰəɯ²⁴。

石磙压不出一个屁。

sɿ⁵ kuən²⁴ iɑ²¹ pu⁵ tɕʰy⁴² i⁴² ko² pʰi²¹²。

是亲有三顾。

sɿ²¹² tɕʰin⁴² iəɯ²⁴ san⁴² ku²¹²。

世上无难事，就怕有心人。

sɿ²¹ saŋ²⁴ vu⁵ lan⁵ sɿ²¹², tsəɯ²¹² pʰɑ¹ iəɯ²⁴ ɕin⁴² zən⁵。

手心手背都是肉。

səɯ²⁴ ɕin⁴² səɯ²⁴ pei² təɯ⁴² sɿ² zəɯ²¹²。

数萝卜下窖。

səɯ²⁴ lo⁵ po⁴² ɕia⁵ kaɯ²¹²。

树大招风。

ɕy²¹² tɑ¹ tsaɯ⁵ foŋ⁴²。

树怕挖根，人怕伤心。

ɕy²¹² pʰɑ¹ vɑ⁵ kən⁴², zən⁵ pʰɑ²¹ saŋ⁵ ɕin⁴²。

树叶掉下来怕打破头。

ɕy²¹² ie⁴² tiaɯ² ɕiɑ¹ lai²⁴ pʰɑ²¹ tɑ²⁴ pʰo²¹ tʰəɯ⁵。

说曹操，曹操到。

ɕye⁴² tsʰaɯ⁵ tsʰaɯ⁴²，tsʰaɯ⁵ tsʰaɯ⁴² taɯ²¹²。

说咧比唱咧好听。

ɕye⁴² lie² pi²⁴ tsʰaŋ² lie¹ xaɯ²⁴ tʰin²。

说咧真方子卖假药。

ɕye⁴² lie² tsən⁴² faŋ² tsʅ⁰ mai²¹ tɕiɑ²⁴ io⁴²。

说话多了逗人嫌。

ɕye⁴² fɑ²¹² to⁴² lo⁰ təɯ⁴² zən⁵ ɕian⁵。

死蚵蟆争到尿浠。

sʅ²⁴ kʰie⁵ mɑ⁴² tsən⁴² taɯ² ȵiaɯ²¹² ɕi⁴²。

死马当活马医。

sʅ²⁴ maɯ²⁴ taŋ⁴² xo⁵ mɑ²⁴ i⁴²。

死猪不怕开水烫。

sʅ²⁴ tɕy⁴² pu⁴² pʰɑ² kʰai⁴² sei²⁴ tʰaŋ²¹²。

穗不出头，割倒喂老牛。

sei²¹² pu⁴² tɕʰy⁴² tʰəɯ⁵，ko⁴² taɯ² vei²¹ laɯ²⁴ ȵiəɯ⁵。

T

太阳当顶现，三天不见面。

tʰai⁴² iaŋ²⁴ taŋ⁴² tin²⁴ ɕian²¹²，san⁴² tʰian² pu² tɕian² mian²¹²。

贪小利，折大本。

tʰan⁴² ɕiaɯ²⁴ li²¹²，se⁵ tɑ²¹ pən²⁴。

坛口扎住，人口扎不住。

tʰan⁵ kʰəɯ²⁴ tsɑ⁴² tɕy²⁴，zən⁵ kʰəɯ²⁴ tsɑ⁴² pu² tɕy²⁴。

塘里无鱼虾为贵。

tʰaŋ⁵ lie⁴² vu⁵ y⁵ ɕiɑ⁴² vei⁵ kuei²¹²。

堂前教子，绣房教妻。

tʰaŋ⁵ tɕʰian⁵ tɕiaɯ⁴² tsʅ²⁴，ɕiəɯ²¹ faŋ⁵ tɕiaɯ⁵ tɕʰi⁴²。

提起萝卜根亦动。

tʰi⁵ tɕʰi⁴² lo⁵ pʰo⁴² kən⁴² i² toŋ²¹²。

天上多少星，地上多少人，一个人顶一个星。

tʰian⁴² saŋ² to⁴² saɯ²⁴ ɕin⁴²，ti²¹ saŋ²⁴ to⁴² saɯ²⁴ zən⁵，i⁴² ko²¹ zən⁵ tin²⁴ i⁴² ko²¹² ɕin⁴²。

天上无天不下雨，地上无人不成亲。

tʰian⁴² saŋ² vu⁵ tʰian⁴² pu⁴² ɕia²¹ y²⁴，ti²¹ saŋ²⁴ vu⁵ zən⁵ pu⁴² tsʰən⁵ tɕʰin⁴²。

天上有天，人上有人。

tʰian⁴² saŋ²¹ iəɯ²⁴ tʰian⁴²，zən⁵ saŋ²¹ iəɯ²⁴ zən⁵。

天下乌鸦一般黑。

tʰian⁴² ɕia² vu⁵ ia⁴² i² pan⁵ xie⁴²。

跳到黄河洗不清。

tʰiaɯ² taɯ¹ faŋ⁵ xo⁵ ɕi²⁴ pu⁵ tɕʰin⁴²。

听到风就是雨。

tʰin²¹ taɯ²⁴ foŋ⁴² tsəɯ² sʅ¹ y²⁴。

同行是冤家。

tʰoŋ⁵ xaŋ⁵ sʅ²¹² yan⁴² tɕia⁰。

偷鸡没偷到，贴了一把米。

tʰəɯ⁵ tɕi⁴² mei² tʰəɯ¹ taɯ²⁴，tʰie⁴² lo² i¹ pa⁵ mi²⁴。

偷听壁根。

tʰəɯ⁴² tʰin²¹ pie⁵ kən⁴²。

头不是头，脸不是脸。

tʰəɯ⁵ pu² sʅ¹ tʰəɯ⁵，lian²⁴ pu² sʅ¹ lian²⁴。

头砍了碗大个疤。

tʰəɯ⁵ kʰan²⁴ lo²⁴ van²⁴ tɑ²¹ ko⁵ pɑ⁴²。

头痛医头，脚痛医脚。

tʰəɯ⁵ tʰoŋ² i⁴² tʰəɯ⁵，tɕio⁴² tʰoŋ² i⁵ tɕio⁴²。

图小利，折大本。

tʰɚɯ⁵ ɕiaɯ²⁴ li²¹²，se⁵ tɑ²¹ pən²⁴。

图早不图晚。

tʰɚɯ⁵ tsaɯ²⁴ pu⁴² tʰɚɯ⁵ van²⁴。

土地庙菩萨，应远不应近。

tʰɚɯ²⁴ ti⁵ miaɯ²¹ pʰu⁵ sɑ⁴²，in²¹ yan²⁴ pu²¹ in⁵ tɕin²¹²。

吐泼痰地下把它舔起来。

tʰɚɯ²⁴ pʰo⁴² tʰan⁵ ti²¹ ɕiɑ²⁴ pɑ²⁴ tʰɑ⁵ tʰian²⁴ tɕʰi⁵ lai⁴²。

兔子不吃窝边草。

tʰɚɯ²¹ tsɿ²⁴ pu⁵ tsʰɿ⁴² ŋo⁴² pian² tsʰaɯ²⁴。

W

万众一心，黄土变成金。

van²¹² tsoŋ¹ i⁵ ɕin⁴²，faŋ⁵ tʰɚɯ²⁴ pian²¹ tsʰən⁵ tɕin⁴²。

望山跑死马。

vaŋ²¹² san⁴² pʰaɯ²⁴ sɿ⁵ mɑ²⁴。

为人不做亏心事，半夜喊门心不惊。

vei⁵ zən⁵ pu⁴² tsəɯ² kʰuei⁴² ɕin² sɿ²¹²，pan²¹² ie¹ xan²⁴ mən⁵ ɕin⁴² pu⁵ tɕin⁴²。

文钱憋住英雄汉。

vən⁵ tɕʰian⁵ pie⁴² tɕy² in⁴² ɕioŋ² xan²¹²。

无风不起浪。

vu⁵ foŋ⁴² pu⁴² tɕʰi²⁴ laŋ²¹²。

无巧不成书。

vu⁵ tɕʰiaɯ²⁴ pu⁴² tsʰən⁵ ɕy⁴²。

无事不登三宝殿。

vu⁵ sɿ² pu⁵ tən⁴² san⁴² paɯ²⁴ tian²¹²。

X

瞎猫碰个死老鼠。

ɕiɑ⁴² maɯ² pʰoŋ¹ ko²⁴ sɿ⁵ laɯ²⁴ tɕʰy⁵。

瞎子见钱眼睁开，瘸子见钱跛唎快。

ɕiɑ⁴² tsɿ⁰ tɕian²¹ tɕʰian⁵ ian²⁴ tsən⁵ kʰai⁴², tɕʰye⁵ tsɿ⁴² tɕian²¹ tɕʰian⁵ po²⁴ lie⁵ kʰuai²¹²。

夏至忙忙，点灯插秧。

ɕiɑ²¹² tsɿ¹ maŋ⁵ maŋ⁴², tian²⁴ tən⁴² tsʰɑ⁵ iaŋ⁴²。

先下手为强，后下手遭殃。

ɕian⁴² ɕiɑ²¹ səɯ²⁴ vei⁵ tɕʰiaŋ⁵, xəɯ²¹² ɕiɑ¹ səɯ²⁴ tsaɯ⁵ iaŋ⁴²。

县官不如现管。

ɕian²¹² kuan⁴² pu⁴² y⁵ ɕian²¹ kuan²⁴。

小洞不补，大洞吃苦。

ɕiaɯ²⁴ toŋ² pu¹ pu²⁴, tɑ²¹² toŋ¹ tsʰɿ⁴² kʰu²⁴。

小寒大寒，滴水成团。

ɕiaɯ²⁴ xan⁵ tɑ²¹ xan⁵, ti⁴² sei²⁴ tsʰən⁵ tʰan⁵。

小庙蹲不进大菩萨。

ɕiaɯ²⁴ miaɯ²¹² tən⁴² pu² tɕin²¹² tɑ²¹ pʰu⁵ sɑ⁴²。

小暑大暑，连杵几杵^①。

ɕiaɯ²⁴ ɕy²⁴ tɑ²¹ ɕy²⁴, lian⁵ tɕʰy²⁴ tɕi⁵ tɕʰy²⁴。

小暑家儿把家儿，芒种乱插花儿。

ɕiaɯ²⁴ ɕy²⁴ tɕiæ⁴² pɑ⁵ tɕiæ⁴², maŋ⁵ tsoŋ² lan¹ tsʰɑ⁵ fæ⁴²。

小暑煮黄秧，大暑煮婆娘。

ɕiaɯ²⁴ ɕy²⁴ tɕy²⁴ faŋ⁵ iaŋ⁴², tɑ²¹ ɕy²⁴ tɕy²⁴ pʰo⁵ ȵiaŋ⁴²。

小伢儿见了娘，无事哭一场。

ɕiaɯ²⁴ ŋæ⁵ tɕian² lo¹ ȵiaŋ⁵, vu⁵ sɿ¹ kʰu⁴² i² tsʰaŋ⁵。

小伢儿说实话，糯米打糍粑。

ɕiaɯ²⁴ ŋæ⁵ ɕye⁴² sɿ⁵ fɑ², lo²¹ mi²⁴ tɑ²⁴ tsʰɿ⁵ pɑ⁴²。

小伢儿要家管，不打不成人。

ɕiaɯ²⁴ ŋæ⁵ iaɯ²¹² tɕiɑ⁴² kuan²⁴, pu⁴² tɑ²⁴ pu⁴² tsʰən⁵ zən⁵。

---

① 杵：手指夹秧往水田里插的动作。

笑一笑，十年少。

ɕiaɯ²¹ i⁵ ɕiaɯ²¹²，sʅ⁵ n̠ian⁵ saɯ²¹²。

新缸茅厕三天香。

ɕin⁴² kaŋ² maɯ⁵ sʅ⁴² san⁴² tʰian⁵ ɕiaŋ⁴²。

新官上任三把火。

ɕin⁴² kuan² saŋ⁵ zən²¹² san⁴² pa⁵ xo²⁴。

新三年，旧三年，缝缝补补又三年。

ɕin⁴² san² n̠ian⁵，tɕiɯ²¹² san⁴² n̠ian⁵，foŋ⁵ foŋ⁴² pu²⁴ pu²⁴ iɯ²¹² san⁴² n̠ian⁵。

心善不心恶。

ɕin⁴² san²¹² pu⁴² ɕin⁵ ŋo⁴²。

星星扎把子，热死老妈子。

ɕin⁴² ɕin² tsɑ⁴² pa²⁴ tsʅ⁵，ye⁴² sʅ²⁴ laɯ⁵ mɑ²⁴ tsʅ⁵。

修桥补路，添福添寿。

ɕiəɯ⁴² tɕʰiaɯ⁵ pu²⁴ ləɯ²¹²，tʰian⁴² fu² tʰian⁴² səɯ²¹²。

秀才不出门，能知天下事。

ɕiəɯ²¹ tsʰai²⁴ pu⁵ tɕʰy⁴² mən⁵，lən⁵ tsʅ⁴² tʰian⁴² ɕia² sʅ²¹²。

学好数理化，走到天下都不怕。

ɕio⁵ xaɯ²⁴ səɯ²¹ li⁵ fɑ²¹²，tsəɯ²⁴ taɯ⁵ tʰian⁴² ɕia² təɯ⁴² pu⁵ pʰɑ²¹²。

Y

牙痛不是病，痛死无人问。

iɑ⁵ tʰoŋ²¹ pu⁴² sʅ² pin²¹²，tʰoŋ²¹ sʅ²⁴ vu⁵ zən⁵ vən²¹²。

烟酒不分家。

ian⁴² tɕiəɯ²⁴ pu⁴² fən⁵ tɕiɑ⁴²。

阎王路上无老少。

ian⁵ vaŋ⁴² ləɯ²¹ saŋ²⁴ vu⁵ laɯ²⁴ saɯ²¹²。

眼不见为净，耳不听为虚。

ian²⁴ pu⁵ tɕian² vei⁵ tɕin²¹²，ər²⁴ pu⁵ tʰin² vei⁵ ɕy⁴²。

眼见为真，耳听为虚。

iɛn²⁴ tɕiɛn²¹ vei⁵ tsən⁴², ər²⁴ tʰin²¹ vei⁵ ɕy⁴²。

眼睛一翻，认不得张老三。

iɛn²⁴ tɕin⁵ i⁵ fan⁴², zən²¹ pu⁵ tie⁴² tsaŋ⁴² lɯ⁵ san⁴²。

羊毛出在羊身上。

iaŋ⁵ mɯ⁵ tɕʰy⁴² tsai² iaŋ⁵ sən⁴² saŋ⁰。

一把钥匙开一把锁。

i⁴² pɑ²⁴ io⁴² sʅ² kʰai⁴² i² pɑ²⁴ so²⁴。

一不做，二不休。

i⁴² pu² tsɯ²¹², ər²¹ pu⁵ ɕiɯ⁴²。

一朝君子一朝臣，朝朝里头出能人。

i⁴² tsʰɯ⁵ tɕyn⁴² tsʅ²⁴ i⁴² tsʰɯ⁵ tsʰən⁵, tsʰɯ⁵ tsʰɯ⁴² li²⁴ tʰəɯ⁵ tɕʰy⁴² lən⁵ zən⁵。

一寸光阴一寸金，寸金难买寸光阴。

i⁴² tsʰən²¹² kuaŋ⁴² in² i⁴² tsʰən²¹² tɕin⁴², tsʰən²¹² tɕin⁴² lan⁵ mai²⁴ tsʰən²¹² kuaŋ⁴² in⁰。

一代亲，二代表，三代、四代就拉倒。

i⁵ tai²¹² tɕʰin⁴², ər² tai¹ piɯ²⁴, san⁴² tai²、sʅ²¹² tai¹ tsɯ²¹² lɑ⁴² tɯ²⁴。

一分钱，一分货。

i⁴² fən² tɕʰiɛn⁵, i⁴² fən² xo²¹²。

一个巴掌拍不响。

i⁴² ko² pɑ⁴² tsaŋ²⁴ pʰie⁴² pu² ɕiaŋ²⁴。

一个半斤，一个八两。

i⁴² ko² pan²¹² tɕin⁴², i⁴² ko² pɑ⁴² liaŋ²⁴。

一个老鼠坏了一锅汤。

i⁴² ko² lɯ²⁴ tɕʰy⁵ fai²¹ lo²⁴ i⁴² ko⁵ tʰaŋ⁴²。

一个猫子七条命。

i⁴² ko² mɯ⁴² tsʅ⁰ tɕʰi⁴² tʰiɯ⁵ min²¹²。

一行不道一行谜。①

---

① 做一行能通一行，而另一行就不懂了。

i⁴² xaŋ⁵ pʰu⁴² tau²¹² i⁴² xaŋ⁵ mi⁵。

一回生，二回熟，三回四回交朋友。

i⁴² fei⁵ sən⁴²，ər²¹ fei⁵ səɯ⁵，san⁴² fei⁵ sɿ²¹ fei⁵ tɕiəɯ⁴² pʰoŋ⁵ iəɯ⁴²。

一九二九不出手，三九四九冰上走，五九六九在大路上走，七九八九杨树放柳，九九八十一，黄狗卧阴里。

i⁴² tɕiəɯ²⁴ ər²¹ tɕiəɯ²⁴ pu⁵ tɕʰy⁴² səɯ²⁴，san⁴² tɕiəɯ²⁴ sɿ²¹ tɕiəɯ²⁴ pin⁴² saŋ² tsəɯ²⁴，vu⁵ tɕiəɯ²⁴ ləɯ⁴² tɕiəɯ²⁴ tai² tɑ⁵ ləɯ²¹ saŋ² tsəɯ²⁴，tɕʰi⁴² tɕiəɯ²⁴ pɑ⁴² tɕiəɯ²⁴ iaŋ⁵ ɕy² faŋ¹ liəɯ²⁴，tɕiəɯ⁵ tɕiəɯ²⁴ pɑ⁴² sɿ⁵ i⁴²，faŋ⁵ kəɯ²⁴ ŋo²¹² in⁴² lie⁰。

一口吃不了个大胖子。

i⁴² kʰəɯ²⁴ tsʰɿ⁴² pu² liaɯ²⁴ ko⁵ tɑ⁵ pʰaŋ²¹ tsɿ²⁴。

一瓢水不荡半瓢水荡。

i⁴² pʰiaɯ⁵ sei²⁴ pu⁵ taŋ²¹² pan²¹ pʰiaɯ⁵ sei²⁴ taŋ²¹²。

一人传十，十人传百。

i⁴² zən⁵ tɕʰyan⁵ sɿ⁵，sɿ⁵ zən⁵ tɕʰyan⁵ pie⁴²。

一人做事一人当。

i⁴² zən⁵ tsəɯ⁵ sɿ²¹² i⁴² zən⁵ taŋ⁴²。

一日夫妻百日恩，百日夫妻似海深。

i⁴² zɿ²① fu⁴² tɕʰi² pie⁴² ər⁵ ŋən⁴²，pie⁴² ər² fu⁴² tɕʰi² sɿ²¹ xai²⁴ tsʰən⁴²。

一蛙晴，二蛙阴，三蛙四蛙打连阴。

i⁴² vɑ²¹² tɕʰin⁵，ər²¹² vɑ¹ in⁴²，san⁴² vɑ² sɿ²¹² vɑ¹ tɑ²⁴ lian⁵ in⁴²。

一问三不知。

i⁴² vən²¹² san⁴² pu⁵ tsɿ⁴²。

一物降一物，石膏点豆腐。

i⁴² vu² ɕiaŋ⁵ i⁵ vu⁴²，sɿ⁵ kaɯ⁴² tian²⁴ təɯ²¹ fu²⁴。

一心没得两用。

i⁵ ɕin⁴² mei²¹ tie⁵ liaŋ²⁴ zoŋ²。

---

① 此处的"日"发音人读成文读，其后的两个"日"读成白读，说明"河南话"里白读已不够稳定。

医好你咧病，医不好你咧命。

i⁴² xaɯ²⁴ n²⁴ lie⁵ pin²¹²，i⁴² pu² xaɯ²⁴ n²⁴ lie⁵ min²¹²。

樱桃好吃树难栽，白面好吃磨难研儿。

in⁴² tʰaɯ⁵ xaɯ²⁴ tsʰʅ⁴² ɕy²¹ lan⁵ tsai⁴²，pie⁵ mian²¹ xaɯ²⁴ tsʰʅ⁴² mo²¹ lan⁵ iai⁵。

有借有还，再借不难。

iəɯ²⁴ tɕie²¹ iəɯ²⁴ fan⁵，tsai²¹² tɕie¹ pu⁴² lan⁵。

有理走遍天下都不怕。

iəɯ⁵ li²⁴ tsəɯ²⁴ pian⁵ tʰian⁴² ɕiɑ² təɯ⁴² pu² pʰɑ²¹²。

有钱难买老来瘦。

iəɯ²⁴ tɕʰian⁵ lan⁵ mai²⁴ laɯ²⁴ lai⁵ səɯ²¹²。

有钱能买鬼推磨。

iəɯ²⁴ tɕʰian⁵ lən⁵ mai²⁴ kuei²⁴ tʰei⁵ mo²¹²。

有前眼，没得后眼。

iəɯ²⁴ tɕʰian⁵ ian²⁴，mei²¹ tie⁵ xəɯ²¹ ian²⁴。

有眼不识泰山。

iəɯ²⁴ ian²⁴ pu⁴² sʅ² tʰai²¹² san⁴²。

有志不在年高，无志痴长百岁。

iəɯ²⁴ tsʅ² pu² tsai¹ n̠ian⁵ kaɯ⁴²，vu⁵ tsʅ²¹² tsʰʅ⁴² tsaŋ²⁴ pie⁴² sei²¹²。

鱼帮水，水帮鱼。

y⁵ paŋ⁴² sei²⁴，sei²⁴ paŋ⁴² y⁵。

远亲不如近邻，远水救不了近火。

yan²⁴ tɕʰin⁴² pu⁴² y⁵ tɕʰin²¹ lin⁵，yan²⁴ sei²⁴ tɕiəɯ² pu¹ liaɯ²⁴ tɕin²¹ xo²⁴。

远走不如近扒。①

yan²⁴ tsəɯ²⁴ pu⁴² y⁵ tɕin²¹ pʰɑ⁵。

远走天边，近在眼前。

yan²⁴ tsəɯ²⁴ tʰian⁴² pian⁰，tɕin² tsai¹ ian²⁴ tɕʰian⁵。

---

① 指离家近，开支小。

Z

宰相肚子能撑船。

tsai²⁴ ɕiaŋ²¹ tu²⁴ tsʅ⁴² lən⁵ tsʰən⁴² tɕʰyan⁵。

在各人屋里会唱会打，在人家门口又聋又哑。

tai²¹ ko⁵ zən⁵ vu²¹ lie²⁴ fei²¹² tsʰaŋ¹ fei²¹ ta²⁴，tai²¹ zən⁵ tɕia⁴² mən⁵ kʰɯ²⁴ iɯ²¹² loŋ⁴² iɯ²¹ ia²⁴。

在家靠父母，出外靠朋友。

tsai²¹² tɕia⁴² kʰaɯ⁵ fu²¹ mu²⁴，tɕʰy⁴² vai² kʰaɯ²¹ pʰoŋ⁵ iɯ⁴²。

在家千日好，出外时时难。

tsai²¹² tɕia⁴² tɕʰian⁴² ər²¹ xaɯ²⁴，tɕʰy⁴² vai²¹ sʅ⁵ sʅ⁵ lan⁵。

早不见晚见，低头不见抬头见。

tsaɯ²⁴ pu⁵ tɕian²¹ van²⁴ tɕian²¹²，ti⁴² tʰɯ⁵ pu⁴² tɕian² tʰai⁵ tʰɯ⁵ tɕian²¹²。

站得高，看得远。

tsan²¹ lie⁵ kaɯ⁴²，kʰan² lie¹ yan²⁴。

胀死胆大咧，饿死胆小咧。

tsaŋ²¹ sʅ²⁴ tan²⁴ ta²¹ lie²⁴，ŋo²¹ sʅ²⁴ tan⁵ ɕiaɯ²⁴ lie⁵。

照葫芦画酒毂。

tsaɯ²¹ kʰu⁵ lɯ⁴² fa²¹ tɕiɯ²⁴ kɯ²¹²。

真金不怕火来烧。

tsən⁴² tɕin² pu⁴² pʰa² xo²⁴ lai⁵ saɯ⁴²。

睁个眼，闭个眼。

tsən⁴² ko² ian²⁴，pi² ko¹ ian²⁴。

睁眼睛秋，闭眼睛丢；闭眼睛秋，睁眼睛收。

tsən⁴² ian²⁴ tɕin⁵ tɕʰiɯ⁴²，pi²¹ ian²⁴ tɕin⁵ tiɯ⁴²；pi²¹ ian²⁴ tɕin⁵ tɕʰiɯ⁴²，tsən⁴² ian²⁴ tɕin⁵ sɯ⁴²。

正月二十晴，树上挂油瓶。二月二十晴，麦换两道青。三月二十晴，谷子撒两层。四月二十晴，冻死栽秧人。

tsən⁴² ye² ər² sʅ¹ tɕʰin⁵，ɕy²¹ saŋ²⁴ kua²¹ iɯ⁵ pʰin⁵。ər²¹² ye¹ ər² sʅ¹ tɕʰin⁵，mie⁴² fan²¹ liaŋ²⁴ tau⁵ tɕʰin⁴²。san⁴² ye² ər² sʅ¹ tɕʰin⁵，ku²⁴ tsʅ⁵ sɑ²⁴ liaŋ⁵ tsʰən⁵。sʅ²¹² ye¹ ər² sʅ¹ tɕʰin⁵，toŋ²¹ sʅ²⁴ tsai⁵ iaŋ⁴² zən⁵。

芝麻开花节节高。

tsʅ⁴² ma² kʰai⁵ fɑ⁴² tɕie⁴² tɕie⁵ kau⁴²。

知人知面不知心。

tsʅ⁴² zən⁵ tsʅ⁴² mian²¹² pu⁴² tsʅ⁵ ɕin⁴²。

只听雷声响，没见雨下来。

tsʅ⁴² tʰin² li⁵ sən⁴² ɕiaŋ²⁴，mei⁴² tɕian² y²⁴ ɕia²¹ lai²⁴。

只许人家放火，不许我们点灯。

tsʅ⁴² ɕy²⁴ zən⁵ tɕia⁴² faŋ²¹ xo²⁴，pu⁴² ɕy²⁴ ŋo²⁴ mən⁵ tian²⁴ tən⁴²。

只要功夫深，钢刀磨绣针。

tsʅ⁴² iau² koŋ⁴² fu⁵ tsʰən⁴²，kaŋ⁴² tau² mo⁵ ɕiɯ²¹² tsən⁴²。

治病不如防病。

tsʅ²¹² pin¹ pu⁴² y⁵ faŋ⁵ pin²¹²。

种瓜得瓜，种豆得豆。

tsoŋ²¹² kuɑ⁴² te⁵ kuɑ⁴²，tsoŋ²¹² təɯ¹ te⁴² təɯ²¹²。

庄稼一枝花，全靠肥当家。

tsan⁴² tɕiɑ⁰ i⁴² tsʅ⁵ fɑ⁴²，tɕʰyan⁵ kʰau²¹ fei⁵ taŋ⁵ tɕia⁴²。

嘴上无毛，做事不牢。

tsei²⁴ saŋ⁵ vu⁵ mau⁵，tsəɯ²¹² sʅ¹ pu⁴² lau⁵。

做官莫打家乡过。

tsəɯ²¹² kuan⁴² mo⁴² tɑ²⁴ tɕia⁴² ɕiaŋ² ko²¹²。

做一行，爱一行。

tsəɯ² i¹ xaŋ⁵，ŋai² i¹ xaŋ⁵。

做一天和尚撞一天钟。

tsəɯ²¹ i⁵ tʰian⁴² xo⁵ saŋ⁴² tsaŋ²¹ i⁵ tʰian⁴² tsoŋ⁴²。

第十二节　歇后语

（发音人：吴魁；记录时间：2019 年 6 月）

八窍通了七窍——一窍不通。

pɑ⁴² tɕʰiaɯ² tʰoŋ⁴² lo⁰ tɕʰi⁴² tɕʰiaɯ²¹²——i⁴² tɕʰiaɯ² pu⁵ tʰoŋ⁴²。

八十岁老妈ㄦ衔九十斤烟袋——要嘴劲ㄦ。

pɑ⁴² sʅ² sei¹ laɯ⁵ mæ²⁴ xan⁵ tɕiəɯ²⁴ sʅ⁵ tɕin⁴² ian⁵ tai²¹²——iaɯ²¹ tsei²⁴ tɕier²¹²。

扁担头边ㄦ挂鸡蛋——险了又险。

pian²⁴ tan⁵ tʰəɯ⁵ piai⁴² kuɑ²¹ tɕi⁵ tan²¹²——ɕian²⁴ lo⁵ iəɯ²¹ ɕian²⁴。

茶吊子煮饺子——滴水不漏。

tsʰɑ⁵ tiaɯ²¹ tsʅ²⁴ tɕy⁵ tɕiaɯ²¹ tsʅ⁵——ti⁴² sei²⁴ pu⁵ ləɯ²¹²。

城市里头扛木头——直来直去。

tsʰən⁵ sʅ⁴² li²⁴ tʰəɯ⁵ kʰaŋ⁵ mu⁴² tʰəɯ⁰——tsʅ⁵ lai⁵ tsʅ⁵ tɕʰi²¹²。

豆渣贴门神——不相沾。

təɯ²¹² tsɑ⁴² tʰie⁴² mən⁵ sən⁵——pu⁴² ɕiaŋ⁵ tsan⁴²。

耳头高头挂粪桶——大耳百姓。

ər²⁴ tʰəɯ⁵ kaɯ⁴² tʰəɯ⁰ kuɑ⁵ fən²¹ tʰoŋ²⁴——tɑ²¹ ər²⁴ pie⁵ ɕin²¹²。

擀面杖吹火——一窍不通。

kan²⁴ mian²¹ tsaŋ²⁴ tsʰei⁴² xo²⁴——i⁴² tɕʰiaɯ² pu⁵ tʰoŋ⁴²。

公鸡跨到门槛上——里外叼食。

koŋ⁵ tɕi⁴² kʰɑ⁵ taɯ⁴² mən⁵ kʰan²⁴ saŋ⁵——li²⁴ vai²¹ tiaɯ⁴² sʅ⁵。

狗子吃糍粑——仰天答。

kəɯ²⁴ tsʅ⁵ tsʰʅ⁴² tsʰʅ⁵ pɑ⁴²——ȵian²¹² tʰian⁴² tɑ⁰。

狗子咬刺猬子——不好下口。

kəɯ²⁴ tsʅ⁵ ŋaɯ²⁴ tsʰʅ²¹ vei⁵ tsʅ⁵——pu⁴² xaɯ²⁴ ɕiɑ²¹ kʰəɯ²⁴。

古井咧蚵蟆——看不到大世界。

ku⁵ tɕin²⁴ lie⁵ kʰie⁵ mɑ⁴²——kʰan² pu¹ tɑɯ²⁴ tɑ²¹ ʂʅ⁵ tɕiai²¹²。

剐人家咧肉补各人——补不上。

kuɑ²⁴ zən⁵ tɕiɑ⁴² lie² zəɯ²¹² pu²⁴ ko⁵ zən⁵——pu²⁴ pu⁵ saŋ²¹²。

棺材里头抻手——死要钱。

kuan⁴² tsʰai² li²⁴ tʰəɯ⁵ tsʰən⁴² səɯ²⁴——ʂʅ²⁴ iaɯ²¹ tɕʰian⁵。

胡萝卜锻磨——不启齿。

fu⁵ lo⁵ pʰo⁴² tan²¹² mo¹——pu⁴² tɕʰi⁵ tsʰʅ²⁴。

黄泥巴掉到裤裆里——不是死（屎）亦是死（屎）。

faŋ⁵ n̪i⁵ pɑ⁴² tiaɯ² taɯ¹ kʰu²⁴ taŋ⁴² lie⁰——pu⁴² ʂʅ² ʂʅ²⁴ i²⁴ ʂʅ⁴² ʂʅ²⁴。

黄牛角，水牛角——各（角）顾各（角）。

faŋ⁵ n̪iəɯ⁵ ko⁴²，sei²⁴ n̪iəɯ⁵ ko⁴²——ko⁴² ku²¹² ko⁴²。

黄皮狼子跟鸡子拜年——假慈悲。

faŋ⁵ pʰi⁵ laŋ⁴² tsʅ⁰ kən²¹² tɕi⁴² tsʅ⁰ pai²¹ n̪ian⁵——tɕia⁴² tsʰʅ⁵ pei⁴²。

黄猩子想吃天鹅肉——痴心妄想。

faŋ⁵ ɕin⁴² tsʅ⁰ ɕiaŋ²⁴ tsʰʅ⁴² tʰian⁴² ŋo⁵ zəɯ²¹²——tsʰʅ⁴² ɕin² vaŋ²¹ ɕiaŋ²⁴。

豁嘴儿吹灯——瞎哈一口气。

xo⁴² tser²⁴ tsʰei⁵ tən⁴²——ɕia⁴² xɑ² i⁴² kʰəɯ²⁴ tɕʰi²¹²。

鸡蛋窦里找脆骨——拨滋味儿。①

tɕi⁴² tan² təɯ²¹ lie²⁴ tsaɯ²⁴ tsʰei²¹² ku¹——po⁵ tsʅ⁴² ver⁰。

叫花子走夜路——假忙。

kaɯ²¹² fɑ⁴² tsʅ⁰ tsəɯ²⁴ ie²¹² ləɯ¹——tɕia²⁴ maŋ⁵。

跍倒茅厕缸里看唱本儿——腔没得腔，板儿没得板儿。

kʰu⁵ taɯ⁴² maɯ⁵ ʂʅ⁵ kaŋ⁴² lie⁰ kʰan²¹² tsʰaŋ¹ pər²⁴ ——tɕʰiaŋ⁴² mei²¹ tie⁵ tɕʰiaŋ⁴²，pair²⁴ mei²¹ tie⁵ pair²⁴。

---

① 指无事生非。

癞不搞子升床脚——鼓肚子撑。①

lai⁴² pu² kaɯ²⁴ tsʅ⁵ sən⁴² tsʰaŋ⁵ tɕio⁴²——ku²⁴ təɯ²⁴ tsʅ⁵ tsʰən⁴²。

懒婆娘咧裹脚——又臭又长。

lan²⁴ pʰo⁵ ɳian⁴² lie⁰ ko²⁴ tɕio⁵——iəɯ²¹² tsʰəɯ¹ iəɯ²¹ tsʰaŋ⁵。

痨病鬼开药店——连吃带卖。

laɯ⁵ pin²¹ kuei²⁴ kʰai⁴² io² tian²¹²——lian⁵ tsʰʅ⁴² tai²¹² mai¹。

老虎头上拍苍蝇——胆不小。

laɯ⁵ fu²⁴ tʰəɯ⁵ saŋ⁴² pʰie⁵ tsʰaŋ⁴² in⁰——tan²⁴ pu⁴² ɕiaɯ²⁴。

老鼠掉面缸里——白话嘴儿。

laɯ²⁴ tɕʰy⁵ tiaɯ²¹ mian²⁴ kaŋ⁴² lie⁰——pie⁵ fɑ²¹ tser²⁴。

老鼠钻到风箱里——两头不透气。

laɯ²⁴ tɕʰy⁵ tsan⁴² taɯ⁰ foŋ⁵ ɕiaŋ⁴² lie⁰——lian²⁴ tʰəɯ⁵ pu⁴² tʰəɯ² tɕʰi²¹²。

驴子掉阳沟里——乱谈（弹）。

y⁵ tsʅ⁴² tiaɯ²¹ iaŋ⁵ kəɯ⁴² lie⁰——lan²¹ tʰan⁵。

蟆虾放屁——两头不通。

mɑ⁵ ɕiɑ⁴² faŋ⁵ pʰi²¹²——liaŋ²⁴ tʰəɯ⁵ pu⁵ tʰoŋ⁴²。

茅窖咧石头——又臭又硬。

maɯ⁵ kaɯ²¹ lie²⁴ sʅ⁵ tʰəɯ⁴²——iəɯ²¹² tsʰəɯ¹ iəɯ²¹² ŋən¹。

木竹棒吹火——一窍不通。

mu⁴² tsəɯ² paŋ²¹² tsʰei⁴² xo²⁴——i⁴² tɕʰiaɯ² pu⁵ tʰoŋ⁴²。

泥巴人过河——自身难保。

ɳi⁵ pɑ⁴² zən⁵ ko²¹ xo⁵——tsʅ²¹² sən⁴² lan⁵ paɯ²⁴。

尿壶打了嘴——落个襻儿。

ɳiaɯ²¹ fu⁵ tɑ²⁴ lo⁵ tsei²⁴——lo⁴² ko² pʰair²¹²。

披蓑衣打火——惹火上身。

pʰi⁴² so² i¹ tɑ⁵ xo²⁴——ye²⁴ xo²⁴ saŋ²¹² sən⁴²。

---

① 喻死要面子活受罪。

肉包子打狗——有去无来。

zəɯ²¹² paɯ⁴² tsʅ² tɑ⁵ kəɯ²⁴——iəɯ²⁴ tɕʰi²¹ vu⁵ lai⁵。

三十年咧蚂蚱——老油子。

san⁴² sʅ² ȵian⁵ lie² mɑ²¹ tsɑ²⁴——laɯ²⁴ iəɯ⁵ tsʅ⁴²。

三十晚儿黑打个兔子——有它过年，无它亦过年。

san⁴² sʅ⁵ vær⁵ xie⁴² tɑ²⁴ ko⁵ tʰəɯ²¹ tsʅ²⁴——iəɯ²⁴ tʰɑ⁴² ko² ȵian⁵，vu⁵ tʰɑ⁴² i²⁴ ko² ȵian⁵。

生铁补锅——本事降人。

sən⁴² tʰie² pu²⁴ ko⁴²——pən²⁴ sʅ⁵ ɕiaŋ⁵ zən⁵。

虱子钻牛屄——寻罪受。

sei⁴² tsʅ² tsan⁴² ȵiəɯ⁵ pi⁴²——tɕʰin⁵ tsei²¹² səɯ¹。

手搭拐儿往里弯——帮里不帮外。

səɯ²⁴ tɑ⁴² kuair²⁴ vaŋ²¹ li²⁴ van⁴²——paŋ⁴² li²⁴ pu⁴² paŋ² vai²¹²。

松树林儿里栽竹子——青（亲）上加青（亲）。

soŋ⁴² ɕy² lier⁵ lie² tsai⁵ tsəɯ⁴² tsʅ⁰——tɕʰin⁴² saŋ² tɕia⁵ tɕʰin⁴²。

头顶地窑子——累死不好看。

tʰəɯ⁵ tin²⁴ ti²¹ iaɯ⁵ tsʅ⁴²——li²¹ sʅ²⁴ pu⁴² xaɯ²⁴ kʰan²¹²。

脱裤子放屁——清打清开。

tʰo⁴² kʰu²¹ tsʅ²⁴ faŋ⁵ pʰi²¹²——tɕʰin⁴² tɑ²⁴ tɕʰin⁵ kʰai⁴²。

外头打灯笼——照近。

vai²¹ tʰəɯ²⁴ tɑ²⁴ tən⁴² loŋ⁰——tsaɯ⁵ tɕin²¹²。

王八烧苋菜——一股。①

vaŋ⁵ pɑ⁴² saɯ⁴² xan²¹² tsʰai¹——i⁴² ku²⁴。

王婆卖瓜——自卖自夸。

vaŋ⁵ pʰo⁵ mai²¹² kuɑ¹——tsʅ²¹² mai¹ tsʅ²¹² kʰuɑ⁴²。

乌龟吃亮毛虫儿——心里是亮咧。

---

① 指相互反对。

vu⁴² kuei⁰ tsʰʅ⁴² liaŋ² maɯ¹ tsʰo⁵——ɕin⁴² lie⁰ sʅ⁵ liaŋ²¹ lie²⁴。

哑巴吃黄连——有苦说不出。

ia²¹ pɑ²⁴ tsʰʅ⁴² faŋ⁵ lian⁵——iəɯ⁵ kʰu²⁴ ɕye⁴² pu⁵ tɕy⁴²。

嘴巴搨石灰——白说。

tsei²⁴ pɑ⁵ tʰɑ⁴² sʅ⁵ fei⁴²——pie⁵ ɕye⁴²。

第十三节　民间传说

（一）刘伯温与东坝唎故事

（发音人：吴魁；记录时间：2019 年 6 月 7 日）

古时候，有个年纪大唎人说：小小唎溧阳，终究不长。东坝一倒，扬子大江。因为呢，东坝唎水通到大江大海。来之而急，来之不停。所以呢，我们溧阳唎范围，列地身相当低。在我们南方只有三个场子淹不到：一个跑马岗。它是跑马唎岗子，淹不到。第二是江西口。它是个口子，淹不到。第三个，兰洲那面儿唎马鞍山。它是晒王滩，淹不到。只有列三个场子淹不到，其余全部哈被水淹了。

ku²⁴ sʅ⁵ xəɯ⁴²，iəɯ²⁴ ko⁵ n̟ian⁵ tɕi⁵ tɑ²¹ lie²⁴ zən⁵ ɕye⁴²：ɕiɑɯ⁴² ɕiɑɯ⁵ lie⁴² li⁴² iaŋ⁵，tsoŋ⁴² tɕiəɯ²⁴ pu² tsʰaŋ⁵。toŋ⁴² pɑ²¹² i⁴² taɯ²⁴，iaŋ⁵ tsʅ⁵ tɑ²⁴ tɕiaŋ⁴²。in⁴² vei² lie⁰，toŋ⁴² pɑ² lie¹ sei²⁴ tʰoŋ⁴² taɯ² tɑ²¹² tɕiaŋ¹ tɑ²¹ xai⁴²。lai⁵ tsʅ⁵ ər²¹ tɕi⁴²，lai⁵ tsʅ⁴² pu²¹ tʰin⁵。so²⁴ i⁵ lie⁴²，ŋo²⁴ mən⁵ li⁴² iaŋ⁵ lie⁴² fan²¹ vei⁵，lie²¹ ti²⁴ sən⁴² ɕiaŋ⁴² taŋ² ti⁴²。tai²¹ ŋo²⁴ mən⁵ lan⁵ faŋ⁴² tsʅ⁴² iəɯ⁴² san⁴² ko² tsʰaŋ⁴² tsʅ⁴² ŋan⁴² pu² taɯ²⁴：i⁴² ko² pʰaɯ⁵ mɑ⁵ kaŋ²¹²。tʰɑ⁴² sʅ² pʰaɯ⁵ mɑ²⁴ lie⁵ kaŋ²¹ tsʅ²⁴，ŋan⁴² pu² taɯ²⁴。ti⁵ ər²¹ ko²⁴ sʅ² tɕiaŋ⁴² ɕi² kʰəɯ²⁴。tʰɑ⁴² sʅ² ko¹ kʰəɯ²⁴ tsʅ⁵，ŋan⁴² pu² taɯ²⁴。ti²¹² san⁴² ko²，lan⁵ tsəɯ⁴² lɑ²¹ miai²⁴ lie⁵ mɑ²⁴ ŋan⁵ san⁴²。tʰɑ⁴² sʅ² sai²¹ vaŋ⁵ tʰan⁴²，ŋan⁴² pu² taɯ²⁴。tsʅ⁴² iəɯ²⁴ lie²¹ san⁴² ko⁰ tsʰan²⁴ tsʅ⁵ ŋan⁴² pu² taɯ²⁴，tɕʰi⁵ y⁵ tɕʰyan⁵ pu⁴² xɑ² pei¹ sei²⁴ ŋan⁴² lo⁰。

刘伯温呢，他列个人呢，是有星宿唎人。他是为人造福，为人除害。他用生铁化成水，把东坝埂呢浇起来。浇起来了之后呢，人民永远不受水灾，取得安全，过倒美满咧生活。东坝埂造好了之后，刘伯温又留言说："要想东坝开，三岁娃童拖锹来。"

liɯ^5 pie^5 vən^{42} nie^0，tia^{42} lie^2 ko^1 zən^5 nie^{42}，sʅ^{42} iɯ^{24} ɕin^{42} ɕiəɯ^{42} lie^1 zən^5，tʰa^{42} sʅ^2 vei^1 zən^5 tsaɯ^{212} fu^{42}，vei^{21} zən^5 tɕʰy^5 xai^{212}。tʰa^{42} zoŋ^2 sən^{42} tʰie^2 fa^1 tsʰən^5 sei^{24}，pa^{24} toŋ^{42} pa^{21} kən^{24} nie^5 tɕiaɯ^{42} tɕʰi^2 lai^0。tɕiaɯ^{42} tɕʰi^2 lai^5 liaɯ^5 tsʅ^5 xəɯ^{21} nie^{24}，zən^5 min^5 zoŋ^{24} yan^{24} pu^{42} səɯ^2 sei^{24} tsai^{42}，tɕʰy^{24} tie^5 ŋan^2 tɕʰyan^5，ko^{21} taɯ^{24} mei^5 man^{24} lie^5 sən^{42} xo^5。toŋ^{42} pa^{21} kən^{24} tsaɯ^{21} xaɯ^{24} lo^5 tsʅ^5 xəɯ^{212}，liɯ^5 pie^5 vən^{42} iəɯ^{21} liɯ^5 ian^5 ɕye^{42}："iaɯ^{21} ɕiaŋ^{24} toŋ^{42} pa^{212} kʰai^{42}，san^{42} sei^2 va^5 tʰoŋ^5 tʰo^5 tɕʰiaɯ^{42} lai^5。"

谁都不晓得是哪个。但是来说呢，因为想来想去，只有一个"毛"字。"毛"字是一个"三"字，后头跟拖个锹样咧。六六年，天干年代，我们冽河里都没得水。长江水过不来。末了中央研究决定，要开东坝。

sei^5 təɯ^{42} pu^{42} ɕiaɯ^{24} tie^{42} sʅ^2 la^5 ko^{212}。tan^{21} sʅ^5 lai^5 ɕye^{42} nie^0，in^{42} vei^2 ɕiaŋ^{24} lai^5 ɕiaŋ^{24} tɕʰi^{212}，tsʅ^{42} iəɯ^{42} i^{42} ko^2 "maɯ^5" tsʅ^{42}。"maɯ^5" tsʅ^{42} sʅ^2 i^1 ko^{24} "san^{42}" tsʅ^0，xəɯ^{21} tʰəɯ^{24} kən^{42} tʰo^{42} ko^5 tɕʰiaɯ^{42} iaŋ^2 lie^0。ləɯ^5 ləɯ^{42} ȵian^5，tʰian^5 kan^{42} ȵian^5 tai^{42}，ŋo^{24} mən^5 lie^{21} xo^5 lie^{42} təɯ^{42} mei^{21} tie^5 sei^{24}。tsʰaŋ^5 tɕiaŋ^{42} sei^{24} ko^2 pu^1 lai^5。mo^{21} liaɯ^{24} tsoŋ^{42} iaŋ^5 ȵian^{24} tɕiəɯ^5 tɕye^{42} tin^{212}，iaɯ^{212} kʰai^{42} toŋ^{42} pa^{212}。

结果呢，把东坝开了之后，开到东坝埂底下呢，一条铁牛嘴巴呢衔倒呢新鲜咧稻草。冽说明呢，刘伯温是金口玉言。末了呢，把东坝开了。我们冽边儿呢，水呢哈过来了。南渡那边儿大河窦里咧水哈过来了。冽样呢，抗旱保苗。人民过着幸福咧生活。

tɕie^{42} ko^{24} nie^5，pa^{24} toŋ^{42} pa^{212} kʰai^{42} lo^2 tsʅ^5 xəɯ^{212}，kʰai^{42} taɯ^2 toŋ^{42} pa^2 kən^{24} ti^{24} ɕia^5 nie^{42}，i^{42} tʰiaɯ^5 tʰie^{42} ȵiəɯ^5 tsei^{24} pa^5 nie^{42} xan^5 taɯ^{42} nie^2 ɕin^{42} ɕian^2 nie^1 taɯ^{21} tsʰaɯ^{24}。lie^{212} ɕye^{42} min^5 nie^{42}，liɯ^5 pie^5 vən^{42} sʅ^{212} tɕin^{42} kʰəɯ^{24} y^{21} ian^5。mo^{42} liaɯ^{24} nie^5，pa^{24} toŋ^{42} pa^{212} kʰai^{42} lo^0。ŋo^{24} mən^5 lie^{21} piai^{24} nie^5，sei^{24} nie^5 xa^{212} ko^1 lai^1 lo^0。lan^5 təɯ^{24} la^{21} piai^{24} ta^{21} xo^5 təɯ^2 lie^1 lie^0 sei^{24} xa^{212} ko^1 lai^1 lo^0。lie^2 iaŋ^1 nie^5，kʰaŋ^5 xan^{21} paɯ^{24} miaɯ^5。zən^5 min^5 ko^{21} tso^{24} ɕin^{212} fu^{42} lie^2 sən^{42} xo^2。

（二）屈原和粽叶咧故事

（发音人：周世娣①；记录时间：2019年6月7日）

屈原呢，他小时候呢，屋里苦咧悬，吃了早餐无夜顿。末了呢，他屋里苦到没得米下锅呢，他就到外头去讨饭。

tɕʰye⁴² yan⁵ nie⁴², tʰɑ⁴² ɕiaɯ²⁴ sʅ⁵ xəɯ⁴² nie⁰, vu²¹ lie²⁴ kʰu⁵ lie⁵ ɕyan⁵, tsʅ⁴² lo² tsaɯ²⁴ tsʰan⁴² vu⁵ ie² tən²¹². mo⁴² liaɯ²⁴ nie⁵, tʰɑ⁴² vu¹ lie²⁴ kʰu²⁴ taɯ⁵ mei⁵ tie⁵ mi²⁴ ɕiɑ²¹² ko⁴² nie⁰, tʰɑ⁴² tsəɯ² taɯ¹ vai² tʰəɯ¹ tɕʰi⁵ tʰaɯ⁵ fan²¹²。

有一天，他讨饭呢，要到列个豪富之家——就是赅钱老板。瞧他屋里大吃大喝咧——酒席办到那哈儿吃。他就站那哈儿不走。不走，那个老板呢，就想鬼头心思了。就把他收留去了，喊他去吃。他高兴死了。老板说"你就在我列哈儿住，我列哈儿有吃有喝咧。欸，你就住半个月"。他就说"好"。那昝小伢儿没得吃咧，人家留他蛮，他不就高兴？！就在那哈儿，天天把他养倒。

iəɯ²⁴ i⁵ tʰian⁴², tʰɑ⁴² tʰaɯ⁵ fan²¹ nie²⁴, iaɯ²¹ taɯ²⁴ lie²¹ ko²⁴ xaɯ⁵ fu²¹ tsʅ⁵ tɕiɑ⁴²——tsəɯ²¹ sʅ²⁴ kai⁴² tɕʰian⁵ laɯ⁵ pan²⁴. tɕʰiaɯ⁵ tʰɑ⁴² vu²¹ lie²⁴ tɑ²¹² tsʰʅ⁴² tɑ²¹² xo⁴² lie⁰——tɕiəɯ²⁴ ɕi⁵ pan²¹ taɯ²⁴ lɑ²⁴ xæ²⁴ tsʅ⁴². tʰɑ⁴² tsəɯ² tsan²¹² lɑ¹ xæ¹ pu⁴² tsəɯ². pu⁴² tsəɯ²⁴, lɑ² ko¹ laɯ⁵ pan²⁴ nie⁵, tsəɯ⁵ ɕiaŋ²⁴ kuei²⁴ tʰəɯ⁵ ɕin⁴² sʅ² lo⁰. tsəɯ²¹ pɑ²⁴ tʰɑ⁵ səɯ⁴² liəɯ⁵ tɕʰi⁴² lo⁰, xan²⁴ tʰɑ⁴² tɕʰi² tsʅ⁴². tʰɑ⁴² kaɯ⁵ ɕin²¹ sʅ¹ lo⁵. laɯ⁵ pan²⁴ ɕye⁴² "n²⁴ tsəɯ² tai¹ ŋo²⁴ lie² xæ¹ tɕy²¹², ŋo²⁴ lie² xæ¹ iəɯ²⁴ tsʰʅ⁴² iəɯ²⁴ xo⁴² lie⁰. ei⁴², n²⁴ tsəɯ⁵ tɕy² pan²¹ ko²⁴ ye⁴²"。tʰɑ⁴² tsəɯ² ɕye¹ "xaɯ²⁴"。lɑ²¹ tsan²⁴ ɕiaɯ²⁴ ŋæ⁵ mei²¹ tie⁵ tsʰʅ⁴² lie⁰, zən⁵ tɕiɑ¹ liəɯ⁵ tʰɑ⁴² man⁰, tʰɑ⁴² pu² tsəɯ¹ kaɯ⁵ ɕin²¹²？！tsəɯ²¹ tai⁵ lɑ²¹ xæ²⁴, tʰian⁴² tʰian² pɑ²⁴ tʰɑ⁵ iaŋ²⁴ taɯ⁵。

养了半个月之后，养到胖胖咧呢，那个老板想么办法呢？他就是把他拿来做生意，卖钱。长胖了之后，就把他衣裳脱它，弄小刀把他身上哈划些口子。划些口子呢，弄个绳子，把他腰杆子拴倒，就放到那个大河窦里呢下蚂蟥。往昝蚂蟥说是海参喽，卖钱喽。蚂蟥叮满了呢，老板他又把他扯起来。把蚂蟥摘下来。摘了之后，又把他放到河里，又跟列样儿漂倒窦里。弄个桩，把他钉到那个河埂高头，

---

① 该传说是发音人周世娣上小学五年级时，任课教师戴振兴（男）讲给学生听的。

就把他下蚂蟥。

iaŋ²⁴ lo⁵ pan²¹ ko²⁴ ye⁴² tsʅ⁵ xɯ²¹², iaŋ²⁴ tau⁵ pʰaŋ⁵ pʰaŋ²¹ lie²⁴ nie⁵, la² ko¹ lau⁵ pan²⁴ ɕiaŋ²⁴ mo⁵ pan²¹ fɑ²⁴ nie⁵？ tʰɑ⁴² tsɤ²¹ sʅ²⁴ pɑ²⁴ tʰɑ⁵ lɑ⁵ lai⁴² tsɤ²¹² sən⁴² i⁰, mai²¹ tɕʰian⁵。tsaŋ²⁴ pʰaŋ² liau¹ tsʅ⁵ xɯ²¹², tsɤ²¹ pɑ²⁴ tʰɑ⁵ i⁴² saŋ² tʰo⁴² tʰɑ⁰, loŋ²¹ ɕiau⁵ tau⁴² pɑ²⁴ tʰɑ⁵ sən⁴² saŋ⁰ xɑ²¹² fɑ² ɕie¹ kʰəɯ²⁴ tsʅ⁵。fɑ² ɕie¹ kʰəɯ²⁴ tsʅ⁵ nie⁴², loŋ²¹ ko¹ sən⁵ tsʅ⁴²。pɑ²⁴ tʰɑ⁵ iau⁴² kan²⁴ tsʅ⁵ san⁴² tau⁰, tsɤ²¹² faŋ² tau¹ la² ko¹ tɑ²¹ xo⁵ təɯ⁴² lie² nie² ɕia²¹ mɑ²⁴ faŋ⁵。vaŋ²⁴ tsan⁵ mɑ²⁴ faŋ⁵ ɕye⁴² sʅ² xai²⁴ sən⁴² ləɯ², mai²¹ tɕʰian⁵ ləɯ⁴²。mɑ²⁴ faŋ⁵ tin⁴² man²⁴ lo⁵ nin⁴², lau⁵ pan²⁴ tʰɑ⁴² iəɯ² pɑ²⁴ tʰɑ⁵ tsʰe⁴² tɕʰi⁵ lai⁴²。pɑ²⁴ mɑ²⁴ faŋ⁵ tse⁴² ɕia² lai⁰。tse⁴² liau²⁴ tsʅ⁵ xɯ²¹², iəɯ²¹ pɑ²⁴ tʰɑ⁵ faŋ²¹ tau²⁴ xo⁵ lie⁴², iəɯ²¹ kən⁵ lie²¹ iaŋ²⁴ pʰiau⁴² tau² təɯ²¹ lie²⁴。loŋ²¹ ko²⁴ tsaŋ²⁴, pɑ²⁴ tʰɑ⁵ tin²¹ tau²⁴ la²¹ ko²⁴ xo⁵ kən²⁴ kau⁵ tʰəɯ⁴², tsɤ²¹ pɑ²⁴ tʰɑ⁵ ɕia²¹ mɑ²⁴ faŋ⁵。

之后，周围咧老百姓呢瞧倒他怪可怜咧。列大个小伢儿，把他脱倒光光咧下蚂蟥，你瞧多可怜，身上划到哈是血。蚂蟥见到血蛮、腥气蛮它哈来叮吧。末了那些社员呢——老百姓呢，他就同情他可怜，就弄列个塘里列个芦苇叶子啊，所以列昝子叫粽叶——就是芦苇叶、擦叶。弄针把它连倒，把它哈弄针擦起来，放他身上披倒。趁那个老板不晓得咧时候，弄列个笋叶把他裹起来。

tsʅ⁵ xɯ²¹², tsɤ⁴² vei⁵ lie⁴² lau²⁴ pie⁵ ɕin²¹ nie²⁴ tɕʰiau⁵ tau⁴² tʰɑ² kuai²¹ kʰo²⁴ lian⁵ lie⁴²。lie²¹² tɑ¹ ko¹ ɕiau²⁴ ŋæ⁵, pɑ²⁴ tʰɑ⁵ tʰo⁴² tau² kuaŋ⁵ kuaŋ⁵ lie² ɕia²¹ mɑ²⁴ faŋ⁵, n²⁴ tɕʰiau⁵ to⁴² kʰo²⁴ lian⁵, sən⁴² saŋ² fɑ²¹ tau²⁴ xɑ²¹ sʅ²⁴ ɕie²⁴。mɑ²⁴ faŋ⁵ tɕian²¹ tau²⁴ ɕie⁴² man²、ɕin⁴² tɕʰi² man² tʰɑ⁴² xɑ²¹² lai⁵ tin⁴² pæ⁰, mo⁴² liau²⁴ la²¹ ɕie²⁴ se²¹ yan⁵ nie⁴²——lau²⁴ pie⁵ ɕin²¹ nie²⁴, tʰɑ⁴² tsɤ⁴² tʰoŋ² tɕʰin⁵ tʰɑ⁴² kʰo⁵ lian⁵, tsɤ²¹ loŋ⁵ lie²¹ ko²⁴ tʰaŋ⁵ lie² lie² ko⁰ ləɯ⁵ vei² ie⁴² tsʅ² zɑ⁰, so²⁴ i⁵ lie²¹ tsan⁵ tsʅ⁵ tɕiau²¹ tsoŋ²⁴ ie⁴²——tsɤ²¹ sʅ²⁴ ləɯ⁵ vei²⁴ ie⁴²、liau⁵ ie⁵。loŋ²¹² tsən⁴² pɑ²⁴ tʰɑ⁵ lian⁵ tau⁴², pɑ²⁴ tʰɑ⁵ xɑ²¹² loŋ¹ tsən⁴² tsai²¹ tɕʰi²⁴ lai⁵, faŋ²¹ tʰɑ²⁴ sən⁴² saŋ² pʰi⁴² tau⁰。tsʰən⁴² la¹ ko²⁴ lau⁵ pan²⁴ pu⁴² ɕiau²⁴ lie⁵ lie⁴² sʅ⁵ xɯ⁴², loŋ²¹² lie¹ ko²⁴ sən²⁴ ie⁴² pɑ²⁴ tʰɑ⁵ ko²⁴ tɕʰi⁵ lai⁵。

裹倒之后呢，蚂蟥不就钻不进去了喂。就是列样儿回事儿。所以就吃粽子，就是纪念屈原吧。所以列弄糯米包粽叶、包粽子。

（我听我一个老师他往昝说咧，端阳节啊，纪念屈原哪，屈原就跟列样儿说咧。

我还有点儿影踪。）

ko^{24} tau^5 tsγ^5 xəɯ^{21} nie^{24}，mɑ^{24} faŋ^5 pu^5 tsəɯ^{212} tsan^{42} pu^2 tɕin^{21} tɕʰi^{24} lo^5 vei^{42}。tsəɯ^{21} sγ^{24} lie^{21} iæ^{24} fei^5 ser^{212}，so^{24} i^5 tsəɯ^2 tsʰγ^5 tsoŋ^{21} tsγ^{24}，tsəɯ^{21} sγ^{24} tɕi^{212} ɲian^1 tɕʰye^{42} yan^5 pɑ^{42}。so^{24} i^5 lie^2 loŋ^{21} lo^{21} mi^{24} paɯ^{42} tsoŋ^{212} ie^{42}、paɯ^{42} tsoŋ^{21} tsγ^{24}。

（ŋo^{24} tʰin^{42} ŋo^{24} i^2 ko^1 laɯ^{24} sγ^5 tʰɑ^{42} vaŋ^{24} tsan^5 ɕye^{42} lie^2，tan^{42} iaŋ^5 tɕie^{42} iɑ^0，tɕi^{21} ɲian^{24} tɕʰye^{42} yan^5 lɑ^{42}，tɕʰye^{42} yan^5 tsəɯ^{21} kən^{24} lie^{21} iæ^{24} ɕye^{42} lie^0。ŋo^{24} xæ^5 iəɯ^{24} tiai^5 in^{24} tsoŋ^{42}。）

（三）吃乌饭咧传说

（发音人：吴斌；记录时间：2019 年 6 月 8 日）

四月初八为么事要吃乌饭？吃乌饭那窭里，它有讲究咧。它与佛结缘。

sγ^2 ye^1 tsʰəɯ^5 pɑ^{42} vei^{21} mo^5 sγ^2 iaɯ^1 tsʰγ^{42} vu^2 fan^{212}？tsʰγ^{42} vu^2 fan^{212} lɑ^2 təɯ^1 lie^{24}，tʰɑ^{42} iəɯ^{24} tɕiaŋ^{24} tɕiəɯ^5 tə^{42}。tʰɑ^{42} y^{212} fu^{42} tɕie^{42} yan^5。

那时候呢，佛祖咧一个弟子，叫目连。目连那时候呢，修道已经成功，他必须要到底下去锻炼——就跟列个《西游记》样咧呀，毕竟要经过多少劫难，才能达到真正咧成佛。

lɑ^{21} sγ^5 xəɯ^{42} nie^2，fu^{42} tsəɯ^{24} lie^5 i^2 ko^1 ti^{21} tsγ^{24}，tɕiaɯ^{212} mu^{42} lian^5。mu^{42} lian^5 lɑ^{21} sγ^5 xəɯ^{42} nie^2，ɕiəɯ^{42} taɯ^2 i^{24} tɕin^5 tsʰən^5 koŋ^{42}，tʰɑ^{42} pi^{42} ɕy^{24} iaɯ^2 taɯ^1 ti^{24} ɕiɑ^{24} tɕʰi^{21} tan^5 lian^{212}——tsəɯ^{212} kən^1 lie^{21} ko^{24}《ɕi^{42} iəɯ^5 tɕi^2》iaŋ^1 lie^5 iɑ^{42}，pie^{42} tɕin^2 iaɯ^2 tɕin^{42} ko^2 to^{42} saɯ^{24} tɕie^5 lan^{212}，tsʰai^5 lən^5 tɑ^{42} taɯ^2 tsən^{21} tsən^{24} lie^5 tsʰən^5 fu^{42}。

结果呢，目连呢，他每一次送饭送把他妈吃——他妈打到十八层地狱当中。打到地狱以后呢，她是饿鬼，就打到那个饿鬼地狱窭里。十八层地狱不亦要分蛮，哪个地狱归哪个地狱，它哈分倒清清爽爽咧。她是打到饿鬼范围之内。结果他妈就是长期呢吃不到饭。他修道已经成功了。他要去锻炼。他没得整，他是送饭把他妈吃。一送到饿鬼那个地狱门当中呢，那所有咧饿鬼哈把它抢倒吃了。他妈就吃不到饭。

tɕie^{42} ko^{24} nie^5，mu^{42} lian^5 nie^{42}，tʰɑ^{42} mei^{24} i^5 tsʰγ^2 soŋ^5 fan^2 soŋ^{21} pɑ^{24} tʰɑ^5 mɑ^{42} tsʰγ^2——tʰɑ^5 mɑ^{42} tɑ^{24} taɯ^5 sγ^5 pɑ^{42} tsʰən^5 ti^{212} y^1 taŋ^5 tsoŋ^{42}。tɑ^{24} taɯ^5 ti^{212} y^{42} i^5 xəɯ^{21}

nie²⁴, tʰɑ⁴² sʅ² ŋo²¹ kuei²⁴, tsəɯ²¹ tɑ²⁴ tɑɯ⁵ lɑ²¹ ko²⁴ ŋo²¹ kuei²⁴ ti²⁴ y⁴² təɯ² lie⁰。sʅ⁵ pɑ⁴² tsʰən⁵ ti²¹² y¹ pu⁴² i²⁴ iaɯ⁵ fən⁴² man²,lɑ²⁴ ko⁵ ti²¹² y¹ kuei⁴² lɑ²⁴ ko⁵ ti²¹² y¹,tʰɑ⁴² xɑ² fən⁴² tɑɯ² tɕʰin⁴² tɕʰin² san⁵ san²⁴ lie⁵。tʰɑ⁴² sʅ² tɑ²⁴ tɑɯ⁵ ŋo²¹ kuei²⁴ fan²¹ vei⁵ sʅ⁵ lei²¹²。tɕie⁴² ko²⁴ tʰɑ⁵ mɑ⁴² tsəɯ²¹ sʅ²⁴ tsʰaŋ⁵ tɕʰi⁵ lie⁴² tsʰŋ² pu² tɑɯ²⁴ fan²。tʰɑ⁴² ɕiəɯ⁵ tɑɯ²¹ i²⁴ tɕin⁵ tsʰən⁵ koŋ⁴² lo⁰,tʰɑ⁴² iaɯ² tɕʰi¹ tan⁵ lian²¹²。tʰɑ⁴² mei²¹ tie⁵ tsən²⁴,tʰɑ⁴² sʅ² soŋ⁵ fan² pɑ²⁴ tʰɑ⁵ mɑ⁴² tsʰŋ²。i⁵ soŋ²¹ tɑɯ²⁴ ŋo²¹ kuei²⁴ lɑ² ko¹ ti² y¹ mən⁵ taŋ⁵ tsoŋ⁴² nie²,lɑ²¹ so⁵ iəɯ²⁴ lie⁵ ŋo²¹ kuei²⁴ xɑ²¹ pɑ²⁴ tʰɑ⁵ tɕʰiaŋ²⁴ tɑɯ⁵ tsʰŋ⁴² lo⁰,tʰɑ⁵ mɑ⁴² tsəɯ²¹² tsʰŋ⁴² pu¹ tɑɯ²⁴ fan²。

他作为一个修道咧人，我咧母亲吃不到饭，他不急蛮——他一天到黑硬急倒不得了。我天天送饭去，她硬吃不到，那么样搞？他硬急倒没得整——那就是一个孝子。想来想去呢，没得办法。你么样能把饭送咧进去？

tʰɑ⁴² tso⁴² vei² i⁵ ko²¹ ɕiəɯ⁴ tɑɯ² lie¹ zən⁵，ŋo²⁴ lie⁵ mu²⁴ tɕʰin⁵ tsʰŋ⁴² pu² tɑɯ²⁴ fan²，tʰɑ⁴² pu⁵ tɕi⁴² man⁰——tʰɑ⁴² i² tʰian⁴² tɑɯ⁵ xei⁴² ŋən²¹² tɕi⁴² tɑɯ² pu⁵ tɕi⁴² liaɯ²⁴。ŋo²⁴ tʰian⁴² tʰian² soŋ⁵ fan²¹ tɕʰi²⁴，tʰɑ⁴² ŋən²¹² tsʰŋ⁴² pu² tɑɯ²,lɑ²¹ mo⁵ iaŋ²¹ kɑɯ²⁴？tʰɑ⁴² ŋən²¹² tɕi⁴² tɑɯ² mei²¹ tie⁵ tsən²⁴——lɑ²¹ tsəɯ²⁴ sʅ⁵ i⁵ ko⁵ ɕiaɯ⁴² tsʅ²⁴。ɕiaŋ²⁴ lai⁵ ɕiaŋ²⁴ tɕʰi²¹ lie²⁴，mei²¹ tie⁵ pan²¹ fɑ²⁴。n²⁴ mo⁵ iaŋ²¹ lən⁵ pɑ²⁴ fan²¹² soŋ²¹ lie²⁴ tɕin² tɕʰi¹？

有一天，他就在山上转轱辘。转倒咧时候呢，急倒没得整咧时候呢，他随手把那个树叶子采一个，拿倒嘴巴呢佘路咬佘路跟列样咧想。欸，哪晓得吃倒那个树叶子呀，怪好咧，妈清香可口啦。那望望呢，哈是黑漆抹搭咧。一嚼很了，不哈是黑漆抹搭呢蛮。嘢，他说列个东西，我要是把它泡成那个米呢，瞧瞧还能送进去吧。

iəɯ²⁴ i⁵ tʰian⁴²，tʰɑ⁴² tsəɯ² tai²⁴ san⁴² saŋ² tɕyan²⁴ ku⁴² ləɯ²。tɕyan²¹ tɑɯ²⁴ lie⁵ sʅ⁵ xəɯ² lie⁰，tɕi⁴² tɑɯ² mei²¹ tie⁵ tsən²⁴ lie⁵ sʅ⁵ xəɯ⁴² nie²，tʰɑ⁴² sei⁵ səɯ²⁴ pɑ²⁴ lɑ²¹ ko²⁴ ɕy²¹² ie⁴² tsʅ² tsʰai²⁴ i⁵ ko⁴²，lɑ⁵ tɑɯ⁴² tsei⁵ pɑ⁵ lie² y⁵ ləɯ² ŋaɯ²⁴ y⁵ ləɯ⁴² kən² lie² iaŋ¹ lie⁵ ɕiaŋ²⁴。ei²⁴，lɑ²⁴ ɕiaɯ²⁴ tie⁵ tsʰŋ⁴² tɑɯ⁰ lɑ²¹ ko²⁴ ɕy²¹² ie⁴² tsʅ² zɑ²，kuai²¹ xɑɯ²⁴ lie⁵，mɑ⁴² tɕʰin⁴² ɕiaŋ² kʰo⁵ kʰəɯ²⁴ læ²。lɑ²¹² vaŋ²¹ vaŋ²⁴ nie⁵，xɑ²¹ sʅ²⁴ xie⁴² tɕʰi² mɑ⁵ tɑ²⁴ nie²。i⁴² tɕio⁵ xən⁵ lo⁵，pu⁴² xɑ²¹ sʅ²⁴ xie⁴² tɕʰi² mɑ⁵ tɑ²⁴ nie⁵ man¹，iei²⁴，tʰɑ⁴² ɕy² lie²¹ ko²⁴ toŋ⁴² ɕi²¹，ŋo²⁴ iaɯ² sʅ² pɑ²⁴ tʰɑ⁵ pʰaɯ²¹ tsʰən⁵ lɑ² ko¹ mi²⁴ nie⁵，tɕʰiaɯ⁵ tɕʰiaɯ²¹ xæ⁵ lən⁵ soŋ² tɕin¹ tɕʰi²⁴ pæ⁵。

他末了回来呢，跟首把那个乌饭叶子啊采了一部分回去了。他把它捣捣细，跟米和倒一路泡倒黑黑咧。黑黑咧饭送到地府窭里，嚯，那些饿鬼亦不抢了——你列饭是么饭蛮？没得饿鬼敢吃。所以他妈呢就吃了一顿饱饭。

tʰɑ⁴² mo⁴² liaɯ²⁴ fei⁵ lai⁴² nie²，kən⁴² səɯ² pɑ²⁴ lɑ²¹ ko²⁴ vu⁵ fan² ie⁴² tsʅ² zɑ⁰ tsʰai²⁴ lo⁵ i⁵ pu²¹ fən²⁴ fei⁵ tɕʰi⁴² lo⁰。tʰɑ⁴² pɑ²⁴ tʰɑ⁴² taɯ²⁴ taɯ⁵ ɕi²¹²，kən⁴² mi²⁴ xo²⁴ taɯ⁵ i⁵ ləɯ² pʰaɯ²¹ taɯ xie⁵ xie⁴² lie²，xie⁵ xie⁴² lie² fan²¹² soŋ² taɯ¹ ti²¹ fu²⁴ təɯ⁵ lie⁴²，iei²⁴，lɑ²¹ ɕie²⁴ ŋo²¹ kuei i²⁴ pu⁴² tɕʰiaŋ²¹ lo⁵——n²⁴ lie²¹² fan¹ sʅ¹ mo²⁴ fan⁴² man²？ mei²¹ tie⁵ ŋo²¹ kuei²¹ kan²⁴ tsʰʅ⁴²。so²⁴ i⁵ tʰɑ⁵ mɑ⁴² nie⁰ tsəɯ²¹² tsʰʅ² lo² i⁵ tən²¹ paɯ²⁴ fan²。

饱饭以后，欸，他说"没得人抢了啊，我妈能吃到饱饭了"。他天天就弄那个东西。所以，他那天采乌饭叶子呢，是跟佛有缘，是不啦？它亦是四月初八采咧那个叶子。

paɯ²⁴ fan² i⁵ xəɯ²¹²，ei²⁴，tʰɑ⁴² ɕye² "mei²¹ tie⁵ zən⁵ tɕʰiaŋ²⁴ lo⁵ ɑ⁴²，ŋo²⁴ mɑ⁴² lən⁵ tsʰʅ⁴² taɯ² paɯ²⁴ fan² lo⁰"。tʰɑ⁴² tʰian⁴² tʰian² tsəɯ²¹² noŋ¹ lɑ²¹ ko²⁴ toŋ⁴² ɕi²。so²⁴ i⁵，tʰɑ⁴² lɑ²¹² tʰian¹ tsʰai²⁴ vu⁵ fan² ie⁴² tsʅ² nie⁰，sʅ²¹² kən¹ fu⁴² iəɯ² yan⁵，sʅ² pu¹ læ²⁴？tʰɑ⁴² i²⁴ sʅ² sʅ² ye¹ tsʰəɯ⁵ pɑ⁴² tsʰai²⁴ lie⁵ lɑ²¹ ko²⁴ ie⁴² tsʅ²。

四月初八本身是佛祖诞生日。末了底下咧人供奉他——就是供奉孝子啊。四月初八定为纪念孝子日。他咧修炼已经成功了，救母已经救出来了——送饭送到了，他咧母亲已经出了十八层地狱。

sʅ² ye¹ tsʰəɯ⁵ pɑ⁴² pən²⁴ sən⁴² sʅ² fu⁴² tsəɯ²⁴ tan²¹² sən⁴² zʅ²。mo⁴² liaɯ²⁴ ti²⁴ ɕiɑ⁵ lie⁴² zən⁵ koŋ²¹ foŋ²⁴ tʰɑ⁴²——tsəɯ²¹ sʅ²⁴ koŋ²¹ foŋ²⁴ ɕiaɯ²¹ tsʅ²⁴ zɑ⁵。sʅ² ye¹ tsʰəɯ⁵ pɑ⁴² tin²¹ vei²⁴ tɕi²¹ ȵian²⁴ ɕiaɯ²¹ tsʅ²⁴ zʅ⁴²。tʰɑ⁴² lie² ɕiəɯ⁴² lian² i²⁴ tɕin⁵ tsʰən⁵ koŋ⁴² lo⁰，tɕiəɯ²¹ mu²⁴ i²⁴ tɕin⁵ tɕiəɯ²¹² tɕʰy⁴² lai²¹ lo⁰——soŋ⁵ fan²¹² soŋ⁵ taɯ²¹ lo²⁴，tʰɑ⁴² lie² mu²⁴ tɕʰin⁵ i²⁴ tɕin⁵ tɕʰy⁴² lo² sʅ⁵ pɑ⁴² tsʰən⁵ ti²¹² y⁴²。

末了封为正眷咧大势至菩萨。他修炼成功咧日子，将好是佛祖咧诞生日子。

mo⁴² liaɯ²⁴ foŋ⁴² vei² tsən²¹ tsan²⁴ lie⁵ tɑ²¹ sʅ⁵ tsʅ²¹² pʰu⁵ sɑ⁴²。tʰɑ⁴² ɕiəɯ⁴² lian²¹ tsʰən⁵ koŋ⁴² lie² ər⁴² tsʅ⁰，tɕiaŋ⁴² xaɯ²⁴ sʅ⁵ fu⁴² tsəɯ²⁴ lie⁵ tan²¹² sən⁴² ər² tsʅ⁰。

第十四节　其他

一、喊魂

在农村，人们经常受到来自外在因素的惊吓，如：走路不小心摔进田沟，在池塘边洗衣服滑入水中，经过他人家门口时突然蹿出一条大狗，走夜路时感觉身后有一种奇怪的声响，在毫无心理准备的情况下某人突然出现在你的面前或叫你一声，等等。人们在受到惊吓后，有时会在晚上发生惊厥甚至生病，孩童尤是。大凡出现这种情况，有的"河南人"会按照迷信的方式去看病，俗称"瞧迷信"。他们先到马堂（巫师看病处）敬一遍香，问一下马爵（巫师）孩子在哪儿吓着了，是在什么情况下吓着的，等等。之后需要按照马爵的指点或要求"料理打理"一番，据说一般会康复。① 马爵明示的"料理"内容和步骤是：

（一）朝着东南方土地烧一把香，用一刀黄表纸叠成元宝。

（二）朝着祖坟山烧三把香和五刀阴国钞票（冥币）。香和阴国钞票摆放的形式和位置："米"字少一横，黄表放在上方，阴国钞票放在下方。②

（三）朝着被吓着的方向烧一刀阴票，立即叫孩子的姓名唤其回家："宝宝欸，你在东边塘埂上跶跟头吓到莫怕快回来哈……"晚上孩子睡在床上，大人拍着床帮连唤三个晚上。

上述呼孩子乳名唤其"回家"的做法，"河南人"称作"喊魂"。迷信认为，孩子经过惊吓，魂魄被吓掉了。需要通过大人抱着孩子、牵着孩子的耳朵反复呼唤，孩子的魂魄才能返回，病症才能消除。

---

① "料理"期间，不能食用葱、韭、大蒜。
② 若是孩童吓着了，可省去这一步。

喊魂举例

（发音人：周世娣；记录时间：2019 年 5 月 19 日）

宝宝欸——

pɯ²⁴ pɯ⁵ ei⁴²——

你东南西北方吓莫怕① 我喊你回来哈——

n²⁴ toŋ⁴² lan⁵ ɕi⁵ pie⁴² faŋ² ɕiɑ⁴² mo² pʰɑ²¹ ŋo²⁴ xan²⁴ n⁵ fei⁵ lai⁵ xɑ⁴²——

宝宝欸——

pɯ²⁴ pɯ⁵ ei⁴²——

你东南西北方人吓你莫怕喊你回来哈——

n²⁴ toŋ⁴² lan⁵ ɕi⁵ pie⁴² faŋ² zən⁵ ɕiɑ⁴² n² mo² pʰɑ²¹ xan²⁴ n⁵ fei⁵ lai⁵ xɑ⁴²——

宝宝欸——

pɯ²⁴ pɯ⁵ ei⁴²——

你在水窦里吓倒莫怕喊你回来哈——

n²⁴ tai⁴² sei²⁴ təɯ⁵ lie⁵ ɕiɑ⁴² tɑɯ² mo² pʰɑ²¹ xan²⁴ n⁵ fei⁵ lai⁵ xɑ⁴²——

宝宝欸——

pɯ²⁴ pɯ⁵ ei⁴²——

不管哪一方车子叫吓你莫怕喊你回来哈——

pu⁴² kuan²⁴ lɑ²⁴ i⁵ faŋ⁴² tsʰe⁴² tsʅ² tɕiɑɯ²¹² ɕiɑ⁴² n²⁴ mo⁴² pʰɑ²¹² xan²⁴ n⁵ fei⁵ lai⁵ xɑ⁴²——

宝宝欸——

pɯ²⁴ pɯ⁵ ei⁴²——

你东南西北方人吓你莫怕我喊你回了哈——

n²⁴ toŋ⁴² lan⁵ ɕi⁵ pie⁴² faŋ² zən⁵ ɕiɑ⁴² n² mo² pʰɑ²¹² ŋo²⁴ xan²⁴ n⁵ fei⁵ lo⁴² xɑ²——

宝宝欸——

pɯ²⁴ pɯ⁵ ei⁴²——

你东南西北方水窦里吓莫怕我喊你回来了哈——

---

① "吓莫怕"的"吓"，在自然语流中省略了成分"你"或"到"。

n²⁴ toŋ⁴² lan⁵ ɕi⁵ pie⁴² faŋ² sei²⁴ təɯ⁵ lie⁵ ɕiɑ⁴² mo² pʰɑ²¹² ŋo² xan²⁴ n⁵ fei⁵ lai⁴² lo² xɑ²——

宝宝欸——

paɯ²⁴ paɯ⁵ ei⁴²——

车子吓你莫怕喊你回了哈——

tsʰe⁴² tsʅ² ɕiɑ⁴² n² mo² pʰɑ²¹² xan²⁴ n⁵ fei⁵ lo⁴² xɑ²——

宝宝欸——

paɯ²⁴ paɯ⁵ ei⁴²——

狗子不管哪回咬你吓你莫怕喊你回来了哈——

kəɯ²⁴ tsʅ⁵ pu⁴² kuan⁴² lɑ⁴² fei⁵ ŋaɯ² n⁵ ɕiɑ⁴² n² mo² pʰɑ²¹² xan²⁴ n⁵ fei⁵ lai⁴² lo² xɑ²——

宝宝欸——

paɯ²⁴ paɯ⁵ ei⁴²——

你不怕哈，喊你回来了哈——

n²⁴ pu⁴² pʰɑ²¹ xɑ²⁴，xan²⁴ n⁵ fei⁵ lai⁴² lo² xɑ²——

二、祭祀语

祭祀语主要指逢年过节祭祀时念叨的话。祭祀一般分室内祭祀和室外祭祀两种。室内主要是祭祖宗和祭门神，室外主要是祭不能入列祖宗的已逝亲人和祭过路的鬼神。"河南人"关于祖宗的概念，主要以男主人的同姓家族为中心；女主人一系的祖先，不能作为该家庭的祖宗。室内祭祀语在室内烧化时说，室外祭祀语在室外烧化时说。

（发音人：吴魁；记录时间：2016年10月3日）

（一）室内祭祀语

1. 祭祖宗

过年和正月十五，祭祖时用饭碗盛着"扣饭"[①]，三荤三素摆好，然后点起蜡

---

① "扣饭"是将一平碗饭扣在另一平碗饭上，进而形成一碗堆起、上部是半圆造型的饭。

烛、敬上香，在堂前烧化，口中念道：

上代公祖，世代先人。爷爷太太，叔侄大人。分张不到，火里均分。保佑全家大小人口太平。如果有灾难帮改化，大难改小难，小难改没得难。

saŋ^{21} tai^{24} koŋ^{42} tsəɯ^{24}, sɿ^{21} tai^{24} ɕian^{42} zən^{0}。ie^{5} ie^{42} tʰai^{21} tʰai^{24}, səɯ^{42} tsɿ^{2} tɑ^{21} zən^{5}。fən^{5} tsaŋ^{42} pu^{5} taɯ^{212}, xo^{24} lie^{5} tɕyn^{42} fən^{0}。paɯ^{24} iəɯ^{5} tɕʰyan^{5} tɕiɑ^{42} tɑ^{21} ɕiaɯ^{24} zən^{5} kʰəɯ^{24} tʰai^{21} pʰin^{24}。y^{5} ko^{24} iəɯ^{24} tsai^{5} lan^{2} paŋ^{42} kai^{24} fɑ^{212}, tɑ^{212} lan^{1} kai^{24} ɕiaɯ^{24} lan^{2}, ɕiaɯ^{24} lan^{2} kai^{24} mei^{21} tie^{5} lan^{2}。

2. 祭门神

门神老爷，我烧了钱纸把你，保佑全家大小出方大利，平平安安去，平平安安回。

mən^{5} sən^{42} laɯ^{24} ie^{5}, ŋo^{24} saɯ^{42} lo^{0} tɕʰian^{5} tsɿ^{24} pɑ^{24} n^{5}, paɯ^{24} iəɯ^{5} tɕʰyan^{5} tɕiɑ^{42} tɑ^{21} ɕiaɯ^{24} tɕʰy^{42} faŋ^{0} tɑ^{5} li^{212}, pʰin^{5} pʰin^{5} ŋan^{42} ŋan^{0} tɕʰi^{212}, pʰin^{5} pʰin^{5} ŋan^{5} ŋan^{42} fei^{5}。

（二）室外祭祀语

1. 各位小祖宗，你们各人分配，拿了钱纸要保佑我家大小人平平安安，健健康康，平时不能多嘴。

ko^{42} vei^{2} ɕiaɯ^{5} tsəɯ^{24} tsoŋ^{5}, n^{24} mən^{5} ko^{5} zən^{5} fən^{42} pʰei^{2}, lɑ^{5} lo^{42} tɕʰian^{5} tsɿ^{24} iaɯ^{21} paɯ^{24} iəɯ^{5} ŋo^{24} tɕiɑ^{42} tɑ^{42} ɕiaɯ^{24} zən^{5} pʰin^{5} pʰin^{5} ŋan^{42} ŋan^{0}, tɕian^{2} tɕian^{1} kʰaŋ^{5} kʰaŋ^{42}, pʰin^{5} sɿ^{5} pu^{42} lən^{5} to^{42} tsei^{24}。

2. 过路咧外祖宗，你们拿了钱纸走远一点儿，平时不能多嘴，要保佑我屋里大小人出方大吉。

ko^{212} ləɯ^{1} lie^{1} vai^{21} tsəɯ^{24} tsoŋ^{5}, n^{24} mən^{5} lɑ^{5} lo^{42} tɕʰian^{5} tsɿ^{24} tsəɯ^{5} yan^{24} i^{5} tiai^{24}, pʰin^{5} sɿ^{5} pu^{42} lən^{5} to^{42} tsei^{24}, iaɯ^{21} paɯ^{24} iəɯ^{5} ŋo^{24} vu^{21} lie^{24} tɑ^{21} ɕiaɯ^{24} zən^{5} tɕʰy^{42} faŋ^{2} tɑ^{212} tɕie^{42}。

清明节、中元节（"河南话"称"七月半"）同上。不同的是，"河南人"在清明节、中元节有时在门口或屋旁朝着一定的方向，在地上画圈进行烧化，并口念相应的祭祀语。

需要说明的是，"河南人"正月十五那天要在天快黑之前到祖坟前送灯、烧化。

清明节要在坟山上烧化、飘钱、放炮、悼念。

三、牵娘子铺床彩词

旧时"河南人"结婚流行牵亲，由牵娘子牵着新娘子举行成亲仪式。新人成亲进入洞房后，牵娘子会主动帮着铺床（"河南话"叫"摊床"），把床弄弄整齐，牵牵枕头和被子等，同时说一些吉祥彩词。

（发音人：周世娣；记录时间：2019 年 5 月 18 日）

两头一囗，养个儿子像礤磴；

liaŋ^{24} tʰəɯ^5 i^{42} tsʰən^{24}，iaŋ^{24} ko^5 ər^5 tsʅ^{42} tɕiaŋ^2 saŋ^5 tən^{24}；

两头一按，养个儿子像罗汉；

liaŋ^{24} tʰəɯ^5 i^5 ŋan^{212}，iaŋ^{24} ko^5 ər^5 tsʅ^{42} tɕiaŋ^2 lo^5 xan^{212}；

两头一扎，养个儿子像铁塔；

liaŋ^{24} tʰəɯ^5 i^5 tsa^{42}，iaŋ^{24} ko^5 ər^5 tsʅ^{42} tɕiaŋ^2 tʰie^5 tʰɑ^{42}；

两头一拉，养个儿子像妈；

liaŋ^{24} tʰəɯ^5 i^5 lɑ^{42}，iaŋ^{24} ko^5 ər^5 tsʅ^{42} tɕiaŋ^{212} mɑ^{42}；

两头一拖，一养一窝。

liaŋ^{24} tʰəɯ^5 i^5 tʰo^{42}，i^{42} iaŋ^{24} i^5 ŋo^{42}。

好子不在多，一个顶十个。

xaɯ^{24} tsʅ^{24} pu^{42} tsai^{212} to^{42}，i^{42} ko^2 tin^{24} sʅ^5 ko^{42}。

四、吆喝

（一）生产队开工、放工吆喝

（发音人：周世娣[①]；记录时间：2016 年 10 月 3 日）

（上午，哨声）

开工喽——

kʰai^5 koŋ^{42} ləɯ^2——

---

① 本书记录了周世娣回忆、模仿的 20 世纪生产队开工、收工的吆喝（吆喝人为生产队长）。

今朝妇女带镰刀,

tɕin⁴² tsaɯ² fu²¹ ȵy²⁴ tai²¹ lian⁵ taɯ⁴²,

男咧带钉耙。

lan⁵ lie⁴² tai²¹² tin⁴² pʰɑ⁵。

(中午)

放工喽——

faŋ²¹² koŋ⁴² ləɯ²——

晚儿上女咧带秧篮哈,

vai²⁴ saŋ⁵ ȵy²⁴ lie⁵ tai²¹² iaŋ⁴² lan⁵ xɑ⁴²,

男咧带锹哈。

lan⁵ lie⁴² tai²¹² tɕʰiaɯ⁴² xɑ⁰。

(下午,哨声)

开工喽——

kʰai⁵ koŋ⁴² ləɯ²——

歇夜喽——

ɕie⁵ iɑ²¹ ləɯ²⁴——

(二)叫卖吆喝

(发音人:不知名的叫卖者;记录时间:前三条为 2016 年 10 月,最后两条为 2021 年 8 月)

卖豆腐欧——

mai⁵ təɯ² fu²⁴ əɯ⁵——

有鸡肫皮卖不啦?——

iəɯ²⁴ tɕi⁴² tɕyn² pʰi⁵ mai² pu² læ²⁴?——

有羊子卖不啦?

iəɯ²⁴ iaŋ⁵ tsʅ⁴² mai² pu² læ²⁴?——

卖鸡子,卖大公鸡;

mai²¹² tɕi⁴² tsʅ⁰,mai²¹² tɑ²¹ koŋ⁵ tɕi⁴²;

卖鸭子，卖生蛋咧鸭子。

mai²¹² iɑ⁴² tsʅ⁰，mai²¹² sən⁵ tan²¹ lie²⁴ iɑ⁴² tsʅ⁰。

五、谜子

（发音人：周世娣；记录时间：2021 年 5 月 13 日）

千条线，

tɕʰian⁴² tʰiaɯ⁵ ɕian²¹²，

万条线，

van²¹ tʰiaɯ⁵ ɕian²¹²，

落到河里看不见。

lo⁴² taɯ² xo⁵ lie⁴² kʰan²¹ pu⁵ tɕian²¹²。

（谜底：下雨）

左一片，

tso²⁴ i⁵ pʰian²¹²，

右一片，

iəɯ²¹ i⁵ pʰian²¹²，

隔倒毛山看不见。

kie⁴² taɯ² maɯ⁵ san⁴² kʰan²¹ pu⁵ tɕian²¹²。

（谜底：耳朵）

六、口述中医药方

（发音人：吴魁；记录时间：2021 年 8 月 19 日）

1. 治疗面瘫方 ①

当归 12 克、黄芪 15 克、天麻 9 克、砂仁 12 克、木香 9 克、胆南星 9 克、全蝎 10 克、防风 10 克、川芎 9 克、草乌 9 克、蜈蚣 3 条、甘草 5 克、伸筋草 15 克。

---

① 治疗面瘫，一般采用针灸和中草药相结合的方法。

taŋ²⁴ kuei⁴² sɿ⁵ ər²¹² kʰie⁴²、faŋ⁵ tɕʰi⁵ sɿ⁵ vu²⁴ kʰie⁴²、tʰian⁴² mɑ⁵ tɕiəɯ²⁴ kʰie⁴²、sɑ⁴² zən⁵ sɿ⁵ ər²¹² kʰie⁴²、mu⁵ ɕiaŋ⁴² tɕiəɯ²⁴ kʰie⁴²、tan²⁴ lan⁵ ɕin⁴² tɕiəɯ²⁴ kʰie⁴²、tɕʰyan⁵ ɕie⁴² sɿ⁵ kʰie⁴²、pʰaŋ⁵ foŋ⁴² sɿ⁵ kʰie⁴²、tɕʰyan⁵ ɕioŋ⁴² tɕiəɯ²⁴ kʰie⁴²、tsʰaɯ²⁴ vu⁴² tɕiəɯ²⁴ kʰie⁴²、vu⁵ koŋ⁴² san⁴² tʰiaɯ⁵、kan⁴² tsʰaɯ²⁴ vu²⁴ kʰie⁴²、tsʰən⁴² tɕin² tsʰaɯ²⁴ sɿ⁵ vu²⁴ kʰie⁴²。

2. 治疗月经不调方

当归 10 克、丹参 10 克、益母草 15 克、仙鹤草 15 克、熟地 10 克、陈皮 10 克、棕榈炭 10 克、虎杖 10 克、红花 5 克、艾叶 5 克、桂枝 10 克、黄芪 10 克、六月雪 15 克、乳香 10 克、没药 10 克、旱莲草 10 克、鸡冠花 5 克、蒲公英 10 克。

taŋ²⁴ kuei⁴² sɿ⁵ kʰie⁴²、tan⁴² sən⁰ sɿ⁵ kʰie⁴²、i⁴² mu² tsʰaɯ²⁴ sɿ⁵ vu²⁴ kʰie⁴²、ɕian⁴² ŋo² tsʰaɯ²⁴ sɿ⁵ vu²⁴ kʰie⁴²、səɯ⁵ ti²¹² sɿ⁵ kʰie⁴²、tsʰən⁵ pʰi⁵ sɿ⁵ kʰie⁴²、tsoŋ⁴² y²⁴ tʰan²¹² sɿ⁵ kʰie⁴²、fu²⁴ tsaŋ²¹² sɿ⁵ kʰie⁴²、xoŋ⁵ fɑ⁴² vu²⁴ kʰie⁴²、ŋai²¹² ie⁴² vu⁵ kʰie⁴²、kuei²¹² tsɿ⁵ sɿ⁵ kʰie⁴²、faŋ⁵ tɕʰi⁵ sɿ⁵ kʰie⁴²、ləɯ⁴² ye⁵ ɕie⁵ sɿ⁵ vu²⁴ kʰie⁴²、y²⁴ ɕian⁴² sɿ⁵ kʰie⁴²、mei²¹² io⁴² sɿ⁵ kʰie⁴²、xan²¹ lian⁵ tsʰaɯ²⁴ sɿ⁵ kʰie⁴²、tɕi⁴² kuan⁵ fɑ⁴² vu²⁴ kʰie⁴²、pʰu⁵ koŋ⁵ in⁴² sɿ⁵ kʰie⁴²。

3. 治疗腰椎间盘突出、坐骨神经痛方

当归 20 克、川芎 20 克、丹参 20 克、虎杖 30 克、威灵仙 20—30 克、没药 20 克、乳香 20 克、蜂房 10 克、寻骨风 20—30 克、马钱子 5—7 克、乌蛇 20 克、苏木 20 克、老鹳草 30 克、熟地 20 克、甘草 5 克、红花 5—10 克、桂枝 20 克、洋金花子 5 克、海桐皮 20 克、秦艽 20 克、羌活 20 克、丝瓜蒌 15 克。

用法：泡酒十斤，十天后服用。

taŋ²⁴ kuei⁴² ər²¹ sɿ⁵ kʰie⁴²、tɕʰyan⁵ ɕioŋ⁴² ər²¹ sɿ⁵ kʰie⁴²、tan⁴² sən⁰ ər²¹ sɿ⁵ kʰie⁴²、fu²⁴ tsaŋ²¹² san⁴² sɿ⁵ kʰie⁴²、vei⁴² lin⁵ ɕian⁴² ər²¹ sɿ⁵ taɯ² san⁴² sɿ⁵ kʰie⁴²、mei²¹² io⁴² ər²¹ sɿ⁵ kʰie⁴²、y²⁴ ɕian⁴² ər²¹ sɿ⁵ kʰie⁴²、foŋ⁴² faŋ⁵ sɿ⁵ kʰie⁴²、ɕyn⁵ ku⁵ foŋ⁴² ər²¹ sɿ⁵ taɯ² san⁴² sɿ⁵ kʰie⁴²、mɑ²⁴ tɕʰian⁵ tsɿ²⁴ vu⁵ taɯ⁵ tɕʰi⁴² kʰie⁰、vu⁴² se⁵ ər²¹ sɿ⁵ kʰie⁴²、səɯ⁴² mu⁰ ər²¹ sɿ⁵ kʰie⁴²、laɯ²⁴ kua⁵ tsʰaɯ²⁴ san⁴² sɿ⁵ kʰie⁴²、səɯ⁵ ti²¹² ər²¹ sɿ⁵ kʰie⁴²、kan⁴² tsʰaɯ²⁴ vu²⁴ kʰie⁴²、xoŋ⁵ fɑ⁴² vu²⁴ taɯ² sɿ⁵ kʰie⁴²、kuei²¹² tsɿ⁵ ər²¹ sɿ⁵ kʰie⁴²、iaŋ⁵ tɕin⁵ fɑ⁴² tsɿ²⁴ vu²⁴ kʰie⁴²、xai²⁴ tʰoŋ⁵ pʰi⁵ ər²¹ sɿ⁵ kʰie⁴²、tɕʰin⁵ tɕiəɯ⁴² ər²¹ sɿ⁵ kʰie⁴²、tɕʰiaŋ⁴² xo⁵ ər²¹ sɿ⁵ kʰie⁴²、sɿ⁴² kua² loɯ⁴² sɿ⁵ vu²⁴ kʰie⁴²。

zoŋ²¹ fɑ²⁴：pʰaɯ²¹ tɕiəɯ²⁴ sɿ⁵ tɕin⁴²，sɿ⁵ tʰian⁴² xəɯ²¹ fu⁴² zoŋ²¹²。

参考文献

北京大学中国语言文学系语言学教研室编　1995　《汉语方言词汇》（第二版），北京：语文出版社。

曹树基　1997　《中国移民史（第六卷）》，福州：福建人民出版社。

曹廷玉　2001　《赣方言特征词研究》，广州：暨南大学博士学位论文。

曹志耘主编　2008a　《汉语方言地图集（语音卷）》，北京：商务印书馆。

曹志耘主编　2008b　《汉语方言地图集（词汇卷）》，北京：商务印书馆。

曹志耘主编　2008c　《汉语方言地图集（语法卷）》，北京：商务印书馆。

曹志耘主编　2017　《中国语言文化典藏》（20册），北京：商务印书馆。

陈偲羽　2020　《南昌方言动词的体貌系统研究》，南昌：南昌大学硕士学位论文。

陈昌仪　1991　《赣方言概要》，南昌：江西教育出版社。

陈淑梅　1989　《湖北英山方言志》，武汉：华中师范大学出版社。

陈淑梅　2001　《鄂东方言语法研究》，南京：江苏教育出版社。

陈淑梅　2012　《鄂东方言量范畴研究》，北京：中国社会科学出版社。

陈兴焱主编　2017　《信阳历史文化丛书·方言卷》，郑州：中州古籍出版社。

陈章太、李行健主编　1996　《普通话基础方言基本词汇集（词汇卷）》，北京：语文出版社。

丁声树撰文，李荣制表　1984　《汉语音韵讲义》，上海：上海教育出版社。

董绍克等　2013　《汉语方言汇比较研究》，北京：商务印书馆。

段亚广　2012　《中原官话音韵研究》，北京：中国社会科学出版社。

鄂东方言词汇编写组编　1989　《鄂东方言词汇》（内部资料）。

高福生　1990　《南昌话里的句尾"着"》，《江西师范大学学报》（哲学社会科学版）第2期。

葛庆华　2002　《近代苏浙皖交界地区人口迁移研究（1853—1911）》，上海：上海社会科学院出版社。

贡贵训　2019　《豫皖两省境内沿淮方言语音研究》，北京：中国社会科学出版社。

光山县史志编纂委员会编　1991　《光山县志》，郑州：中州古籍出版社。

郭　攀、夏凤梅　2016　《浠水方言研究》，武汉：华中师范大学出版社。

郭　熙　1995　《苏南地区的河南方言岛群》，《南京大学学报》（哲学·人文·社会科学）第 4 期。

郭　熙　2000　《苏南地区河南话的归属问题》，《东南大学学报》（哲学社会科学版）第 4 期。

国立中山大学语言历史学研究所编　2011　《国立中山大学语言历史学研究所周刊全编》（第三册），北京：国家图书馆出版社。

韩勇健主编　2020　《一担箩筐下江南》，郑州：郑州大学出版社。

何　磊　2011　《江西乐平方言语音初探》，漳州：漳州师范学院硕士学位论文。

河南省地方史志办公室编纂　1995　《河南省志·方言志》，郑州：河南人民出版社。

河南省地方史志编纂委员会、河南省档案馆编　1990　《河南新志》，郑州：中州古籍出版社。

河南省罗山县地方史志编纂委员会编纂　1987　《罗山县志》，郑州：河南人民出版社。

贺　巍　1984　《洛阳方言记略》，《方言》第 4 期。

贺　巍　1985　《河南山东皖北苏北的官话（稿）》，《方言》第 3 期。

贺　巍　2005　《中原官话分区（稿）》，《方言》第 2 期。

湖北省大悟县地方志编纂委员会编　1996　《大悟县志》，武汉：湖北科学技术出版社。

胡松柏等　2009　《赣东北方言调查研究》，南昌：江西人民出版社。

华学诚主编　2021　《历代方志方言文献集成（第七册）》，曹小云、曹嫄辑校，北京：中华书局。

黄群建主编　1999　《湖北方言文献疏证》，武汉：湖北教育出版社。

黄晓东　2006　《浙江安吉县河南方言岛的内部接触与融合》，《语言科学》第 3 期。
黄晓东　2017　《一百五十年前的河南信阳话——来自苏浙皖河南方言岛的证据》，《华中学术》第 3 期。
江西省波阳县志编纂委员会编纂　1989　《波阳县志》，南昌：江西人民出版社。
句容县地方志编纂委员会编　1994　《句容县志》，南京：江苏人民出版社。
李　荣　1982　《音韵存稿》，北京：商务印书馆。
李　荣　1985　《官话方言的分区》，《方言》第 1 期。
李　荣　2012　《方言存稿》，北京：商务印书馆。
李如龙、张双庆主编　1999　《代词》，广州：暨南大学出版社。
李小凡　2005　《汉语方言分区方法再认识》，《方言》第 4 期。
李小凡、项梦冰编著　2009　《汉语方言学基础教程》，北京：北京大学出版社。
李学勤主编　1999　《十三经注疏·周礼注疏》，[汉]郑玄注，[唐]贾公彦疏，北京：北京大学出版社。
刘冬冰　1997　《开封方言记略》，《方言》第 4 期。
刘纶鑫主编　1999　《客赣方言比较研究》，北京：中国社会科学出版社。
刘永濂　1989　《皖南花鼓戏初探》，合肥：安徽文艺出版社。
卢甲文　1989　《河南方言述评》，《社会科学述评》第 5 期。
卢甲文　1992　《郑州方言志》，北京：语文出版社。
罗常培　2004　《语言与文化》，北京：北京出版社。
罗山县志编辑委员会编　1998　《罗山县志》（海外版），台北市河南罗山同乡会。
吕　梅　2014　《光山方言语音研究》，临汾：山西师范大学硕士学位论文。
钱曾怡主编　2010　《汉语官话方言研究》，济南：齐鲁书社。
裘新江、周熙婷　2015　《凤阳花鼓戏研究》，合肥：合肥工业大学出版社。
瞿霭堂　2004　《语音演变的理论和类型》，《语言研究》第 2 期。
邵百鸣　2009　《南昌方言》，南昌：江西人民出版社。
孙宜志　2006　《安徽江淮官话语音研究》，合肥：黄山书社。
太平天国历史博物馆编　1984　《吴煦档案选编（第三辑）》，南京：江苏人民出版社。

汪　平　2003　《方言平议》，武汉：华中科技大学出版社。

汪　平　2010　《吴江市方言志》，上海：上海社会科学院出版社。

汪　平　2011　《苏州方言研究》，北京：中华书局。

汪　平　2021　《方言衡论》，武汉：华中科技大学出版社。

汪化云　2004　《鄂东方言研究》，成都：巴蜀书社。

汪化云　2016　《黄孝方言语法研究》，北京：语文出版社。

汪维辉　2018　《汉语核心词的历史与现状研究》，北京：商务印书馆。

王　东　2005　《河南罗山朱堂话语音特点探析》，《信阳师范学院学报》（哲学社会科学版）第4期。

王　东　2010　《河南罗山方言研究》，北京：中国社会科学出版社。

王求是　2014　《孝感方言研究》，武汉：华中师范大学出版社。

吴　波　2020　《江淮官话音韵研究》，北京：商务印书馆。

吴　健　2009a　《方言岛文化态度对方言岛方言演变的影响——以溧阳河南方言岛方言为例》，《现代语文·语言研究》第6期。

吴　健　2009b　《溧阳河南话句尾"着"及其语法意义》，《常州工学院学报》（社会科学版）第6期。

吴　健　2016　《溧阳市志·方言》，载溧阳市地方志编纂委员会编《溧阳市志（1986—2007）》，北京：方志出版社。

吴　健　2017　《近代以来苏南"河南话"农业词语接触的考察》，《信阳师范学院学报》（哲学社会科学版）第2期。

吴　健　2020　《苏浙皖交界地区"河南话"研究》，北京：中国社会科学出版社。

吴恩培主编　2006　《吴文化概论》，南京：东南大学出版社。

伍　巍　2006　《江淮官话入声发展演变的轨迹》，《中国方言学报》第1期。

萧国政　2000　《武汉方言"着"字与"着"字句》，《方言》第1期。

谢留文　1998　《南昌县（蒋巷）方言的两个虚词"是"与"着"》，《中国语文》第2期。

新县志编纂委员会编　1990　《新县志》，郑州：河南人民出版社。

新洲县志编纂委员会编　1992　《新洲县志》，武汉：武汉出版社。

信阳地区地方史志编纂委员会编　1992　《信阳地区志》，北京：生活·读书·新知三联书店。

熊正辉编纂　1995　《南昌方言词典》，南京：江苏教育出版社。

熊正辉　2020　《南昌方言研究》，南昌：二十一世纪出版社集团。

徐　建　2019　《鄂皖交界地带方言 [ɿ] 类韵的形成及演变机制考察》，《方言》第 4 期。

徐　建　2021　《黄孝片江淮官话音韵特点在皖西南的渐进推移——再论怀岳方言的性质和归属》，《中国语文》第 4 期。

徐阳春　1998　《南昌话"得"字研究》，《南昌大学学报》（哲社版）第 4 期。

徐阳春　1999　《南昌方言的体》，《南昌大学学报》（人文社会科学版）第 3 期。

颜逸明　1994　《吴语概说》，上海：华东师范大学出版社。

晏兆平编　1936　《光山县志约稿》（1968 年影印本），台北：成文出版社。

杨　凯　2014　《鄂东方言词汇与地域文化研究》，武汉：湖北人民出版社。

杨永龙　2008　《河南商城（南司）方言音系》，《方言》第 2 期。

叶祖贵　2014　《信阳地区方言语音研究》，北京：中国社会科学出版社。

余晋芳纂　1975　《麻城县志续编》，据民国二十四年（1935）铅印本影印，台北：成文出版社。

余　鹏　2018　《论江淮官话黄孝片与赣语怀岳片的历史关系》，《语言科学》第 4 期。

袁家骅等　1989　《汉语方言概要》（第二版），北京：文字改革出版社。

张国雄　1995　《明清时期的两湖移民》，西安：陕西人民教育出版社。

张启焕、陈天福、程仪　1982　《河南方音概况》，新乡：河南师范大学科研处印刷。

张启焕、陈天福、程仪　1993　《河南方言研究》，开封：河南大学出版社。

张树铮　2005　《语音演变的类型及其规律》，《文史哲》第 6 期。

张谊生　2000　《现代汉语副词研究》，上海：学林出版社。

赵葵欣　2012　《武汉方言语法研究》，武汉：武汉大学出版社。

赵元任　1930　《广西猺歌记音》（国立中央研究院历史语言研究所单刊甲种之一），

北平：国立中央研究院历史语言研究所。

赵元任等　1972　《湖北方言调查报告》，台北：台联国风出版社。

赵元任　2012　《赵元任全集（第7卷）》，北京：商务印书馆。

郑　婷　2014　《从语音层面探讨黄孝片方言的性质》，《文教资料》第31期。

中国社会科学院、澳大利亚人文科学院编　1988　《中国语言地图集》，香港：朗文出版（远东）有限公司。

中国社会科学院语言研究所、中国社会科学院民族学与人类学研究所、香港城市大学语言资讯科学研究中心编　2012　《中国语言地图集（第2版）：汉语方言卷》，北京：商务印书馆。

中国语言资源有声数据库建设领导小组办公室编　2010　《中国语言资源有声数据库调查手册·汉语方言》，北京：商务印书馆。

周　然　2012　《武汉话的尖板眼》，武汉：华中师范大学出版社。

周祖谟　2004　《尔雅校笺》，昆明：云南人民出版社。

朱建颂　1992　《武汉方言研究》，武汉：武汉出版社。

朱建颂编纂　1995　《武汉方言词典》，南京：江苏教育出版社。

朱建颂辑注　2011　《武汉民间歌谣》，武汉：华中师范大学出版社。

[汉]许慎撰　1963　《说文解字（附检字）》，[宋]徐铉校定，北京：中华书局。

[汉]许慎撰　2006　《说文解字注》，[清]段玉裁注，杭州：浙江古籍出版社。

[梁]顾野王　1987　《大广益会玉篇》，北京：中华书局。

[宋]陈彭年等　2008　《宋本广韵》，南京：江苏教育出版社。

[宋]丁度等编　2005　《宋刻集韵》，北京：中华书局。

[清]杨殿梓修　2013　《乾隆光山县志》，[清]钱时雍纂，据乾隆五十一年（1786）刻本影印，上海书店、巴蜀书社、江苏古籍出版社。

后　记

本书是江苏省社会科学基金一般项目"苏南地区'河南话'的归属、接触演变及其口传文化研究"（批准号：15YYB010）的成果。

考察"河南话"的来源和归属，看似简单，实则不然。"河南话"的来源地信阳地区，处在江淮官话、中原官话、西南官话次方言的过渡地带，辖区内的方言比较复杂。跟信阳地区方言有密切关系的鄂东一带、赣北一带方言，也处在方言过渡地带，情况更加复杂。作为学习方言学的河南移民后裔，把"河南话"的源流系属弄清楚，是我义不容辞的责任。

"河南话"口传文化是苏南移民文化的重要内容，具有独特的文化和艺术价值。但这些口传文化目前基本处于濒危状态，个别种类已经在苏南消亡。看着承载了几代移民深厚情感的"河南话"口传文化日渐衰落，我有一种想竭力保护、不让它消失的冲动！

由于上述原因，才有了本书的内容。

在调查研究、撰稿修改过程中，得到了许多人的帮助。首先，是我的父母。十多年来，他们不辞辛苦，帮我收集（更多是回忆整理）方言语料和口传文化资料，充当发音人，支持我开展研究。特别是我的父亲吴魁先生，在身患重病的情况下，依然关心我的书稿进度。

其次，是我的导师汪平先生。汪老师已近八旬，视力也不太好。2020年和2021年，他接连出版了两本著作，并亲自寄给我。厚厚的两本书，凝聚了一位真学者的治学精神和品格。老骥伏枥，身教是最好的教育！汪老师对待学生，总是给予信任、寄予期待，总能给人温馨又催人奋进的力量！这份书稿寄呈汪老师后，他认真审阅并提出了修改意见。我在学术上取得的点滴进步和成绩，都跟他的辛勤培养和关心指导分不开！

再次，是其他发音人和为我提供相关帮助的人。本书发音人中年龄最大的是项先忠先生（85岁）。我托任大晟先生请他校对船歌歌词，他连夜帮着校对。湖北英山县杨柳中学的徐向荣老师，应邀在电话里接受我的方言调查，到晚上八点半他才透露尚未吃晚饭。在郑州裕中能源有限责任公司工作的溧阳河南移民后裔章明富、在长兴县烟草专卖局工作的河南移民后裔任大晟，多年来一直为我提供相关信息和资料、一起交流探讨给我启发。带旋律的方言口传文化，记录时要打五线谱。我在徐州师范学院上大学时辅修过音乐专业，但对打谱软件不太熟悉。在这方面，得到了我所在单位常州工学院的田子君同学和杨丽莉博士的帮助。田子君的音乐素养很好，在打谱过程中，我们经常沟通和校对到深夜。在书稿出版过程中，商务印书馆的马晨桓先生给予了真诚帮助，责任编辑李娜女士为编校含有繁复符号的书稿付出了辛勤劳动。校对书稿时，刘磊博士提供了帮助。此外，家人的大力支持让我有了更多的写作时间。

对所有给予我帮助的人，一并表示衷心的感谢！

交稿前夕，我临时决定在"河南话"口传文化的最后增加三个"口述中医药方"，以此感谢我的父亲并为他祈福！家父从医50余年，是一位受人尊敬、口碑很好的老中医。他为人正直、秉性善良，乐于助人、救死扶伤。在我的成长过程中，父亲给了我无穷的力量！假如后面他还能继续在方言文化、中医知识、为人处事等方面指导和帮助我，那该多好啊！

吴　健

辛丑年十月于常州

图书在版编目（CIP）数据

苏南"河南话"的源流系属及口传文化研究 / 吴健
著. —北京：商务印书馆，2023
ISBN 978-7-100-22363-8

Ⅰ.①苏… Ⅱ.①吴… Ⅲ.①北方方言—方言研究—
河南 Ⅳ.① H172.1

中国国家版本馆 CIP 数据核字（2023）第 075639 号

权利保留，侵权必究。

苏南"河南话"的源流系属及口传文化研究
吴健 著

商 务 印 书 馆 出 版
（北京王府井大街36号 邮政编码100710）
商 务 印 书 馆 发 行
北京顶佳世纪印刷有限公司印刷
ISBN 978-7-100-22363-8

2023年5月第1版　　　开本710×1000　1/16
2023年5月北京第1次印刷　印张 18½

定价：85.00元